JN436542

일장춘몽

一場春夢

이원영

Yoga Model Huy Canha

작가 Andaleus 이원영

교수, 화가, 시인
Yoga Guru
세계초현상화가협회(W.T.A.A.) 회장

태평양을 바라보면서 명상중인 저자

책/머/리/에

인생은 일장춘몽

춘몽(春夢), 하몽(夏夢), 추몽(秋夢), 동몽(冬夢).

꿈이 차고 길기도 하구나!

누구나 자유로워지고 싶은 마음은 한결같다. 완전한 자유를 얻으려면 욕망에서 벗어나야 한다. 그래야 평화의 바다에서 편히 쉬리라!

나의 삶에 일어난 모든 일은 환상(幻想)에 불과하다. 운명이 나를 여기로 데려오기 위한 과정이다.

아란다는 집착이 무엇인지 보여주기 위해 나의 인생에 나타난 것이며, 그녀가 사라짐으로써 나는 집착을 떠나 초연해지는 것을 배웠노라.

인생의 최종목적은 마음의 평화를 얻는 것이며, 그 상태가 바로 신의 상태이다. 평화를 찾은 성자의 그림자에 불과하다. 신비한 능력을 추구하는 나는 그것의 노예가 되었노라!

이제 이 동굴은 나의 것이다. 나는 내면의 소리에 나 자신을 조화시켜야 한다.

나는 이제 이 동굴을 떠나 처음 온 곳으로 되돌아 가야만 하겠지! 이 세상 전체가 동굴이고 고통의 밀림이다.

나는 스스로 진리를 깨달아야 한다. 모든 것은 이미 나 자신의 내면에 있으니, 진정한 스승은 나의 내면에 있다. 진실은 사랑의 신과 같고 신(神) 속에 온갖 우주만물은 하나이다. 내 육체가 일체를 가리고 있어 육체 속에 담긴 신을 보지 못했다. 안타깝고 애처로운 일이다.

신이 창조한 이 세계는 모든 것이 가능하다. 내가 집착했기에 집착의 올가미에 발목을 잡히고, 이제 초연(超然)해지기를 원하니 초연의 경지에 이르렀노라. 초연하니 평화롭고 집착으로 고통스러웠노라.

잠이여! 멀리 떠나라. 꿈이 사라지도록! 내가 깨달음에 도달하니 마야(Maya)와 환상은 사라졌노라.

항상 삶이 꿈과 같음을 알아차려서 집착과 미움을 줄여라. 모든 사람에게 따뜻하게 대하라. 다른 사람이 당신을 어떻게 대하든 사랑과 연민으로 대하라. 그대가 인생을 꿈으로 여긴다면 그들이 어떻게 대하든 아무 문제가 되지 않을 것이다. 꿈속에 있는 동안 긍정적인 생각을 유지하는 것이 비결이다. 바로 이것이 핵심이다. 이것이야말로 참된 영성이다.

하와이 와이키키 해변

또는 우리가 세상 모든 것과 모든 사람과 상호의존적 관계라면, 참된 영성이란 아무리 사소한 행동 · 말 · 생각일지라도 우주 전체에 영향을 미친다는 사실을 의미

수행길의 나그네

石林

지상의 낙원, 하와이 와이키키

하는 것이다. 조약돌 하나를 우물에 던지면 잔물결이 결합해 새로운 물결을 만들어 저 끝까지 파문이 번질 것이다.

무상함은 우리에게 많은 진리를 제시했다. 하지만 덧없음은 여전히 최후의 보물을 감추고 있다. 무상함이 우리에게 일깨움을 주는 두려움, 어느 것도 실제하지 않고 아무것도 지속하지 않는다는 두려움, 때문에 우리는 가장 훌륭한 친구와 마주치게 된다. 그 친구가 되돌아가지 않게 하라.

세상에 존재하는 것이 모두 소멸되고 변한다면 참된 것은 도대체 무엇인가? 현상의 장막 뒤에는 무엇이 있는가? 한없이 무한정하게 광대한 것이 실제로 존재하는가?

변화의 덧없음의 춤 안에서 일어나는 것이 무엇인가? 실제로 우리가 의지할 수 있는 무엇, 죽음 이후에도 살아남는 것이 있는가? 이런 질문에 절박하게 매달려 깊이 심사숙고하게 되면, 우리가 세상을 보는 방식이 점차 근본적으로 바뀌게 될 것이다.

지속적으로 성찰하고 집착을 내려놓는 수행을 닦음으로써 우리는 이름을 붙여 묘사하거나 개념을 통해 설명할 수 없는 그 어떤 것을 자기 자신 속에서 발견하게 되고, 세상의 온갖 변화와 죽음 저편에 놓여 있는 무언가를 알아차리게 된다. 우리를 영원함에 대해 그렇게 집착하게 하는 편협한 욕망과 마음의 혼란이 해소되어 사라지기 때문이다.

그리하여 우리는 무상함이라는 진리 이면에 깔린 관대한 뜻을 반복해서 발하는 섬광과 만나게 된다. 그것은 우리가 평생 비행기를 타고 먹구름과 난기류 속에 헤매다가, 갑자기 맑고 무한하게 펼쳐진 푸른 하늘을 만나는 것과 같다.

Arizona Sedona Bell Rock, 수행길에

쌍그리라

남도명창 여진, 시가문학해설연구원장

자유라는 새로운 차원에 고취되고 생기를 돋우어 우리 자신을 경이로 가득 채우는 깊이 있는 평화 — 기쁨, 자기 자신의 확신을 발견하게 된다. 또한 어느 것에도 파괴되지 않고 변화되지 않고 소멸되지 않은 어떤 것이 자기 자신 안에 있다는 것을 확신하게 된다.

Waikiki 자택에서 Yoga 머리서기

죽음을 넘어 끝없이 영속한다고 일컫는 마음의 본성이 우리에게 조용하고 맑은 하늘처럼 현존함을 점점 의식하게 된다. 그리고 이렇게 생생해지고 끊어짐이 사라지면 의식층의 전환이 일어나게 된다. 그것은 우리가 누구인지, 우리가 왜 여

기에 있는지에 대한 개인적이고 비개념적인 계시다. 그리고 우리는 마침내 새로운 삶, 거의 재생이라고까지 일컬을 수 있는 새로운 탄생에 도달하게 된다. 지속적으로 아무 두려움 없이 변화와 무상함이란 진리를 깊이 성찰함으로써 우리는 점차적으로 자기 자신과 대면하게 된다.

Yoga 선생 이애자 님과 함께

仲見世
浅

문장대
경상북도 상주시 화북면
장암리 산 삼십 삼번지

우주비행사, 나의 친구

그리하여 감사와 기쁜 마음으로 변화를 넘어선 진리, 죽음을 넘어선 진리와 마음의 한량없는 본성을 만나게 되니 이 얼마나 장엄한가?

안다레우스가 깨닫는 순간, 참된 본성에 대한 무지가 바로 윤회(輪廻)의 고통으로 떨어지는 원인이며, 무지 자체는 습관적으로 미혹에 빠지는 우리 마음의 성향에 뿌리를 두고 있음을 나는 보았다. 마음의 미혹을 끝내는 것이 곧 윤회를 벗어나는 길이다. 안다레우스가 명상 중에 하늘처럼 열린 마음으로 앉아 있으면서 여전히 땅에 근거하고 있음을 우리에게 보여주기라도 하려는 듯 자신의 머리와 주변에 하늘을 대동한 채 겸허하면서도 위엄을 갖추고 있다. 하늘은 우리에게 절대적인 본성이다.

명상할 때 우리가 취하는 태도는 절대적인 것과 상대적인 것, 하늘과 땅, 천상과 지상을 새의 두 날개처럼 연결하는 것이다. 즉 하늘처럼 불멸하는 마음의 본성과 덧없이 죽을 수밖에 없는 인간의 숙명을 통합하고 있음을 뜻한다.

Hawaii에서 무지개와 같이

명상을 배우는 것은 지금 이곳의 삶에서 당신이 얻을 수 있는 가장 큰 선물이다. 왜냐하면 명상을 배움으로써 진정한 본성을 찾아 떠날 수 있으며, 바르게 살고 바르게 죽기 위해 필요한 안정과 확신을 발견할 수 있기 때문이다. 명상이란 깨달음으로 통하는 길이다.

안다레우스여!
그대는 활인성(活人星)!
이 지구에서 삶이 끝나는 날!
다시 활인성으로 돌아가야 할 별(星)의 사나이!

중국 진나라의 시황제

천하를 호령하던
시황제도 저승 가고,
경국지색도 사라져 갔거늘
헛되고 또 헛되도다.

경국지색, 왼쪽부터 양귀비, 왕소군, 초선, 서시

헛되고 또 헛되도다!
클라크 게이블, 비비안 리도
바람과 함께 사라졌거늘!
헛되고 헛되어 일장춘몽이로세

인연(因緣)

아침 이슬 풀잎에 방울 젖다 스러지듯!
일렁이는 파도 해안에 스러지듯!
호수에 초승달이 잠겼다 스러지듯!
봄날 아지랑이 피었다 스러지듯!
무지개 동산에 걸쳐 있다 스러지듯!
가을비 단풍잎 스치고 스러지듯!
산 그림자 돌담에 스치고 스러지듯!
꽃잎에 나비 날개 스치고 스러지듯!
강남 제비 눈길이 무인도에 스치듯!
아침 햇살 창가에 머물다 스러지듯!
인생살이 잠시 스친 수많은 인연들
정(情)에 스치고, 눈(眼)에 스치고,
귀(耳)에 스치고, 손에 스치고, 옷깃에 스치고
기약 없이 다가와 흔적 없이 스러지는
하고 많은 인연의 여운이여!
스치고 또 스치고 스러져 가!
나의 운명을 바꾼 소중한 인연들이시여!
억 년(億年) 가고! 또 백억 년(百億年)이 가도!
가슴에 간직해야 할 인연들이시여!

차 례

우주의 섭리, 인간의 길

어떻게 살 것인가

건강백세를 위하여

우주의 섭리, 인간의 길

윤회

삶은 기적이자 축복이다. 인간의 몸을 지닌 바로 지금이야말로 불생불멸(不生不滅)의 아트만(자아)을 찾는 해탈의 기회임을 명심하고 자기를 찾는 수행에 힘쓰지 않으면 아니 된다.

현명한 이는 윤회(輪廻, samsara)의 고리를 끊고, 불멸에 이르기 위해 이 생에서 아사나, 호흡, 명상 수행을 통해 영혼의 정화를 게을리하지 않는다.

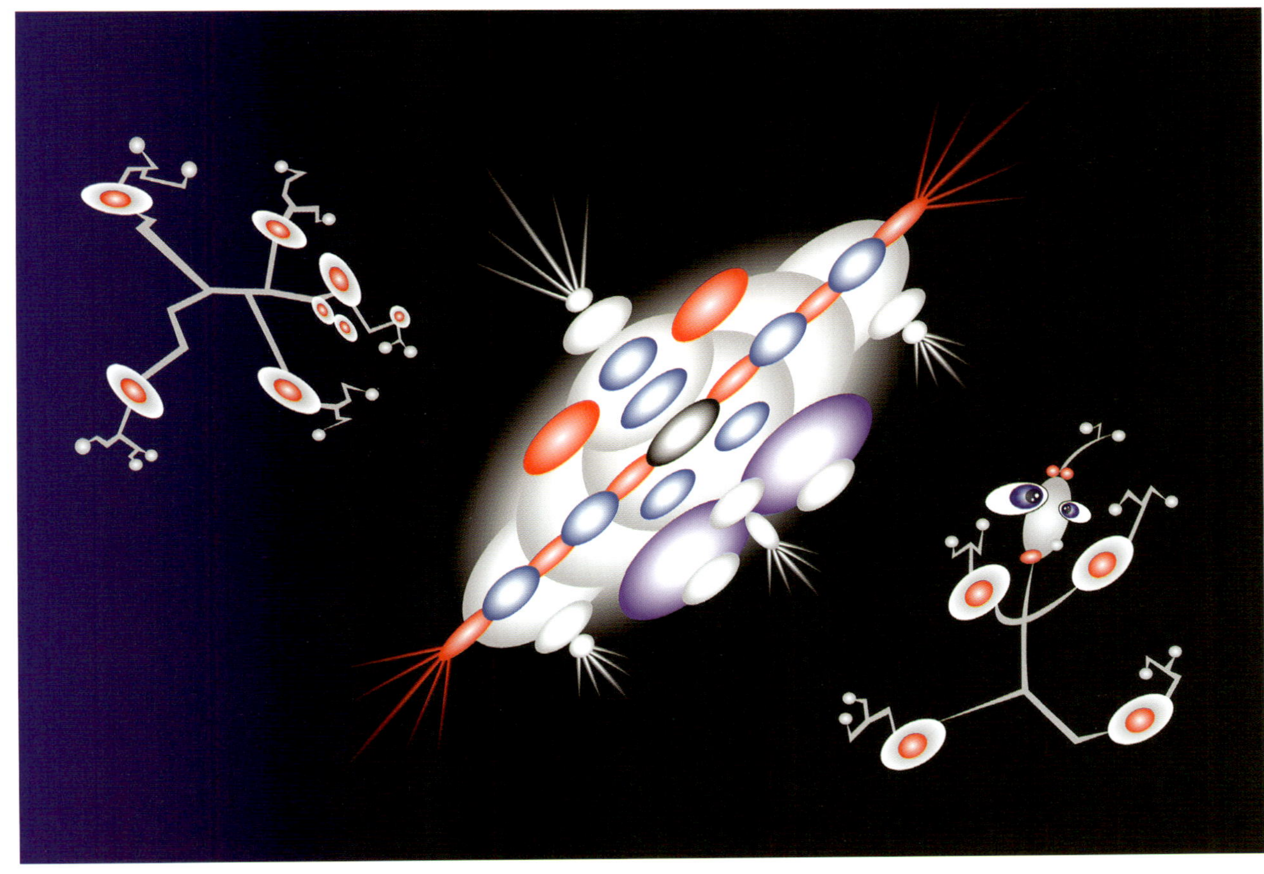

세상 모든 것은 영원하지 않다. 이것이 무상함이다. 명상으로 자기 내면의 심연(深淵) 속으로 들어가면 무상함이란 진리 이면에 깔린 광대한 빛을 발하는 섬광을 만나게 된다. 또한 자유라는 새로운 차원의 출현에 고취되고 생기가 솟아나 평화와 기쁨, 자기 자신에 대한 확신을 발견하게 될 것이다. 어느 것에 의해서도 파괴되지 않고 소멸되지 않은 본성(아트만)이 자신에게 있다는 것을 확인하게 된다.

마음의 본성은 죽음을 넘어서 영구적인 요새임을 알아차리게 되고, 지속적으로 두려움을 넘어 변화와 무상함이란 진리를 깊이 성찰함으로써 우리는 점차적으로 자기 자신과 대면하게 된다. 그리하여 감사와 기쁜 마음으로 변

화와 죽음을 넘어선 진리, 마음의 한량없는 본성과 마주치게 된다. 이러한 과정은 너무나 신비스러워 우리의 어리석음을 일깨워준다.

근원적 광명은 우리 모두에게 현현(顯現)하는 데도 대다수 사람들은 그 광대무변함, 그 순수한 단순함에 담긴 미묘한 깊이 앞에 아무런 준비가 되어 있지 못하다. 대부분의 사람은 그것을 알아차릴 수단을 갖고 있지 않다. 왜냐하면 그것을 삶 속에서 인지할 방법에 익숙해 있지 않기 때문이다. 우리의 온갖 혼란은 죽음과 더불어 사라지겠지만, 우리는 저 광명의 현현에 일체를 내맡기고 마음의 문을 열지 못한 채 일생을 감각적인 집착과 탐욕에만 몰두해 왔다.

이러한 까닭에 우리가 죽음을 해탈의 기회로 삼을 수 있는 데도 죽음의 순간을 활용하지 못하고 만다.

모든 생명은 살다가 죽고 다시 태어나기를 무수히 반복한다. 그들은 무어라 묘사할 수 없는 밝은 빛을 계속해서 경험해 왔다. 그러나 그들은 무지몽매하여 미혹을 당하면 끝없는 윤회의 사슬에 얽매여 방황하게 된다. 무지의 어둠으로부터 비롯된 모든 이러한 습관적 경향, 우리의 부정적 업보는 일상적인 마음의 밑바닥에 저장된다. 설령 우리가 마음의 본성을 일별할 수 있을지라도, 하늘과 같은 본성에 다가가는 것을 일상적인 마음이 가로막는다.

모든 영적 수행의 목적, 죽음을 위한 진지한 대비는 이러한 미묘한 마음의 장벽을 정화시키고 그것을 약화시켜 무너뜨렸을 때, 당신과 진리 사이에 아무것도 끼어들지 못한다.

우리의 일상적인 마음의 바탕이 완벽하게 정화되었다면, 그것은 우리의 카르마(Karma, 業)가 저장된 창고를 산산이 파괴시킬 것이며, 미래에 다시 태어남을 위한 업(業)이 더 이상 쌓이지 않게 될 것이다. 하지만 우리의 영혼을 완벽하게 정화할 수 없다면 지난날의 습관과 업력(業力)이 저장고에 여전히 남아 그것이 적합한 조건이 구체화될 때 우리는 다시 태어나게 될 것이다.

이생의 당신은 전생에 당신이 이룩한 과보(果報)이며, 내생(來生)의 당신의 모습이 궁금하면 지금 생에서 당신이 무엇을 했는지 의식의 거울에 비추어 보면 알 수 있다.

자신의 미래를 만들어가는 것은 자기 자신이기 때문에 어떠한 생각을 하고 어떠한 행위를 하느냐에 따라 그 결과에 대가를 받게 되는 것이 업(業), 즉 카르마(karma)로 뿌린 대로 거둔다는 것이다. 콩을 심어서 결코 팥을 수확할 수 없는 이치와 같다. 어리석음과 무명(avidhva)은 자기의 참모습인 본성(아트만)을 가리는 장막이다. 그 장막이 바로 우리의 감각이다.

카르마는 각자 행위에 토대를 두는 우주의 인과 법칙으로, 우주를 운행하는 대자연의 법칙이자 인간의 행위에 대하여 보상과 처벌을 부여하는 불변의 진리다. 현생에 겪게 되는 희로애락(喜怒哀樂)은 과거 생에서 행한 응보(應報)의 결과이고, 현생에 행한 결과가 미래의 내생(來生)으로 필연적으로 나타난다.

우리가 죽음에 직면했을 때 많은 어려움과 고뇌를 겪게 되는 것은 우리가 덧없음에 함축된 진리를 모른다는 것이다. 우리는 결사적으로 영속하기를 바란다. 그러나 그것은 헛된 소망일 뿐이다. 죽음이 우리에게 가르치는 것은 만족해 하는 사람에게 충격을 주기 위한 가르침이다.

희망은 언제 어디서나 길을 만들어간다. 생전의 열망과 소원이 내생에 운명이 다시 형성하도록 도울 것이며, 그래서 언젠가는 해탈로 이끄는 삶으로 태어날 수도 있다.

우리의 영혼은 스스로가 지은 행위의 결과에 따라 거기에 알맞은 육체와 환경을 받아 다시 태어나 살아가게 될 것이다.

윤회의 과정에는 세 가지 차원이 있다.

첫째, 신들의 영역인 극락(極樂)의 차원 [天上界]

둘째, 고통과 열락이 반반 섞인 인간의 차원 [人間界]

셋째, 수많은 고통의 세계인 축생계 [畜生界]

그러나 다음 생에 인간으로 태어난다는 보장은 없다. 현생(現生)에 자신의 행위에 따라 벌레로 태어나기도 하고, 물고기로 태어나기도 하고, 하늘을 날기 원하는 영혼은 새의 몸을 만들어 들어갈 것이며, 포악한 영혼은 사자나 호랑이의 몸을 만들어 포악성을 마음껏 발휘하게 될 것이다. 간교한 영혼은 여우의 몸속으로 들어가 간교함을 마음껏 누리게 된다. 음모와 어두움을 좋아하는 영혼은 두더지가 되어 어두운 땅굴을 열심히 만들 것이다. 사람을 살인한 영혼은 돼지나 소의 몸속으로 들어가 업보가 끝나기까지 수없이 많은 죽음을 당하게 될 것이다.

그리고 계속 진리의 길을 가고자 하는 영혼은 고통과 기쁨이 절반씩 섞여 있는 인간의 몸속으로 들어가 진리를 찾기 위해 열심히 수행을 할 것이다.

그대의 지금 육체는 과거세에 그토록 원했던 몸이니, 뚱뚱하다고, 키가 작다고, 얼굴이 잘 생기지 않았다고 자책하지 말 일이다. 세상에 수십 억의 인

구가 있으나 같은 육체의 조건을 가진 자는 오직 자신뿐이다. 지금 그대의 몸은 그대 영혼이 가시적으로 나타난 그대 참모습이다.

집착, 탐욕과 무지(無知)의 삶을 계속한 자는 무거운 짐을 실은 낡은 마차가 덜커덩거리며 간신히 굴러가듯 죽음의 순간이 오면 육체 속의 아트만은 브라만을 태우고 신음하며 날아간다.

육체가 늙고 병들면 나무에서 익은 과일이 떨어지듯 불멸의 영혼은 육체를 미련 없이 버리고 떠나 새로운 육체로 다시 태어나기 위해 그가 왔던 곳으로 되돌아간다.

죽음은 우리가 마지막으로 마주치는 순간이다. 당신은 자신의 삶에서 무엇을 했는가? 다른 사람을 위해 어떠한 일을 했는가? 죽음에 직면해서 자신은 실제로 누구이고 어떠한 사람이었는가를 벗어날 수 없다. 원하든 원하지 않든 자신의 진정한 모습이 드러난다.

임종의 순간 몸과 마음의 구성요소는 떨어져나가 분해되고, 무지처럼 부정적 감정으로 가득한 마음의 일상적 측면이 소멸된다. 삶 속에 밝은 마음을 가렸던 장막, 즉 신앙의 가면 뒤에 숨어서, 양심의 가면 뒤에 숨어서, 명예의 가면 뒤에 숨어서, 위선의 가면 뒤에 숨어서, 권위의 가면 뒤에 숨어서,

명분의 가면 뒤에 숨어서, 탐욕을 채우기 위한 권모술수의 먹구름이 걷히고 동시에 족쇄가 풀리면서 우리의 참된 본성을 어둡게 가렸던 장막은 사라지고 남은 것은 청청(淸淸)한 맑은 하늘같은 원초적 근원, 우리의 본성뿐이다. 이를 근원적 광명 또는 서광이라 한다. 이때 의식은 일체를 포용하는 진리의 공간 속으로 용해된다.

자아가 쇠약해지고 혼수상태에 빠지게 되면 모든 감각들이 아트만에게로 모여든다. 그 빛의 입자들은 시각능력(視覺能力)을 흡수한 다음 심장 속으로 들어간다. 후각능력이 심장 속으로 흡수되면 냄새를 식별하지 못하고, 목의 발성기능이 심장 속으로 흡수되면 말을 할 수 없고, 감촉능력이 심장 속으로 흡수되면 촉감을 느끼지 못하게 되고, 마음의 사고능력과 인식능력이 심장에 흡수되면 더 이상 사고와 인식을 하지 못한다.

자아(아트만)가 육체를 빠져나가면 호흡이 뒤따라 나가고 호흡이 육체를 빠져나가면 모든 감각기능들이 뒤따라 나간다.

이때 그가 지은 행위의 업(業, Karma)으로 인하여 특정한 생각에 이끌리게 되어 앞으로 그가 거주할 육체를 찾아간다. 그 외의 좋고 나쁜 모든 생각과 활동력 그리고 과거의 경험들이 그를 따라간다.

이것이 살아 생전 자비심을 키워 많은 이들에게 베풀고, 부정적 행위를 피하면서 영적(靈的) 수행을 게을리하지 말아야 하는 이유다.

생각이 행위를 만들고, 행위의 반복이 습관이 되어 운명을 만든다. 때문에 늘 긍정적인 사고가 행동의 바탕이 되어야 한다.

우리가 바라는 대로 의지가 형성되고 그 의지에 따라 행위가 구체화된다. 현세에서 과거의 업보가 다하게 되면 내세(來世)의 업을 짓기 위해 새로운 행위를 시작한다.

감각기관들은 익숙지 않은 일에 쉽사리 익숙해질 수 없다. 그러나 과거 생의 경험들이 일상사에 어떤 일을 하도록 자극받게 되면 감각기관들은 이생에서 전혀 배우지 않고 경험이 없음에도 불구하고 그 일을 능숙하게 할 수 있다.

우리는 긍정적인 사고와 선행을 계속 반복함으로써 좋은 경험의 일상들을 많이 쌓아야 한다. 이 삶 속에서 겪고 있는 신체적 · 정신적 고통들은 그 자체가 내생을 위한 수행이고 고행이다. 고통이 크면 클수록 자신의 영혼은 한층 더 정화된다. 긍정적인 마음으로 바라보면 삶 속에서 전개되는 손짓 하나 발짓 하나 눈 깜박임 하나까지도 다음 생을 위한 수행인 것이다.

나는 왜 이 세상에 나왔는가

업이란 무엇인가

업(業)이란 자기 책임의 법칙을 뜻한다. 우리가 지은 업으로 말미암아 비롯되는 결과, 즉 그 책임으로부터 결코 벗어날 수 없으며 결국 책임을 지게 된다는 것이다.

업은 우리 자신의 운명뿐만 아니라 우리를 둘러싸고 있는 환경을 얼마든지 새롭게 창조할 수 있는 자유를 부여하고 있다. 다만 우리가 그것을 인식하지 못하고 주어진 자유의지를 활용하지 못한다면, 그 잘못은 우리 자신에게 있는 것이다. 우리 자신의 자유의지에 따라 자신의 운명이 결정되며, 자

신을 둘러싼 환경이 만들어지기 때문이다.

결국 우리의 삶의 모습이 서로 다른 것은 각자가 자유의지에 따라 지은 업이 서로 다르기 때문이다. 지금의 나의 모습은 과거에 내가 지은 업의 결과이고, 미래의 나는 또 지금 짓고 있는 나의 업에 달려 있다.

우리의 삶은 정해진 것이 아니다. 자신을 둘러싸고 있는 환경을 얼마든지 새롭게 창조할 수 있으므로 언제든 자신의 운명이 바뀔 수 있다. 심지어 우리의 자유의지에 따라 우리의 운명뿐만 아니라 이 세상도 얼마든지 우리가 원하는 대로 창조해 갈 수 있다.

놀라운 것은 우리의 인생뿐만 아니라 지리 역시 인간이 뿌린 '업'에 의해 결정된다는 것이다. 오늘날 우리가 살고 있는 지구가 온난화로 인해 자연생태

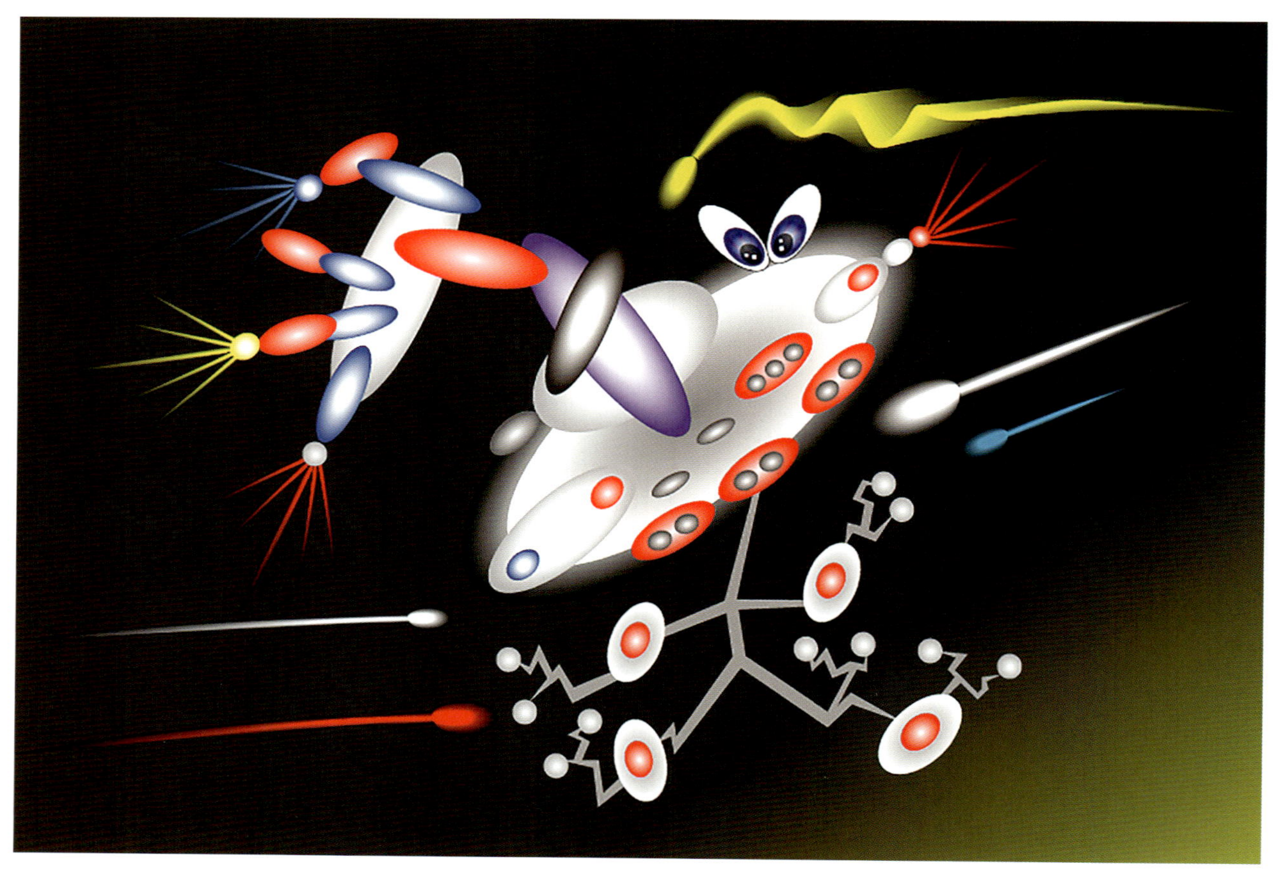

계가 빠르게 파괴되고 변화되는 것도 인간이 저지른 행위에 따른 결과이다. 우리가 짓는 업이 우리의 삶을 만들 뿐만 아니라 우주 창조에도 관여하고 있는 것이다.

이처럼 업은 엄청난 창조성을 지니고 있다. 원래 업을 뜻하는 산스크리트어 '까르마(karma)'는 그 어원이 '만들다' 혹은 '창조하다'를 뜻하는 kri에서 파생된 말이다. 영어의 'create' 역시 kri에서 비롯된 말이라고 한다.

업은 '창조성' 그 자체라고도 할 수 있다. 인간의 삶뿐만 아니라 지리, 즉 이 세상과 우주까지도 만들어간다.

더 나은 미래를 만들고 자신의 운명을 바꾸고 싶다면, 지금까지 설명한 것 가운데 다른 것은 다 잊어도 이것만은 꼭 기억해 두어야 한다. 업은 창조의 법칙이다. 업은 창조 그 자체이다.

인과법칙(因果法則)

우주나 우주 안에 태어난 모든 존재는 우연히 혹은 제멋대로가 아니라 인과법칙에 따른다.

이 사실만 보더라도 인간으로 태어난다는 것은 매우 어려운 일이다. 또한 생겼다 사라지는 것이 별의 생리이듯이 인간의 몸을 이루는 모든 물질들이

별로부터 왔으니, 인간 역시 나고 죽는 것 또한 당연한 자연의 섭리이다.

이와 같이 인간이든 혹은 어떤 생명체나 식물이든 구성하는 모든 근원물질들의 원천은 별이다. 그러므로 인간은 본질적으로 평등할 뿐만 아니라 인간과 우주만물은 본격적으로 모두 동등하다. 꽃도 사람도 상대적으로는 동등하게 창조되었다.

이처럼 꽃, 인간, 자연, 그리고 우주는 본질적으로 서로 다르지 않다. 따라서 이 세계 전체는 하나인 셈이다. 우주 만물이 서로 인과의 사슬로 엮여 있으며, 모든 존재는 그로 인해 생긴 것이다. 다시 말해 이 우주만물은 인과의 사슬로 얽혀 있으며, 이 세계는 하나이다.

작은 풀잎 하나부터 우리 인간에 이르기까지 서로 인과의 사슬로 얽혀 있

으며, 그 인과에 따라 온갖 만물이 '생겼다 사라졌다'를 반복하고 있다. 돌, 꽃, 짐승, 인간 그리고 우주만물이 하나로 연결되어 우주 전체를 이루며 서로가 영향을 미치게 된다.

예를 들어 곤충이 없다면, 인간도 존재할 수 없다. 곤충에 의한 화분의 매개가 인간이 먹는 작물의 75%를 차지하고 있다는 사실 외에도, 이런 곤충이 사라진다면 전체적으로 먹이사슬이나 생태계가 파괴되기 때문이다.

인과법칙은 우주의 삼라만상을 지배하는 물리학적 원리이기도 하고, 동시에 자연계에서 일어나는 모든 존재의 상호작용을 관통하는 원리이다. 우주의 탄생과 삼라만상의 모든 질서와 우리의 삶과 죽음도 이 법칙에 의해서 결정된다. 어떤 존재도 이 인과법칙이라는 자연의 법칙에서 벗어날 수 없다.

인과법칙이란 모든 것에는 원인이 있고, 원인이 있기 때문에 결과가 있다는 것이다. 모든 존재와 현상뿐만 아니라 우리의 삶에서 일어나는 모든 일에도 다 그 원인이 있다.

우리가 하는 '행위'에는 크게 세 가지가 있다. 그것은 '생각'과 '말'과 '행동'이다.

그러므로 업의 정확한 의미는 생각과 말과 행동을 통해 나타내는 자신의 의지적인 행위를 뜻한다. 우리가 하는 생각과 말과 행동을 통해 드러낸 의지적 행위들이 업이 되어 우리의 삶을 만들어가는 것이다. 업은 원인이고, 그

결과로 나타난 것이 우리의 삶이다. 그리고 그것이 곧 나다.

첫째, 우리는 '생각'이라는 씨앗을 뿌리며 산다. "우리가 생각하는 대로 이루어진다"는 말이 있다. 사람마다 가수, 예술가, 과학자, 시인, 목수, 청소부 등 무엇이 되고 싶어 하고, 무엇을 하고 싶어 하고, 무엇을 갖고 싶어 하고, 어떻게 할까 등 많은 생각을 하면서 살고 있다. 또 그 생각들을 추구하고 현실화시키기 위해서 노력한다.

그 결과 어떤 생각을 갖느냐에 따라 그 사람의 인생은 전혀 다른 모습을 갖게 된다. 생각이 나를 만든다. 그래서 생각이 곧 나다. 나는 생각이 낳은 결과이다.

둘째, 우리는 '말'이라는 씨앗을 뿌리며 산다. "말이 씨가 된다"는 말이 있다. 우리가 늘 말하던 것이 현실이 된다는 뜻이다. 지금 이 순간에도 우리는 말이라는 씨앗을 뿌리며 살고 있다. 이 생애에서 나를 보고 기뻐하는 사람을 만나는 것은 전생에서 상냥한 말과 웃음으로 대했기 때문이라고 한다. 또한 '지혜는 의견에서 드러나고 교양은 말로 드러난다'는 말이 있다. 말은 그 사람의 인격과 신뢰를 고스란히 드러낸다. 말이 나를 만든다. 그래서 말이 곧 나다. 나는 말이 낳은 결과이다.

셋째, 우리는 '행동'이라는 씨앗을 뿌리며 산다. 우리는 어떤 사람의 행동을 보면 그 사람이 어떤 사람인지, 또 앞으로 어떻게 되리라는 것을 어림짐작할 수 있다. 행동이 사람을 만들어간다는 의미이다. 나도 마찬가지이다. 행동이 나를 만든다. 그래서 행동이 곧 나다. 나는 행동이 낳은 결과이다.

이 지구상에는 시대를 떠나 자비를 베풀고 선행을 하면서 사람들을 이롭게 하며 성자의 삶을 살아가는 고귀한 사람도 있고, 살생이나 폭력을 일삼는 사람도 있고, 전쟁을 벌이거나 부추기는 사람도 있고, 부자나 기득권층에게는 헌신하고 가난한 자는 수단으로 삼는 사람들도 있고, 남을 핍박하고 업신여기고 이간질하며 상스럽고 비열하게 살아가는 천한 사람들도 있다. 우리는 자신의 행동에 따라 성자가 될 수도 있고, 천한 사람이 될 수도 있다.

지금 이 시간에도 우리는 생각과 말과 행동이라는 씨앗을 뿌리면서 살고 있다.

인과응보(因果應報)

우리는 생각과 말과 행동을 통해 자신의 인격과 품성과 성격과 삶의 모습을 형성해 간다. 결국 그 삶의 모습이 서로 서로 다른 것은 생각과 말과 행동

미나시와 시바의 결혼. 비슈누가 [illegible] 있다

이 서로 다르기 때문이다. 지금의 나의 모습은 과거에 내가 한 행위의 결과이고, 미래의 나의 모습은 또 지금 하고 있는 나의 행위에 달려 있다. 업은 피할 수 없는 결과가 따르는 원리이다. 원하든 원하지 않든 스스로 지어서 스스로 받는 것이다.

비를 싣고 오는 구름은 비를 땅에 쏟아놓지 않고는 지나가지 않는다. 그렇듯이 내가 지은 업으로부터 인간이 그것을 피할 도리가 없다.

하늘에도, 바닷속에도, 깊은 골짜기에도 인간이 자신이 지은 업으로부터 벗어날 곳은 없다. 이를 정확히 이해한다면, 우리는 어떤 사람이 지은 업이 그를 따르게 될 것이라는 것을 안다. 그래서 우리는 자신에게 잘못을 저지르는 사람들을 용서할 수도 있으며, 천박하고 상스럽고 비열한 사람을 향한 분노를 내려놓을 수도 있다. 원한이나 분노로 되갚으려는 것이 아니라 오히려 연민의 마음을 갖고 대할 수도 있다.

언제 어디서든, 어떤 상황에서든 자신을 둘러싼 불협화음에 동요하지 않고 고요하게 평온한 마음으로 평정심을 유지하면서 나쁜 감정들을 내려놓을 수 있다. 만약 지금 나의 모습이 만족스럽지 않다면, 그동안 어떻게 살아왔으며 또 어떤 생각과 말과 행동을 하며 살았는지 자신의 행위를 살펴볼 필요가 있다. 지금 나의 모습은 과거 나의 생각과 말과 행동으로부터 비롯된 것이기 때문이다.

삶은 서로 길게 연결된 순간들의 연속이다. 내가 한 행위가 원인이 되어 계속해서 이어져 그 결과가 현실에 나타나기 때문이다. 우리가 이를 인식하든 그렇지 않든 사실은 우리가 일으키는 사소한 생각과 말과 행동 하나하나까지도 차곡차곡 쌓여 우리의 인생뿐만 아니라 더 나아가 우리가 살고 있는 국가나 지구까지도 영향을 미치게 된다.

또한 인과법칙을 알아차리면, 우리는 자신에게 잘못을 저지르는 사람들을 원한이나 분노로 되갚으려는 나쁜 감정들을 내려놓을 수 있으며, 오히려 용서하고 연민의 마음으로 대할 수도 있다.

인연의 법칙이란 무엇인가

어떤 의문이든 품고 있는 것이 있다면, 인과법칙으로 돌아가라. 어떤 문제든지 반드시 그 원인이 있고, 어떤 의문이든 인과법칙 속에 그 답이 있다.

하지만 아직 아주 분명한 문제가 하나 남아 있다. '그렇다면 왜 우리 모두가 꿈을 실현하지 못하는 걸까? 왜 우리는 뿌린 대로 곧바로 거두지 못하는

걸까? 악업을 짓는 사람이 벌을 받지 않고, 선업을 짓는 사람이 고통을 받기도 하지 않는가?' 등의 의문이 있다.

인과법칙이 작동하고 있다면, 우리가 무언가를 하나하나 뿌릴 때마다 그 결과가 드러나야 할 것이다. 우리가 선업을 지으면 좋을 결과가, 악업을 지으면 나쁜 결과가 드러나야 할 것이다.

씨앗이 결실을 맺도록 하는 조건들은 물, 흙, 거름, 바람, 비, 온기 등 여러 가지이다. 그 조건들 역시 원인들이다. 물론 1차 원인은 그 씨앗 자체이지만, 부차적인 원인들 역시 1차 원인을 '인'(因, hetu : 직접원인)이라고 하고, 1차 원인은 아니지만 다른 필요한 조건들을 '연'(緣, pratyaya : 간접원인)이라고 한다.

우리는 이것을 '인연(因緣)'이라고 말한다. 여기서 1차적인 '인'은 씨앗이지만, 물, 흙, 거름, 바람, 비, 온기 등 다른 필요한 조건들은 '연'이다. 이는 어떤 결과든 하나의 원인만 있는 것이 아니라 여러 원인과 조건들이 모여서 이루어진다는 뜻이다.

따라서 인연은 그 무엇이든 홀로 존재하거나 스스로 존재할 수 있는 것이 아니라 '이것이 있고 저것이 있고, 이것이 사라지면 저것도 사라진다'는 연기와 같은 말이다.

실제 이 세상 그 어떤 사물이나 현상도 인과 연을 따라 생겨나지 않은 것이 없다. 그래서 업을 '인과법칙'이라고 말하지만, '인연의 법칙(인과가 사슬처럼 얽혀있다는 뜻이다)'이라고 말하는 것이 조금 더 정확하다.

이 세상에 우연이란 없다

한 개인이 집단의 운명에서 벗어나거나 혹은 한 개인이 역사의 신기원을 만든다는 것은 인연으로 인해 남다른 일을 해낼 수 있다는 것이다. 이것이 업의 힘이다.

지구상의 70억 사람들 가운데 사랑하는 남녀가 서로 만나 결혼하고 함께

사는 것이 우연일까? 결코 그렇지 않다. 사실은 그럴 만한 인연이 닿아 서로 만나 사랑하고 결혼한 것이다.

우리가 만나 서로 사랑하는 관계를 맺을 가능성이 있는 잠재적 상대는 수백만 명이 넘지만, 실제로 우리가 만날 수 있는 사람은 그중의 극히 일부이다. 우리 중 많은 수는 기껏해야 열 명 남짓한 사람들을 만나고 사귀면서 그중에서 미래의 배우자를 선택한다. 그 상대가 20명이 넘는 경우란 매우 드물다. 대부분 국가나 지역이나 직장을 크게 벗어나지 못한다. 이런 저런 이유로 물리적으로 가까이 있는 사람을 만날 가능성이 큰 것이다.

이처럼 수많은 사람들 중에 한 쌍의 남녀가 만나 사랑에 빠지는 것도 결코 우연이 아니다. 인연이 닿아 서로 만난 것이다.

이는 미래도 마찬가지이다. 아무리 미래를 정확히 예측할 수 없다고 하더라도 우리가 한 생각과 말과 행동으로 지은 업이 가까운 미래든 먼 미래든 그것이 인연이 되어 또 계속해서 나를 만들어가게 된다. 이것이 업의 힘이다.

나는 누구인가?

또 세계에는 부유한 나라에서 태어나 자신의 노력보다 더 행복하게 살아가는 사람도 있을 것이고, 가난한 나라에서 태어나 열심히 일하지만 어렵게 살아가는 사람도 있을 것이다. 아무튼 앞으로도 이 지구상에는 이루 말로 표현할 수 없을 정도로 각양각색의 삶이 펼쳐질 것이다.

사람의 몸으로 태어나 똑같은 하늘 아래서 살아가지만, 삶이 각양각색으로 펼쳐지는 까닭은 우리가 지은 업이 서로 다르기 때문이다. 우리가 느끼는 행복과 불행, 만족과 슬픔, 기쁨과 괴로움은 다양한 삶의 모습은 바로 여기에서 비롯된다.

우리가 생각이나, 말이나, 행동으로 한 모든 행위가 좋은 것이든 나쁜 것

이든 모두 씨앗이 되어 뿌린 대로 거두게 된다. 지금 나의 모습은 과거에 내가 쌓은 업의 결과이고, 미래의 나의 모습은 또 지금 만들어가고 있는 중이다.

과거의 생각과 말과 행동이 오늘의 나고, 현재의 생각과 말과 행동이 미래의 나다.

생각이 곧 나다

우리는 '생각'이라는 씨앗을 뿌리며 산다. 생각은 씨앗이고, 현실의 삶으

로 나타난 결과가 나의 모습이다. 그래서 생각이 곧 나다. 우리의 삶은 생각이 낳은 결과이다.

우리가 버려야 할 생각들은 첫째 탐욕이다. 만족을 모르고 끝없이 추구하며 소유하려는 욕망이다. 자신이 좋아하는 것을 갖고 싶어 하고 또 구하려는 마음이 그칠 줄 모르는 것이다.

우리는 세상을 살면서 좋은 직업을 갖고 높은 지위에 오르고 성공하기를 꿈꾼다. 또 권력을 누리고 부를 누리려는 욕망이 있다. 그러나 우리가 꼭 잊지 말아야 할 게 있다. 설사 값진 금은보화, 명예와 지위, 돈, 재산, 권력 등

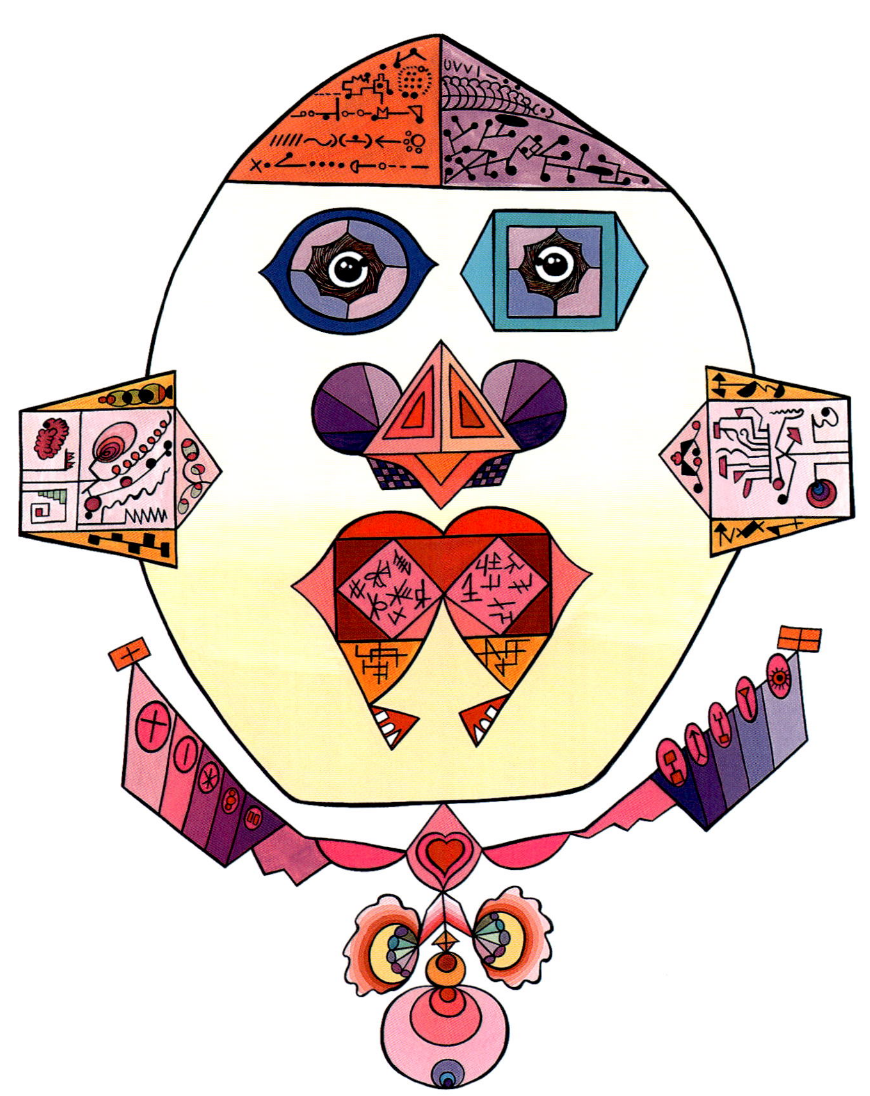

을 얻는다 하더라도 잠시 우리에게 성취감과 만족감을 주겠지만, 이 역시 결코 영원히 지속되지는 않는다. 이런 온갖 세속적 욕망과 쾌락은 꽃이 피었다가 지듯이 결국 덧없이 사라진다. 이러한 것들은 본질적으로 끊임없이 변화하는 속성을 지니고 있기 때문이다.

이 세상에 왔다 갔던 모든 성인들이 하나 같이 권력을 지닌 사람과 부자들에게 엄중하게 경고하고 있는 것은 무엇 때문일까? 탐욕과 부자와의 관계는 밀접한 관계가 있음을 의미하는 것이고, 또 돈이 많으면 범부들은 반드시 우쭐해지고 교만해지기 때문이다. 권력을 가진 자들도 똑같다. 그리고 그 결과 그로 인해 업보를 치르게 된다.

결국 우리는 빈손으로 왔다가 빈손으로 돌아가고, 오직 지은 업만 가지고 갈 뿐이다.

화무십일홍

피는 꽃이 이쁘다 한들
십 일을 가지 못하고
지는 꽃이 슬프다 한들
이 마음에 비길쏘냐

올 때는 주먹 쥐고 왔으나
갈 때는 빈손이라
우리 인생 봄잠에 꿈
모두가 헛되고 헛되도다.

고즈넉이 들려오는 인경 소리에
상념의 날개만이 펄럭이는데
소리 없이 깊어가는 가을밤
넋두리나 하고 보세

모르더라

저 흐드러진 파도 위에
떨리는 달빛은
어느 여인의 순정인가

바람벽 타고
훌라춤에 매달린 현기증은
누가 흘리다 만 눈물인가

나비같이 웃다가
벌처럼 울부짖는
우쿨렐레 진혼곡은
어느 강물의 넋두리인가

천연색 고통이
질풍으로 휘몰아친
저 상처의 무지개는
어느 늑대의 자장가인가

쌍그리라(Shangri-La)

글썽이는 낙타 등에 매달려
오억 년 아득한 서술(序述) 저편으로

죽음이 기웃거리는 사막을 가로질러
찬란한 별빛 서러워
그리움의 눈물 은하에 나부끼고

삼엽충(三葉蟲) 노니는
내 고향 쌍그리라(Shangri-La)

생명의 적막으로 사라진
아늑한 동굴

앞 못 보는 아내와
네 살배기 딸이 같이 살았던
그곳 말이다

삼엽충(三葉蟲) : 5억 년 전 얕은 바다에 살았던 곤충
쌍그리라(Shangrl-La) : 이상향(理想鄕)

천산 아리랑

아리랑을 우물거리며
천산을 떠갔거니
산은 소라처럼 슬픈 섬이 되어
눈물에 쌓이고,
어기적거리는 통나무 달구지
옛 이야기 푸짐히 실어
뿔 악어가 기다리는 강기슭
오막살이 마다하지 않았거니

고비사막 모래폭풍
그래도 도토리 국물 속 반짝이는
별빛 흥겨웠거니
늑대가 먹다버린 고향생각
밤마다 천정에서 두런거리고,
하고많은 사연 모래언덕 되어
꽃잎처럼 쌓여갔느니

이제 가도 오도 못할 천길 절벽
옛이야기 쓰레기처럼 여기 저기 널려 있고
간드러진 천하일색 과부와 한없이 어우러져
아득히 멀어져간 북극성
이 삼동(三冬)
혹한(酷寒) 삼경(三更)에
담너머에는
벌거벗은 아리랑이 추위에 떨고 있으니

어떻게 살 것인가

무한능력

인간에게는 간절히 소망하는 바를 현실로 만들어내는 능력이 있다. 그 소망이 이루어지지 않았다면 스스로 만들어낸 한계 때문이다.

자기 안에는 세상에서 가장 값비싼 보석이 잠들어 있다. 그렇기 때문에 성공의 씨앗이 성장할 비옥한 땅을 준비해야 한다.

자기 안에 비옥한 토양의 요소는 훌륭한 생각, 진실된 말, 활기 넘치는 행

동, 그리고 좋은 습관이다. 자기에게 부정적인 습관이 있다면 당장 지금부터 긍정적적인 방향으로 바꾸면 된다. 행운이나 복은 우연의 산물이나 선택받은 자만이 누리는 것이 아니다. 모두 자기 스스로 만든 것이다. 성공한 사람들에게는 공통된 특성이 있다. 그들은 남과 똑같은 상황에서도 더 많이 감사할 줄 안다. 행운을 부르는 가장 강력한 요소는 감사하는 마음이다.

의식에 새겨진 강한 인상은 그 사람의 인생을 좌우할 만큼 결정적 믿음이 된다. 그 내용에 따라 인생은 크게 달라지며, 올바른 믿음은 올바른 결과를

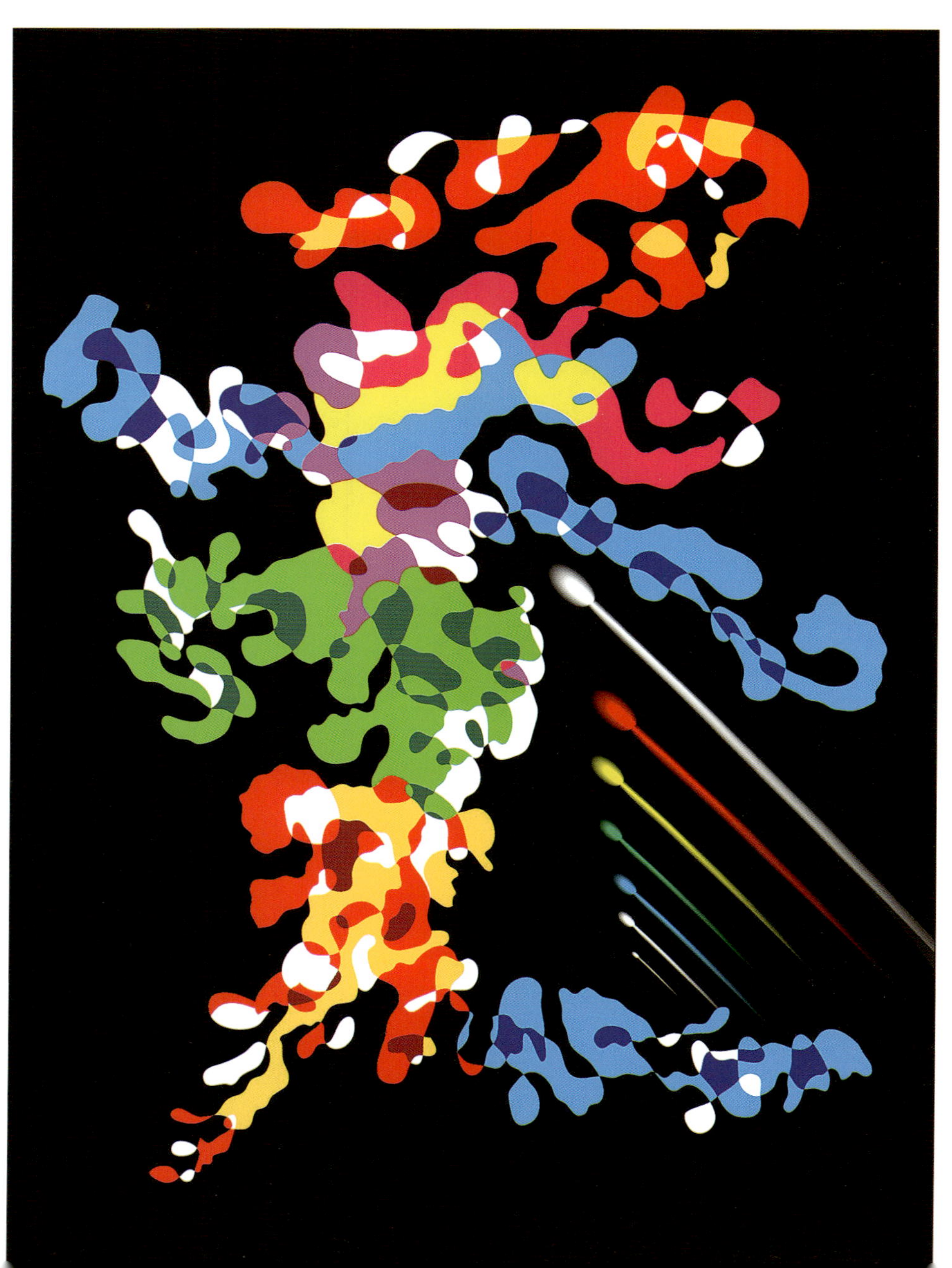

낳는다.

자신의 사고방식이나 행동을 지배하는 것은 자신에 대한 이미지이다. 자신에게 능력이 있다고 믿는 사람은 자신 있게 성공할 것이라고 믿고 적극적으로 행동한다. 자신에게 능력이 없다고 생각하는 사람은 무슨 일에든 자신이 없고 늘 불안하기 때문에 소극적으로 행동하므로 성공은 점점 멀어져 간다. 나의 인생을 적극적으로 살기 위해서는 자기 안에 확고한 자기상을 확립해야 한다.

일생을 지배하는 대뇌신피질

인간의 뇌를 이해하기 위해서는 상층부의 신피질과 하층부의 변연계 · 뇌간을 합친 구피질로 나누어 생각하는 것이 편리하다. 대뇌구피질(大腦舊皮質)은 자율신경이라 부르며, 호흡 · 심장박동 · 수면 · 혈액순환 · 배설 · 식욕 · 성욕은 생명중추로서 감정과 본능의 영역이다. 우리 몸은 먹은 음식의 양에 따라 위산과 효소가 음식물을 분해하고 흡수하며 재생하는데, 이런 화학반응은 먹은 사람의 의지와 관계없이 체내에서 자연스럽게 진행된다.

대뇌신피질(大腦新皮質)은 새로운 뇌로 가장 바깥쪽에 있으며 인간에게만 있고 동물에게는 없다. 인간의 지적 중추로서 사물을 생각하거나 선악을 판별하고 좋고 기쁨과 괴로움을 표현하는 의지, 의욕, 판단영역이다.

두뇌 속에서 서로 다른 일을 하면서 이 둘을 서로 이어주는 것은 상상력이다. 원래 구피질은 신피질이 상상한 것에 무의식적으로 반응하는 특성을 가지고 있다. 보거나 듣거나 생각함으로써 신피질은 새로운 이미지를 만들어낸다.

이것은 자기상도 마찬가지이다. '나는 이런 인간이다'라는 자기상을 받아들인 구피질은 몸과 표정 따위에 그것을 반영하기 위해 움직인다. 이처럼 구피질과 신피질은 상상력의 다리로 이어져 있다. 따라서 슬픈 일, 괴로운 일, 기분 나쁜 일만 상상해도 불안과 걱정이 커지고, 그것은 고통으로 몸에 나타난다.

우리가 고민과 걱정이 있으면 얼굴빛이 달라진다. 불안한 마음은 뇌 안에 아드레날린이라는 부신수질(副腎髓質)호르몬을 만들어 모세혈관을 수축시켜 혈액 대부분이 근육계로 옮겨가기 때문이다. 화를 자주 내거나 스트레스를 받으면 노르아드레날린 호르몬의 독성 때문에 병이 나거나 노화가 촉진

된다.

반대로 사랑하는 연인과 만나기로 약속을 했을 때 상상하는 것만으로 마음이 설레어 구피질은 즉시 반응해서 생기를 가져와 혈액순환이 좋아지고 피부온도가 높아져 β-엔도르핀 같은 쾌락호르몬이 분비되어 기분이 점점 고양되고, 피부에도 싱싱한 탄력과 윤기가 흐른다.

자신만만한 감정이 만들어지면 뇌는 그 자리에서 감정을 읽어 자신의 인생에 투영하려고 한다.

운명이란 그 사람의 생각의 소산이다. 같은 생각을 여러 번 되풀이하면 잠재의식에 심을 수 있다. 그것은 신경회로에 침투해 무의식적으로 그 사람을

지배한다. 신피질이 그린 이미지가 자율신경과 연동해서 상상한 것을 현실로 나타내는데 이것이 바로 행운을 내편으로 끌어드리는 마력이다.

자율신경계는 상상과 실제를 구분하지 못한다. 생각의 내용을 모두 실제로 받아들이기 때문이다.

사람마다 정도의 차이는 있지만 유익하고 긍정적인 믿음은 좋은 결과로 나타나고, 반대로 부정적이고 비관적이라면 나쁜 결과가 나타난다. 철저한 믿음은 자율신경계를 움직여 현실로 나타나기 때문이다.

"나이는 숫자에 불과하다. 나는 백세까지 청년처럼 살면서 일을 열심히 할 것이다."라고 선언하고 매일 새벽에 일어나 활기차게 운동을 해보라! 그리고 나이를 잊고 일에 몰두해 보라. 그날부터 플라시보 효과처럼 혈액속에는 젊어지는 세로토닌과 β-엔도르핀 같은 물질이 많이 분비될 것이다.

나이를 먹는 것과 노화는 별개이다. 일본의 고령인구는 2만 명이 넘고, 체첸 남서부의 아치코이-마르탄 지역 출신인 하추카예바 할머니는 124세로 아직도 손자, 증손자, 고손자를 돌보며 활기차게 활동하고 있다고 영국의 BBC 인터넷판이 보도했다.

육십, 칠십, 팔십이 되면 어떻게 살고 싶다고 늘 생각하면, 자동 목적 달성 장치가 작동한다. 나이와 상관없이 자신이 흥미 있는 일, 관심 있는 분야를 깊게 생각하면 실제로 몸안에서 화학반응이 일어나 현실로 나타났기 때문이다.

상상의 진화가 운명

인간은 머리가 생각한 대로 행동한다. 믿음이 강하고 마음속으로 그린 자기상이 명확할수록 그것은 행동으로 나타난다. 자기상이란 스스로 만든 자기에 대한의식이다. 의식은 말로 생긴다. 목적에 맞는 말하는 습관을 들이는 것이다.

이렇게 되고 싶다 하고 마음먹은 것은 반드시 이루어진다. 말과 자율신경계는 매우 신비로운 관계여서 시간과 공간에 구애되지 않는다. 과거 · 현재 · 미래를 자유자재로 오갈 수 있다. 몇 년 전의 일이라도 기억이 선명하다면 몇 시간 전에 경험한 것처럼 받아들인다. 사람의 말은 사고가 형성되고 그 사고가 인격을 만들고 운명을 만들어 간다. 우리의 일상생활은 습관에 의해

지배된다. 습관은 무의식에서 나온다. 무의식적인 행동이 습관이 되어 뇌에 프로그램처럼 정확히 저장되어 있다. 습관처럼 무의식적으로 몸이 움직이는 현상은 자신이 만들어낸 결과이다. 피아니스트는 악보를 보지 않고 피아노를 칠 수 있고, 무용가는 스텝을 모두 기억해서 곡이 흐르는 순간 자연스럽게 춤을 춘다. 믿음은 자신의 몸에 익힌 사고습관으로 늘 몸에 걸치고 있는 옷처럼 익숙한 존재가 된다.

인류의 최대 과제는 생존이다. 지구상에 존재했던 수많은 종이 진화하는 과정에서 멸종되어 명맥을 유지하지 못했다. 그러나 인류사 500만 년 동안 우리 선조에 속한 종은 빙하기와 수많은 위기와 맹수와 싸워 살아남아 자손

을 남겼기에 현생 인류가 존재하는 것이다.

우리 인류에게 500만 년이란 긴 세월 동안 살아온 우수한 유전인자가 있다는 것은 신비이자 가슴 벅찬 기쁨이 아닐 수 없다. 그것은 인간 승리일 뿐만 아니라 우리 몸속에 간직된 세포 하나하나의 승리이기도 하다.

수정란 하나가 어머니 자궁 속에서 자라나 생명으로 탄생하려면 1억 2,000만 개 이상의 정자와 경쟁해서 살아남아 난자 속으로 들어가야만 한다. 이처럼 인간은 존속과 번영을 추구하는 종으로 생명이 싹트는 단계부터 장애물을 뛰어 넘어야 한다. 한 인간이 탄생할 확률은 1조 분의 1이다. 인간 각자는 이렇게 어려운 과정을 거쳐 생명을 얻은 영광의 존재들이다.

늘 긍정적이고 유쾌한 상태의 체질은 행운을 부른다. 행복한 기분, 만족한 기분, 기분 좋은 감정으로 가득한 상태가 바로 유쾌한 상태다. 늘 설레는 마음으로 "나는 할 수 있다! 나는 자신 있다."하고 행운을 부르는 방식을 터득하면 운(運)은 저절로 따라온다. 꿈과 희망으로 가득차 있을 때 우리 몸은 유쾌한 상태에서 보조를 맞추지만 스트레스 상태에서는 항상성 유지 기능이 작동하지 않는다.

음식을 먹으면 소화하여 배설하고, 온도가 올라가 체온이 높아지면 땀을 내서 체온을 정상으로 되돌린다. 반대로 추워지면 땀구멍을 닫아 몸을 보호한다. 이처럼 인간의 몸에서는 1초에 수억 번 이상의 생화학 반응이 일어난다. 하지만 항상성 유지 기능이 제대로 작동하지 않아 몸의 각 부위에 이상이 생길 수 있는데, 이것이 바로 자율신경실조증이다.

인간의 에너지는 대부분 동화작용을 하는 데 쓰인다. 동화작용은 몸밖에서 들어온 음식물을 몸에 필요한 성분으로 바꾸는 것이다. 그러나 불안이나 걱정거리로 스트레스를 많이 받으면 동화작용이 일어나지 않고 이화작용이 일어난다. 이때 아드레날린이 분비되어 혈액이 근육계로 모여 내장의 상태가 나빠진다. 이런 상태가 지속되면 위가 헐고 내장 질환이 일어나게 된다.

이처럼 극도의 스트레스에 빠지거나 부정적 사고에 사로잡히면 몸의 기능은 생명력을 파괴하는 쪽으로 작용하기 시작한다. 스트레스에 사로잡히지 않으려면 어떠한 상항에서도 긍정적인 사고로 세상을 바라보고 감사하는 마음을 간직하는 습관을 몸에 익혀야 한다.

꿈과 소망의 자석(磁石)

우리 몸의 생화학반응을 조절하는 자율신경계에는 뇌에 입력된 소망과 꿈을 실현시키는 기능이 있는데, 그것은 '꿈과 소망의 자석'이다

뇌간(腦幹)에서 신경세포의 작은 네트워크가 가지 모양으로 뻗어 나와 그물처럼 되어 있는 곳이 망상체(RAS : 그물망)로 자율신경계와 깊은 관계가 있다.

자율신경계에는 상상을 실현하려는 꿈과 소망의 자석이 있어 뇌에 필요한

정보가 입력되면 자율신경은 생각을 행동으로 옮기려 한다. 이때 망상체는 보는 것과 듣는 것을 기억해야 할 것과 그렇지 않은 것으로 순간적으로 판별해서 불필요한 것은 그 자리에서 완전히 잘라버린다. 또한 자율신경계의 꿈과 소망의 자석도 망상체가 선택한 정보만 정확히 구체적인 형태로 나타내려고 한다.

목표에 관련된 생각을 할 때에는 망상체가 인정한 만큼의 의욕과 구체적인 생각이 있어야만 성공할 수 있다.

망상체는 확실히 복잡하며 고도의 기능이지만 부정적인 면도 있다. 망상체는 어떤 지식 아래서 지시를 내리면 설령 그것이 위험한 일이거나 그릇된 일이라도 실행할 위험성이 있다. 그러므로 망상체의 주인인 당신은 늘 밝고

긍정적인 자세로 건전한 정신과 의식을 수양해야만 망상체의 그릇된 선택과 오판을 사전에 차단할 수 있다.

항공기에 설치된 자동조종장치는 항공기의 운행을 고성능 컴퓨터를 이용하여 완벽하게 제어한다. 이 자동조종장치는 인간의 능력을 그대로 모방해서 만든 인공두뇌 역할을 한다.

인간도 분명한 목표를 세우고 치밀한 계획하에 그 방향으로 움직이면 소망의 자석에 의해 성공의 정상까지 다다를 수 있다. 이때 긍정적 · 낙천적 성공 관련 말을 골라 사용하는 것이 중요하다.

그러나 꿈과 소망을 실현하지 못해 안절부절못하는 사람의 문제는 명확한 성공목표를 꿈과 소망의 자석에 입력하지 않은 데 있다. 잘못 입력된 정보는 단순히 백일몽으로 끝나버린다.

그리고 너무 조심스럽고 의심이 지나치면 기회를 놓치기가 일쑤다. 꿈과 소망의 자석에 자기가 원하는 일을 상상력과 긍정적인 말로 '나는 꼭 이룰 수 있다'고 입력해야 한다. 그리고 성취한 구체적인 모습을 눈앞에 그려본다.

그러나 때로는 현실에서 많은 난관에 부딪쳐 궤도 수정이 필요할 때가 있다. 이때 눈을 감고 소망의 자석에 물어본다. 인생은 선택의 연속이다. 그러나 목표가 흔들려서는 절대로 안 된다. 어깨를 활짝 펴고 눈에서 광채를 내면서 자신감에 넘친 발자국을 옮겨본다. 꿈과 소망의 자석이 방법을 알려줄 것이다.

장수의 필수조건, 낙천적 사고

미국의 노화방지협회가 발표한 내용을 보면 앞으로 36년 후 2047년에는 인간의 평균수명이 120세에서 150세에 달할 것이라고 한다. 인류가 획득한

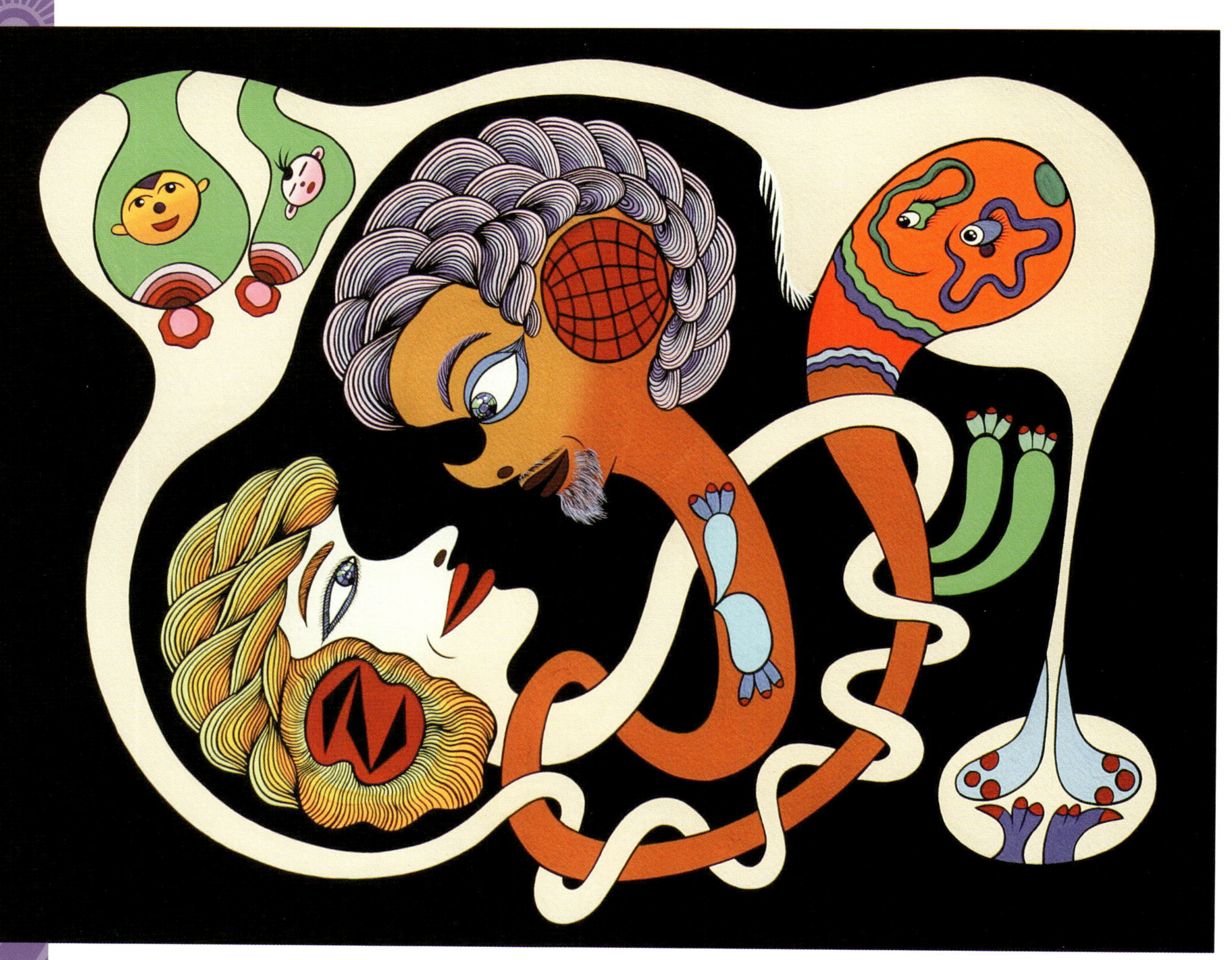

환경적응 유전자는 다른 종에는 없다. 시시각각 변하는 환경에 적응하면서 승리 유전자를 얻은 인간은 후손에게 유전자를 전함으로써 종의 번영을 이끌어 갈 것이다.

생존은 가장 큰 승리이고 최대의 기쁨이며 자랑이다. 인간은 선천적으로 이기는 체질을 타고났다. 우리 인간은 희소가치를 확실히 인식해야 한다. 그리고 승리 유전자의 훌륭함과 위대함을 깨달아 자신의 승리 체질을 효과적으로 활용하여 위대한 업적을 남겨야 한다.

젊었을 때는 체력과 정신이 모두 건강한 만큼 웬만한 스트레스는 이겨낼

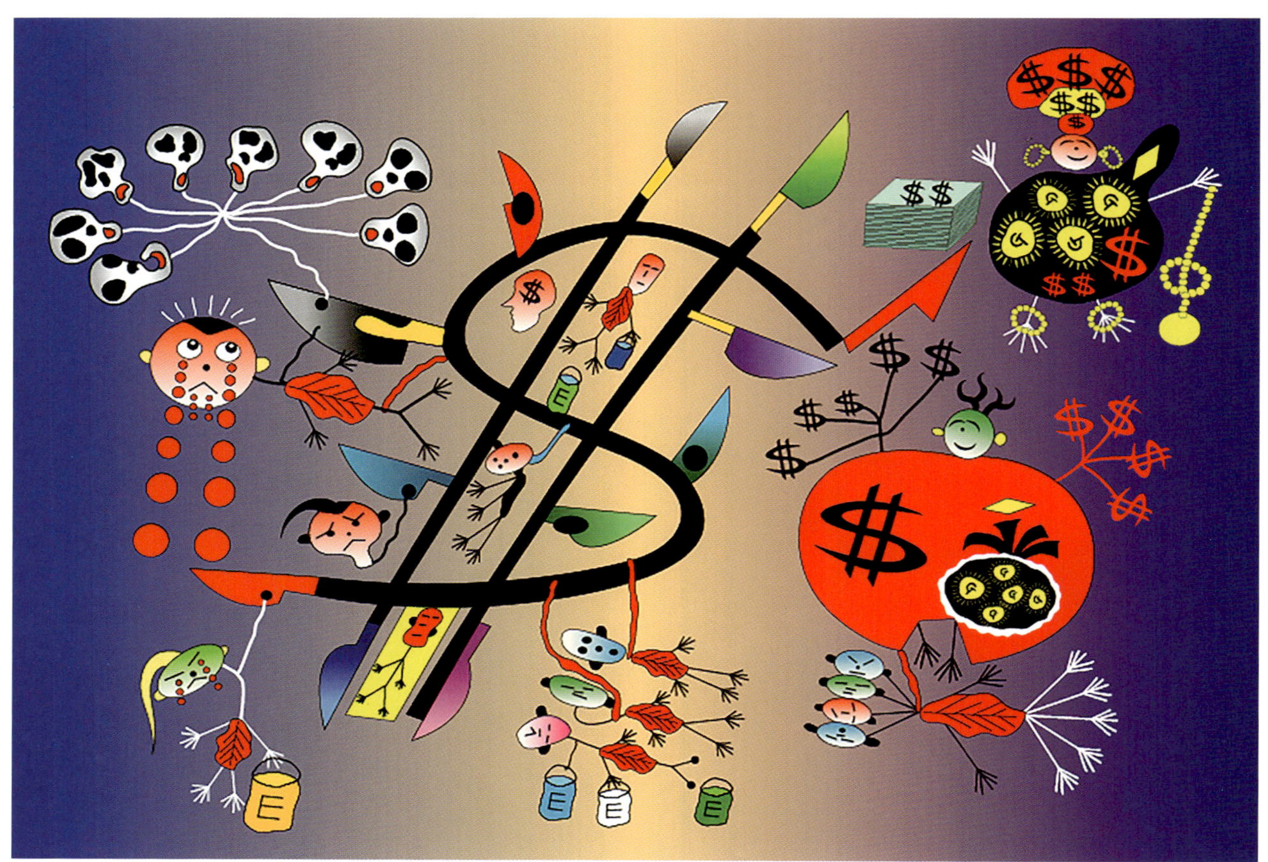

정도의 면역력이 있다. 다소 무리해도 스트레스에 대한 면역력이 길러진다. 그러나 나이가 들수록 심리적으로 약해지고, 면역에 관련된 호르몬도 줄어들 것으로 생각된다. 극심한 스트레스는 중 · 장년층에 매우 위험하다.

적극적인 사고에서 한 발 앞서 낙천적인 사고를 해야 한다. 낙천적인 사고를 하면 긍정적이고 낙관적이며 발전적으로 받아들이기 때문에 마음에 그린 목적과 꿈, 동경을 편안히 즐기면서 확실히 실현시킬 수 있다. 다른 사람과 경쟁하는 것이 아니라 절대적인 가치를 자신에게 둔다는 점이다

어디까지나 자신이 정말로 바라는 것을 중심으로 생각하기 때문에 결과가 어떻든 극심한 스트레스를 받지 않고 편안한 마음을 유지할 수 있다.

H

신비의 우뇌

우주의식의 소재, 우뇌

- **우뇌**……진정, 직관, 동시적, 전체적, 내부 지향적, 정서적, 주관적, 여성적, 차가움, 달, 샤크티(shakti), 음, 이다 나디(ida nadi), 공간적 및 비언어적 활동
- **좌뇌**……공격적, 논리적, 순차적, 분석적, 외부 지향적, 이성적, 객관적, 남성적, 뜨거움, 태양, 시바(Shiva), 양, 핑갈라 나디(pingala nadi), 수학적 및 언어적 활동
- **양쪽 뇌**……신체의 오른쪽과 왼쪽을 제어할 뿐만 아니라 양쪽 뇌는 각각 특정한 기능을 담당하며, 우리 삶의 다른 측면들을 다룬다. 위의 내용은 양쪽 뇌가 가진 일부 특성을 보여준다. 요가의 깊은 호흡은 양쪽 뇌의 균형을 유지하는 데 도움을 준다.

우뇌는 사랑, 기쁨, 행복, 창조성과 예술의 원천이며 세상의 모든 종교의 토대이다. 우뇌 우세 인간이 되기 위해서는 웃음이 많고, 긍정적이고, 명상적인 삶과 이완의 세계에서 살지 않으면 안 된다.

좌뇌 우세 인간보다는 우뇌 우세 생활을 하는 사람에게는 뇌세포의 파괴 속도가 늦고 노화의 진행 과정이 억제되어 건강과 장수를 누릴 수 있다.

인간은 본래 우뇌가 좌뇌보다 발달하도록 태어났다. 그러나 물질 문명이 발달하고 삶이 경쟁 형태로 변하면서 살아남기 위해 분석적이고 계산적이 되어 좌뇌가 급속도로 발달한 것이다. 한편 좌뇌의 급속한 발달은 우뇌의 발달을 억제하고, 나아가 우뇌 세포의 소멸 속도를 가속시킨다. 따라서 우뇌 속도가 급속히 감소하므로 인간은 사랑, 기쁨, 희망과 같은 인간 본성의 감성은 무디어지고 세상은 점점 스트레스성 사회 구조가 되어간다.

물질 문명의 풍요로움은 인간에게 편리를 제공한 대신 사랑과 기쁨같은 천부의 감정을 점점 메말라가고 있다.

인간에게 가장 절실한 사랑, 기쁨, 감사, 행복, 웃음, 꿈 등은 인간에게 가장 절실한 것들을 우뇌에 속한다. 우뇌 삶만이 이런 것들을 얻을 수 있다.

우뇌 삶이란 집중, 명상, 참선, 기도 등 이성적이고 논리적이 아닌 감성적 생활을 통해 영유할 수 있다. 깊은 명상으로 사랑, 기쁨, 희망, 웃음 등과 같은 낙천적이고 긍정적인 감정이 가슴에 넘쳐흐를 때 '엔도르핀'을 위시하여 여러 종류의 신경 재생 호르몬이 생산되며, 뇌파가 α파 상태로 뇌세포 파괴 속도를 지연시키고 신체 건강을 증진한다.

인간의 건강과 장수의 가장 중요한 인자인 질병의 완전 치유는 우뇌의 상태에 좌우된다. 우리 생채의 가장 중요한 역할인 자연회복력(homeostasis)은 뇌의 α파 상태에서만 작용한다. 고로 인간은 질병의 완전 치유나 건강과 장수를 원한다면 가급적 우뇌 우선적이고 α파 우세 상태인 긍정적 사고의 생활이 절실하다.

좌뇌는 의식적 자기 뇌로서 이성, 말, 계산, 논리 기능을 관장하고 과학과 전쟁의 진원지이다.

무의식의 소재

우뇌는 선천 뇌로서 감정과 직감을 관장한다. 우뇌는 무의식의 영역으로 기억력, 우주창조, 생명의 기원, 그리고 현생 인류 5백만 년의 유전자 정보와 인간의 생존 본능이 들어 있다. 인간의 자율신경계의 활동, 도덕, 윤리관, 우주의 법칙, 인류가 과거에 경험을 통해 얻은 슬기와 최적의 생존 정보, 신체질병의 자연치유력과 불로 장생의 열쇠를 가지고 있는 곳이기도 하다.

반면 좌뇌는 우리가 세상에 태어난 순간부터 생존하는 동안에 교육과 생활 방식에 따라 쌓인 정보가 저장되어 있을 뿐이다. 따라서 우뇌에는 좌뇌의 10만 배가 넘는 정보가 저장되어 있다. 인간의 정신 생활의 90%는 무의식이다. 영감, 초능력, 초감각적 자각, 투시, 직관력 등은 우뇌에 잠재되어 있다.

천재란 우뇌에 잠재된 무한한 무의식을 일깨워 시간과 공간을 뛰어넘어 미술, 음악, 과학, 문학, 종교 등 각 분야에서 인류의 영혼을 흔드는 위대한 업적을 이룬 사람이라 할 수 있다.

우뇌 개발

성취 인자를 무의식에 심어라.

- **상상**……신의 미래에 대한 꿈을 동경하면서 머릿속에 그려본다. 일상의 모든 정보는 좌뇌를 통해서 우뇌로 전달되어 입력되지만 '상상(想像)'은

직접 우뇌로 입력되고 정보화되어 구체성을 가진다. 그 정보가 더 이상 축적이 불가능할 때 우뇌는 상상한 바를 현실로 나타내게 된다.

- 언어……몸을 이완시켜 각성과 수면의 중간 상태에서 좌뇌를 침묵하게 하고 우뇌에 자기가 소망하는 바를 언어로 반복적으로 입력한다.

"나는 매일같이 모든 면에서 점점 더 좋아지고 있다."

직관과 영감은 어떻게 오는가? 의문과 간절한 소망을 가지고 그것의 해답을 얻기 위해 눈을 감고 귀를 막고 생각을 끊어라.

그리고 장기간 강한 집중 후 이완 상태에서 소망과 문제의 씨(種子)를 무의식 속에 심어라. 그러면 그 소망이 무의식의 심층에서 성장하다가 유전자 정보 속에 저장된 정보를 총동원해서 어느 날 갑자기 눈부시도록 명확한 해답으로 나타날 것이다. 그것이 바로 직관이며 영감이다.

쿤다리니(kundarini)의 잠을 깨워 차크라(chakra)를 여는 과정은 무의식을 일깨우기 위한 하나의 방편이다. 의문에 대한 해답을 지극히 작고, 매우 미묘하고, 섬세한 내면의 소리로 그대에게 다가올 것이다.

의식의 계단

현재 의식, 무의식, 우주 의식(유전자 의식)

생명이란 목적 의식을 지니고 일정한 형태 속에 집합된 에너지와 의식계를 칭한다. 반대로 에너지와 의식계가 산산이 흩어진 상태가 죽음이다. 세포 하나하나가 각각의 의식을 갖고 모여 일정한 목적으로 약속되어 통일된 행위를 하는 것이 생명체이다. 생명체가 균형을 이룬 상태가 항상성(생명의 지속)이다.

인간 생명은 항상성을 갖는 동안은 정해진 약속에 따라 심장은 박동하고, 체온 조절, 혈압 조절, 소화, 칼로리 흡수 등 신진대사가 원활하게 실행된다.

약속은 어디에서 이루어지는가? 유전자 속에서 이루어진다. 각자는 전체로서의 항상성을 갖는다. 무의식보다 더 깊은 심층에 있는 우주의식이 유전자를 통해 각자의 표면으로 실현되기 때문이다.

우리 개개인은 원천적으로 전체와의 조화를 이루도록 탄생된 존재다. 결국 우리는 유전자 의지와 일치한 생각과 행동을 해야만 그 조화로움이 황홀감과 더없는 기쁨을 얻을 수 있다는 결론에 도달한다.

깨달음

인간에게 가장 큰 기쁨은 지고(至高)의 환희(歡喜)로, 대자유인(大自由人)만이 무한(無限)을 경험하는 깨달음의 상태에서 나타나는 황홀경의 크나큰 기쁨을 맞이할 수 있다. 다른 표현으로 '깨달음'에 도달한 사람이다.

'깨달음'이란 표면 의식을 잠재우고, 두려움의 감정을 넘어 무의식을 일깨워 우주의식(유전자 의식)과 합일(合一)해서 얻어지는 자각(自覺)이다. 즉 인간의식과 우주의식이 하나가 된 상태를 '깨달음'이라 한다.

우뇌 속에 무의식의 힘을 빌리지 않고는 우주의식을 일깨울 수가 없다. 우주의식은 전지전능하므로 모든 문제에 대한 해답을 가지고 있다. 인간의 내적인 생명 원리는 그 사람의 생각의 성질에 따라 끝없이 흘러간다.

무의식의 위대한 지성은 건강 · 기쁨 · 행복이 균형과 조화를 이룰 때 최상의 지복(至福) 상태에 도달한다. 긍정적인 사고가 긍정적인 에너지를 생성하

고, 이것이 발전하여 물질을 창조한다.

무의식은 자기 자신을 철두철미하게 믿고, 자기가 원하는 간절한 소망이면 한 치의 오차도 없이 실현하도록 설계되어 있다. 행복, 부귀, 성공, 건강 깨달음 등이 원하는 대로 이루어진다.

우뇌에 각인된 열망(熱望)은 의식적으로 노력하지 않아도 끊임없이 목표에 집중되므로 시간이 걸릴 뿐이지 언제인가는 현실로 부상(浮上)하게 된다. 이때 자기를 털끝만큼이라도 의심치 않는 신념으로, 부정적인 생각과 감정의 간섭을 받지 말아야 한다는 전제가 뒷받침되어야 한다.

매일 새로 태어나는 삶

정자와 난자가 만날 확률은 1조 분의 1이다. 인간은 이렇게 어려운 관문을 뚫고 세상에 태어났다. 이것은 경이로움의 너머에 있는 신비이다. 우리 각자는 이렇게 소중한 존재들이다.

사람의 세포는 11개월마다 바뀐다. 10년 전의 나는 지금의 내가 아니고, 1년 전의 나도 지금의 내가 아니다. 우리는 11개월마다 새로 태어난다는 말은 무한한 새로운 삶을 이룰 수 있다는 것과 같다.

20년, 30년 전 자신과 지금의 자신이 같다는 착각과 최면에 빠져 무한한 가능성의 자기 발전과 성취의 기회를 놓치고 만다. 애석한 일이다.

우주의식은 유전자를 통해 각자에게 실현된다.

유전자 속의 프로그램과 일치한 생각과 행동을 할 때 우리는 조화로움과 황홀 감, 그리고 지고한 기쁨을 맛보게 된다.

'자기를 신과 부처보다 더 사랑하라.'

이것이 우뇌를 일깨우는 첫걸음이다. 우뇌는 곧 사랑의 원천이자 자비의 근원이다. 자기를 지극히 사랑할수록 만물이 소중하게 된다.

불가사의하고, 경이로우며, 수수께끼인 자신을 사랑하면 사랑할수록 세상의 모든 것들이 자신이 가지고 있는 맑고 깨끗한 화폭 속으로 녹아 들어온다.

나는 새, 기어다니는 동물, 헤엄치는 물고기, 가을의 전도사 풀벌레. 한가로이 떠다니는 잠자리 이 모두는 나의 분신이며 가족이다. 그리고 그 모든 것들이 곧 자기 자신이라는 것을 깨닫게 된다.

우주가 곧 나 자신이고, 내가 우주이며, 삼라만상(森羅萬象)은 내 자신이고, 내가 곧 삼라만상임을 알게 된다. 그리고 내가 곧 신이고, 부처이고, 알라란 것도 스스로 알게 된다.

'상상하고 행동하였다.'

나는 상상(想像)한 것은 행동했고, 행동한 것은 꼭 성취했다. 나는 시간과

공간을 넘어 유전자에 잠재된 무한대의 위대한 우주의식을 일깨워 이 우주화(Cosmos Art)를 그리게 되었다.

인간의 정의가 실종된 혼미한 세상에 한 세대를 살다 떠나면서, 인류에게 한 톨의 씨앗을 심어 후대에 작은 등불이 되었으면 하는 소망으로 내가 그린 안다레우스 우주화를 세상에 선보이게 되었다.

천재의 길

영감(靈感)

인간의 인식이 미치지 않는 서술(敍述) 너머 시간이 없는 세계. 형상이 없는 무한 공간 저편. 어떻게 우주의 진리에 다다를 수 있는가?

의문을 가지고 황야에서 사막에서 동굴에서 기도와 사색과 명상이란 통로를 통해 성자와 선각자들은 불멸의 우주의 진리를 깨닫고 돌아오지만, 자신들이 도달한 궁극의 우주 진리는 인간의 언어로는 설명이 불가능하기 때문에 고뇌하게 된다.

역사상 위대한 인물은 영감을 받아 그 혁명적인 통찰과 업적으로 세상을 변화시켰다. 종교를 비롯하여 불멸의 미술, 음악, 발명, 건축, 문학작품 등은 평범한 의식을 뛰어 넘은 직관에서 오는 영감의 소산이다. 위대한 업적의 소산은 처음에는 의

식의 차원에서 출발하지만, 해답은 무의식 차원에서 얻게 된다.

표면의식의 차원에서 보면 나와 그대는 다른 사람이다. 그러나 표면의식을 뚫고 깊이 들어가면 개개인의 차이가 사라지기 시작한다. 집단 잠재의식 속으로 보다 깊이 들어가면 개개인의 개념조차 희미해지기 시작한다.

집단 무의식의 층 밑에는 우주의식이 중심에 자리하고 있다. 위대한 직관과 영감은 모두 우주 중심에 자리한 우주의식에서 솟아난다. 어떻게 의식의 중심에 도달하는가 하는 것이 불멸의 업적을 이루는 열쇠이다.

그러므로 누구나 우주의식을 이끌어낼 수 있다면 직관과 영감을 얻어 위대한 업적을 이룰 수 있다는 결론에 도달한다.

미술은 세속에서 우리가 얻으려 하는 가장 높은 영적 생활의 분출구가 되고 있다. 언어 이전, 문자가 이전 아득히 먼 옛날부터 동굴이나 바위에 그들의 뜻을 표현해 놓은 것을 세계 각지에서 볼 수 있다.

영감은 한 미약한 개인이 세상에서 커다란 변화를 이끌어낼 수 있도록 돕는 힘이자 동시에 당신의 일생을 변화시킬 수 있는 원동력이다. 모든 영감은 내면의 소리로 다가온다. 내면의 소리는 직관, 통찰력, 신비의 체험, 계시 등 다양한 경험을 통해 들을 수 있다.

내면의 침묵 상태에서 일상의 표면의식을 잠재우고 우주의식 즉 내면의 중심에 초점을 맞추면 무의식에서 들려오는 소리를 들을 수 있다. 복잡성과 다면성으로 혼돈된 마음속에서 모든 필요 없는 것들이 떨어져 나가고 일치된 하나의 맑은 조화점이 나타나는 것이 직관이다.

위대한 예술가, 발명가, 과학자, 철학자, 건축가 등이 거둔 성과의 견인차는 통찰력이었다고 믿는다. 통찰력이란 사물을 보는 새로운 시각이자 내면의 중심에서 들려오는 소리가 주는 영감이다.

15세기 전까지 사람은 누구나 지구가 움직이는 게 아니라 태양이 동쪽에서 서쪽으로 움직인다고 믿었다. 자연은 무한하기 때문에 그 어떤 과학적인 패러다임도 모든 것을 설명할 수 없다. 또한 기능을 설명할 언어도 그리 흔하지 않다.

코페르니쿠스가 우주 중심에의 잠재의식에서 솟아난 영감을 얻어 지구가 태양의 주의를 돈다는 전대미문의 흥미롭고 풍성한 실체의 가설을 세웠을 때 혁명이 일어났다. 전통적인 견해에 얽매인 그 시대의 모든 사람들은 이 새로운 사고를 이해하지 못했다. 그래서 선각자는 외로웠다. 그에게 떠오른 영감을 그 시대 사람들에게 설명할 적합한 말이 없었기 때문이다

형상 너머에는 무엇이 있는가?

영감은 어떻게 오는가?

의문과 소망을 가지고 그것의 해답을 얻기 위해 장기간 강한 집중 후 이완 상태에서 문제를 잠재의식 속에 심고 나면 그 문제의 씨가 잠재의식의 심층에서 성장하다가 갑자기 눈부시도록 명확한 해답으로 나타나는 것이 직관이며 영감이다.

내면의 소리는 지극히 작고 매우 미묘하고 섬세해서 그 소리를 찾기 위해서는 깊은 침잠(沈潛)이 필요하다. 정체성(正體性), 자아, 자발성, 자연

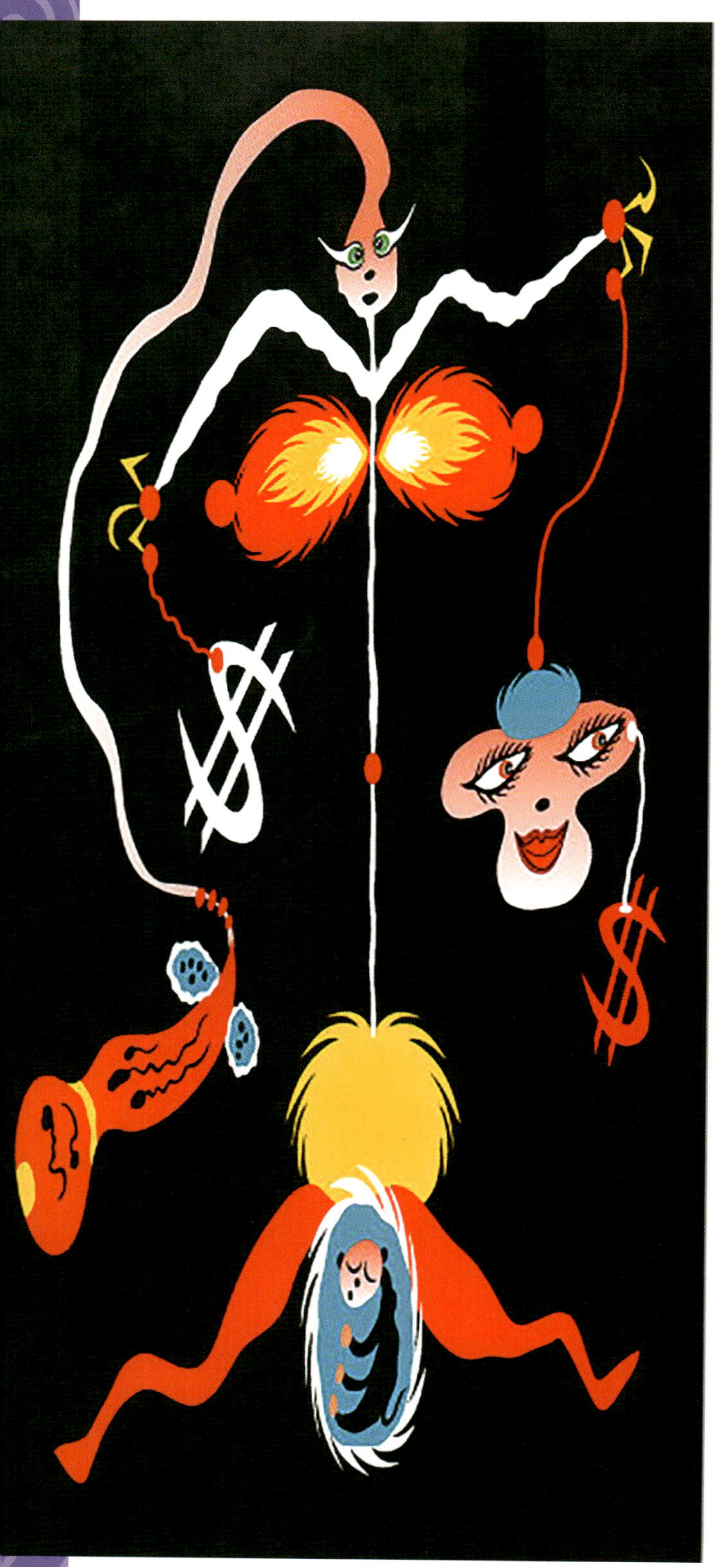

성을 찾기 위해서는 '눈을 감고 귀를 막고 생각을 끊어라.'

진정한 몰입은 과거와 미래를 잊고 바로 지금 이 순간에 당면 문제에 몰입한다. 이것은 어떤 종류의 창조성에도 필수적인 요소이다. 완전한 집중은 시간과 공간을 잊고 자아를 초월한다. 직관의 수용을 위해서는 자의식 속의 나는 사라져야 한다. 즉 무아의 상태

'그곳에 자기는 없다.'

정신 집중으로 잡념이 완전히 사라진 거울같이 맑은 마음의 상태, 감정의 파도가 가라앉은 내면의 고요, 내면의 소요가 사라진 정신적 침묵, 간절한 소망의 기도, 무아의 경지에서 시간과 식음을 잊고 골몰하는 사색, 생각과 생각의 빈틈을 한없이 늘려 과거와 미래의 틈에서 현재가 '흘러가지 않은 빈 공간'을 만드는 명상 속에서 인간의 사고로는 해결할 수 없는 문제들에 대한 해답은 영감(inspiration)의 형태로 얻을 수 있다.

우리의 마음 깊은 곳에는 자기기 원하는 삶을 창조하는 불가사의한 원동력이 잠재의식(subconsciousness) 깊은 곳에 숨겨져 있다.

간절한 소망은 더 높은 의식으로 가는 길이자 실재의 어머니이다. 절실하게 구하는 소망이 무르익어 무의식이 표면을 뚫고 솟아오를 때 그것이 원하는 해답이고, 직관(intuition)과 영감이

다. 영감을 이해하려면 하나의 세계이면서 인간존재의 두 가지 독특한 면을 내타내는 우리의 외면세계와 내면세계라는 개념을 먼저 이해해야 한다.

마음이 바깥으로 향하면 생각이고, 마음이 자신의 내면으로 집중될 때 그것이 영적으로 가까이 접근하는 길이다.

미지의 세계를 탐구하는 사람들에게는 용기와 힘 모두가 요구된다. 신비함, 생소함, 참신성, 모순성, 의외성에 매혹되지 않으면 새로운 창조를 이루어낼 수 없다.

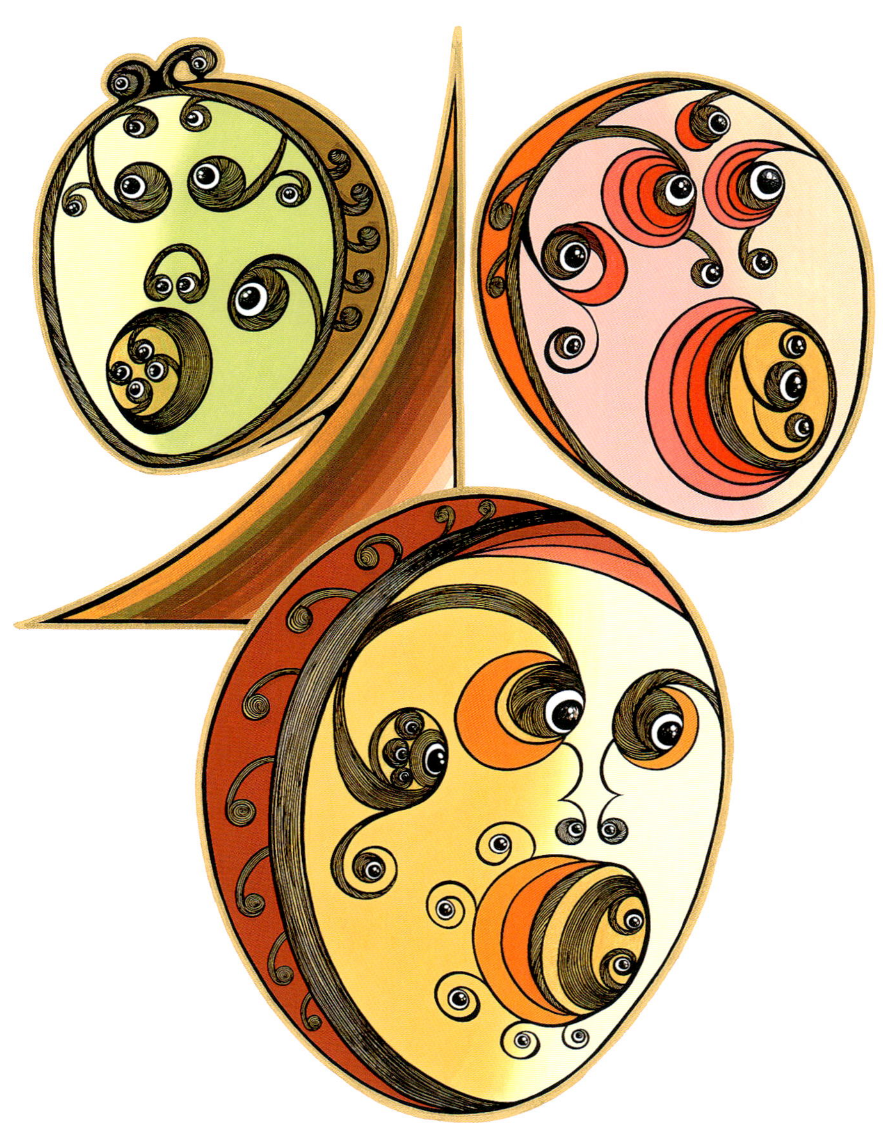

천재(genius)

천재라 부르는 창조자의 뛰어난 정신의 비밀은 집중적인 내적 성찰이 가능한 비범한 능력에 있다. 창조성과 천재성은 인간의 의식 세계에 본래부터 존재하고 있는 것이다. 모든 인간에게 같은 의식의 정수가 깃들어 있는 것처럼 천재 또한 모든 인간 속에 잠재되어 있다. 단지 천재성은 내면 가장 깊숙한 곳에서 자신을 발휘할 수 있는 여건을 기다리고 있을 뿐이다.

천재란 고차원적 에너지에 접근할 능력이 있는 의식의 상태라 할 수 있다. 천재성을 이해하는 데 문제가 있다면 천재만이 천재를 알아볼 수 있다는 것

이다.

세상의 많은 사람들은 천재를 전혀 알아보지 못한다. 창조적 업적의 진가를 알지 못하면서 찬사를 보낸다. 자신 속의 천재를 인식하지 못하는 한 다른 사람의 천재성을 알아보기란 쉽지 않다.

천재들의 생활 방식은 아주 간소하고 어린아이처럼 단순하고 순진하다. 천재는 조용한 생을 즐기며 외부에 자기를 내세우는 것을 좋아하지 않는다. 원리에 충실한 소박한 단순성은 우주 본질에 대한 근본적인 이해에서 비롯된다.

천재의 특징은 주기적으로 나타나는 강한 집중력이다. 천재는 영감이 떠오를 때면 며칠이고 조금도 지루하지 않고 일에 열중할 수 있다.

천재의 가장 큰 고민은 그들이 이해하는 사물의 이치를 다른 사람에게 어떻게 이해시키느냐에 있다. 그들이 도달한 고차원적인 사물의 이해는 항상 안전하고 자명한 것이지만 남들에게 이해시키는 것은 일생이 걸리는 힘든 여정이기도 하다.

세상을 앞서 가는 천재는 늘 외롭다. 수십 년 아니 백 년 이상을 앞서가는 그들의 의식의 상대나 이해의 동반자를 만나기가 쉽지 않기 때문이다.

천재는 우리 사회에 묻혀 있는 가장 위대한 자원이면서 발굴되지 않은 채 초야에 묻혀 있는 경우가 허다하다. 한 사람의 천재가 몇 만 명, 몇 십만 명을 먹여 살리는 시대가 오고 있다. 하지만 국가나 사회가 천재 발굴에 적극적이지 않은 현실이 안타깝다.

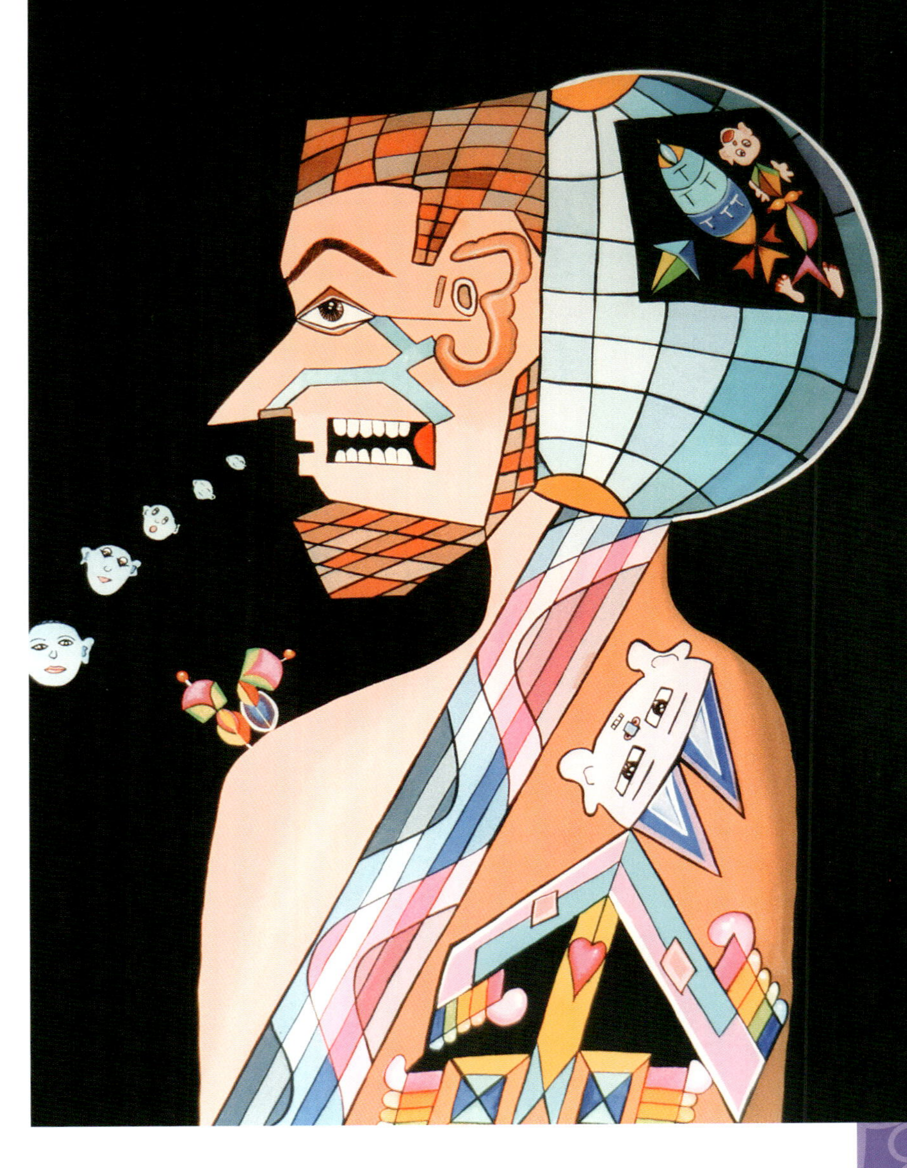

인간과 우주의식은 하나

사람 개개인의 마음은 우주의 마음과 연결되어 있다. 한 개인의 마음이란 거대한 데이터베이스에 연결된 컴퓨터의 터미널과 같다. 그 데이터베이스는 우주의식 자체로서 인류의 공통된 의식에 뿌리를 두고 있다. 개개인의 의식은 개별화된 표현일 뿐이다. 이 데이터베이스는 천재의 영역으로, 우리 인간은 태어남과 더불어 천재성에 접속할 수 있는 능력을 부여받는다. 천재성이 활발히 발휘되기까지는 공통된 과정이 있다.

의문이 생기면 초인적인 정신 집중으로 문제에 다가가고, 다음은 해답을 받아 들이고자 마음의 문을 활짝 열고 무한정 기다린다. 해답은 언어가 아닌 직관이나 영감의 형태로 얻게 된다.

이 광대한 우주에는 실체를 넘어 숨어 있는 형상이 너무나 많으나, 인간은 증명되지 않았다는 이유로 일부만을 인정한다. 그러나 인간이 미칠 수 있는 우주에 대한 지식의 범위는 작은 모래 한 알의 몇 만 분의 일도 되지 않는다. 보이지 않고 지식이 미치지 않은 곳에 숨겨진 해답을 찾으려면 직관이나 영감이란 통로를 거치지 않으면 불가능하다.

아인슈타인은 영감에 대해 "정신은 이해하고 증명할 수 있는 범위 내에서만 전진한다. 정신이 지식보다 더 높은 수준에 이르는 순간 그 경위는 결코 증명할 수 없다. 모든 위대한 발견은 그러한 도약의 산물이다. 이 법칙에 이르는 논리적 경로는 없다. 단지 경험의 공명적인 이해에 바탕을 둔 직관을 통해서만 다다를 수 있다. 통찰의 순간 번개처럼 나타나 순간적으로 그의 정신세계를 밝히고 나서 영원히 그 정신세계의 풍경을 바꾸어버린다."고 말했다. 이어 그는 자연법칙에는 인류의 모든 체계적인 사고와 행동을 완전히 무의미하게 만들어버리는 우월한 지성이 존재한다고 결론을 내렸다.

"우주와 시간은 굽어 있다." 이것이 일반 상대성원리이다. 그는 놀라울 정도로 집중력이 강했다. 어떤 의문이 생기면 몇 달이고 몇 년이고 생각을 멈추지 않는다. 그의 비밀은 몇 시간이고 집중할 수 있는 놀라운 능력에 있다.

영감을 얻기 위해서는 집중 후에, 반대로 포기하고 긴장을 완전히 풀어 수용적인 마음의 이완 상태가 절대로 필요하다.

아인슈타인은 우주의 엄연한 진리에 도달하여 명명백백한 해답을 얻었으나, 그 시대 사람에게 설명할 마땅한 말이 없어 4년이란 세월이 흐른 후 일반 사람에게 사용할 '상대성 원리'라는 용어를 만들어냈다. 그러나 수십 년이 흐른 지금도 지구상에 그의 이론을 완전하게 이해하는 학자는 열두 명밖에는 없다.

영감이나 직관은 그것이 어디에서 왔는지, 어떻게 왔는지 설명할 방법은 없다. 왜냐하면 그것은 언어 이전으로 이성적이고 지성적인 인식 작용과는 다른 것으로 번득 찾아오는 '천재성'이기 때문이다. 긴 집중적인 사고 뒤에 긴장을 잠시 푸는 동안 직관이 대신 자리를 이어받아 갑작스럽고 뚜렷한 통찰력(penetration)을 가져다 준다.

그다음으로 직관이 주는 확실성을 신뢰하면 그 직관의 반대 입장이 나타나 직관이 옳음을 역으로 증명하게 된다.

신비로운 앎은 개인적이고 내적인 경험으로 우리의 평범한 자아를 넘어선 곳에서 온다. 우주는 우연의 산물이 아니라 전체적인 패턴과 목적을 지녔다. '영감은 인생의 어두운 밤을 밝히는 번개의 섬광'과 같다.

우리는 표면적인 현실보다 더 깊은 곳에 다른 종류의 오묘한 현실이 있음을 알아야 한다. 우리의 지식의 개념으로 설명될 수 없는 우주의 또 다른 질

서의 한 부분이다.

자기 안에 잠자고 있는 무한의 천재성, 전지전능한 내면의 지혜가 당신이 찾아오기를 지금 이 시각에도 기다리고 있다. 의식이 맑은 거울처럼 투명하고 자기의 에고(자아)가 사라졌을 때 누구나 우주의 메시지를 접할 수 있고, '신은 당신 내면에 여기, 바로, 지금 존재한다.'는 것을 알게 된다. 그러기 위해서는 명상이라는 통로를 이용해야 한다. 깊은 명상에 들어가면 내가 누구인지, 어디에서 왔는지, 왜 세상에 존재하는지를 스스로 알게 된다.

인간은 누구나 잠재의식의 심층에 자기가 원하는 모든 해답이 있다는 사실을 믿음 속에 굳게 심고, 일념과 열정으로 자기를 그곳에 던진다면 시간의 문제이지 분명히 원하는 바를 성취할 수 있다.

존 파웰(John Powell)은 사람은 평생을 살면서 10퍼센트의 잠재력을 발휘하고, 10퍼센트의 아름다움을 보며, 10퍼센트의 음악과 시를 듣고 10퍼센트의 향기를 맡으며, 살아 있음의 즐거움도 10퍼센트밖에 느끼지 못한다고 말했다.

우리가 성취 목표에 다다르지 못함은 스스로 만든 한계 때문이다.

'웅대한 꿈을 가져라.'

자신을 명품 인생으로 재창조하라.

멋들어진 명품 인생을 만드는 길은 스스로 정한 한계의 벽을 넘고, 잠자고 있는 90퍼센트의 잠재력을 끌어내는 것이 관건이다. 당신은 위대한 업적을 이룰 수 있는 능력의 소유자라는 사실을 믿고, 이 시점 자아의 의식을 바꾸는 것이 가장 시급한 과제이다. 누구에게나 잠재의식의 심층, 우주의식에는 자기가 원하는 모든 해답이 들어 있다.

자기를 믿어라! 마음속 믿음이 겉으로 들어나는 결과를 결정한다.

믿음은 자신감을 확신으로 바뀌는 마음의 습관이자 사람이 지배하는 생각

그 이상이다. 자기 인생에 최상의 결과로 성취하기를 원한다면 좋은 생각, 좋은 행위를 하여야 되고, 좋은 행위를 하고 싶다면 긍정적인 기대를 꼭 해야만 한다. 긍정적 기대를 위해서는 먼저 자기를 믿어야 한다.

아무리 재능이 뛰어나다 해도 믿음이 없다면 최고에 이르지 못한다.

최고가 되고 싶다면 자기가 최고에 다다를 수 있다는 믿음이 필수적이다.

자기가 원하는 바를 믿음 속에 심고, 일념과 열정으로 자기를 성취 목표에 던진다면 다소 시간의 차이는 있겠지만 '성취 인간', '명품 인생'의 반열에 오를 수 있다.

이것이 '천재의 길'이고, '영감의 길'이며, '자기 내면에 기적이 있다는 것을 확인하는 길'이다.

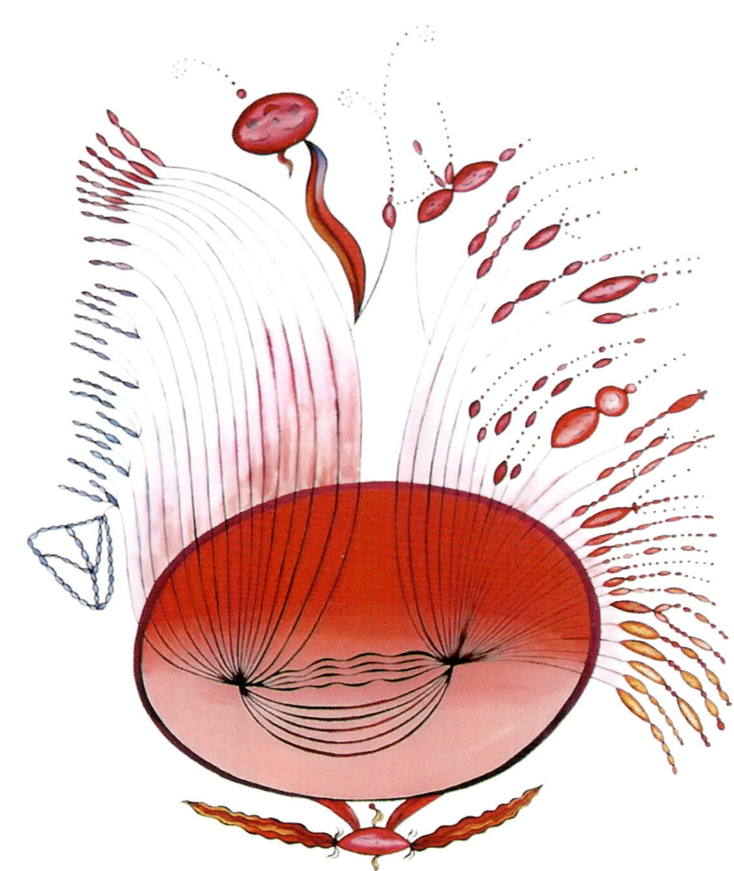

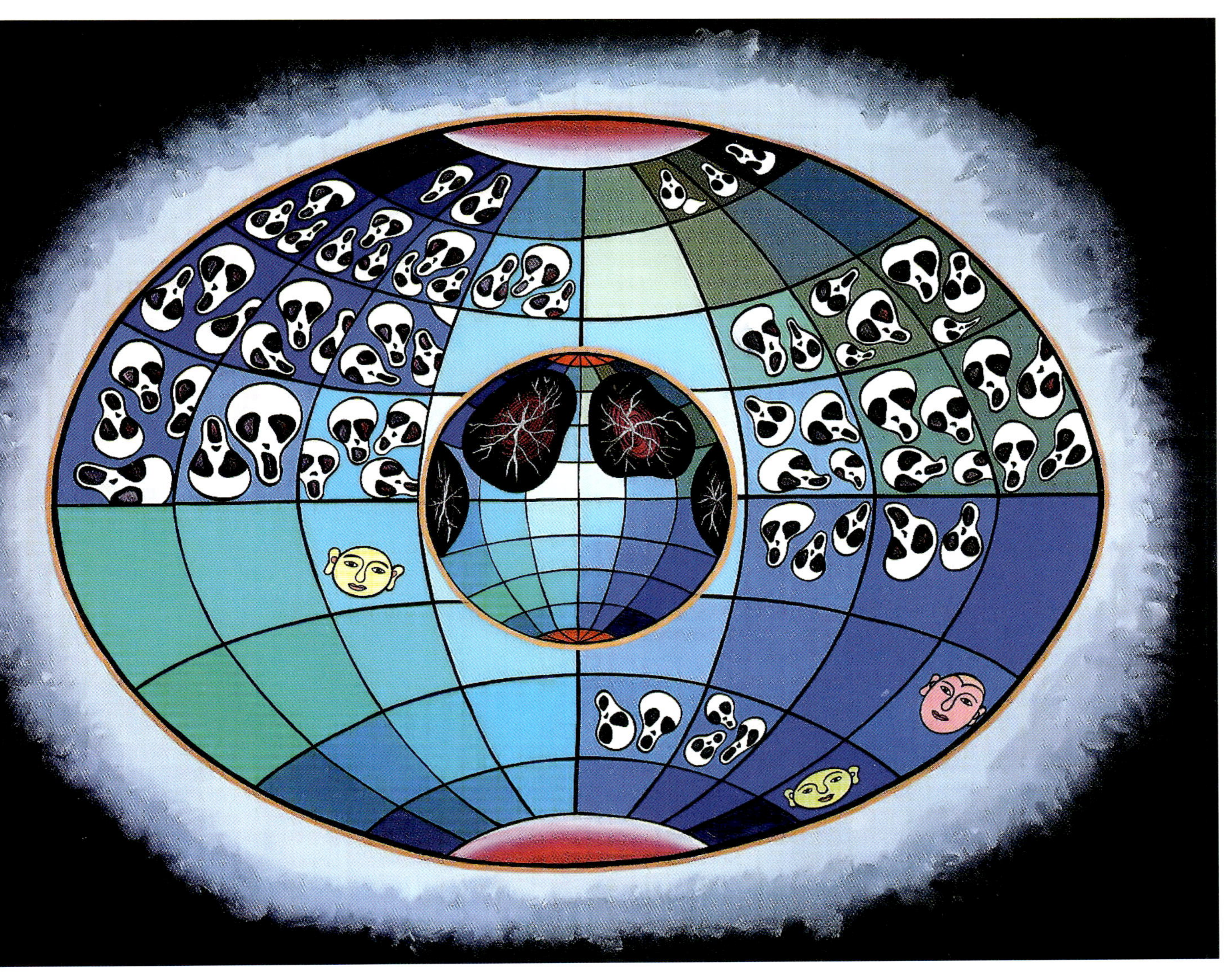

자아실현

인간의 기본 욕구는 단계적으로 높아진다. 생의 욕구, 안전 욕구, 사랑에 대한 욕구, 인정 받으려는 욕구, 최후에는 자아 실현의 욕구에 이르기까지.

환희는 고차원적인 자아 실현의 욕구를 달성한 사람이 느끼는 최고의 정신 상태로 '지고경험'(至高經驗)이라 하며, 뇌에서 β-엔도르핀이 끊임없이 분비되는 상태라 할 수 있다.

인간의 마음은 뇌간과 대뇌 변연계, 그리고 대뇌피질로 구성되는데, 마

음을 관장하는 이 뇌에는 에이텐(A10) 신경이 들어 있다. 이 신경은 쾌감신경으로, 어떤 자극을 받으면 우리 인간에게 쾌감을 전달한다. 인간은 대뇌피질을 갖고 있기 때문에 에이텐 신경을 통해 쾌감을 얻을 수 있을 뿐만 아니라 사고 방식 여하에 따라 에이텐 신경을 자유롭게 조절하는 열쇠가 바로 뇌 속의 모르핀의 하나인 β-엔도르핀이다.

인간이 식생활이나 성행위에 동물과 다른 가치를 부여할 수 있는 것도 대뇌피질 덕분이다. 또한 더욱 차원이 높은 사랑의 감정이나 자기 실현 같은 것으로 욕구 수준을 높여 갈 수 있는 것도 대뇌피질이 있기 때문이다.

인간이 자신의 행위를 이처럼 지고한 수준으로 승화시키려고 하는 원인은 그것이 그만큼 커다란 쾌감을 수반하기 때문이다.

다행스럽게도 인간은 바람직한 행위를 하면 인체에 이로운 호르몬인 β-엔도르핀이 분비된다. 이 호르몬은 인간에게 쾌감을 줄 뿐만 아니라 젊음을 유지시키고 암세포까지 파괴한다.

인간이 자아 실현의 최고 수준인 깨달음을 얻기 위한 수행도 뇌에서 β-엔

도르핀이 끊임없이 분비되어 늘 최고의 쾌감을 유지하고, 영원한 환희를 얻기 위함이다.

우주와 나는 하나다

나는 기나긴 명상이 끝난 후 내가 곧 우주이고, 우주와 내가 별개가 아니라 하나이며, 우주 만물은 한 나무에 핀 꽃송이들이란 사실을 알게 된다.

꽃과 대화하고 구름과 노을과도 대화한다. 풀, 꽃, 나무, 바위 등 자연물들과 기쁨을 나누고 괴로움을 함께 느낀다. 인간은 물론 산, 바다, 바위, 나무가 발산하는 오라(aura)로 본다.

1백만 년 전 자신이 살던 장소를 알아내고 무엇을 했는지도 기억한다.

사람의 마음을 들어다 보고 하얀 마음은 기쁨을 주었고, 검은 빛은 나에게 괴로움을 주었다.

눈을 감고 콘크리트 슬라브를 지나 밤하늘의 찬란하게 빛나는 수많은 별과 은하수를 본다.

내 자신이 식사하는 뒷모습을 바라보며 말할 수 없는 연민에 휩싸인다.

미국 세도나(Sedona) 벨락(Bell Rock) 정상에서 명상을 하며 200m 땅속에 수정이 묻혀 있는 것을 본다.

나의 영혼은 시간과 공간의 제약을 받지 않고 별과 별 사이 은하와 은하 사이를 자유자재로 여행할 수 있었다.

나의 영혼이 지구에서 1억 광년 저 너머 안다레우스(Andaleus)별을 여행함으로써 내가 지구에 오기 전에 안다레우스 별에서 살았던 것을 알고, 그 후부터 나의 예명(藝名)을 안다레우스로 쓰기 시작했다.

그곳을 다녀온 후 나는 우주의 창조에서부터 지구의 탄생, 이 행성에 현생 인류의 출현, 그리고 현 인류가 어떠한 과정을 거쳐 어떠한 이유로 멸망(doomsday)을 맞아 지구에서 사라지는지를 3,700장의 그림으로 그려낸다.

요가는 자기가 곧 신이라는 것을 깨닫기 위한 수행이다.

니르바나

부처님은 열반을 가리켜 절대 안온, 최고 락(樂), 안전, 섬, 피난처, 평화, 심지어는 불사(不死)라고까지 하셨다. 비록 열반이 어원적으로 불길이 꺼진 상태의 의미임을 인정하더라도 그것은 결코 생명 또는 삶의 불길이 꺼진 것을 의미하지는 않는다.

비구들아! 모든 것은 불타고 있느니라. 불타고 있는 것은 어떤 것들인가? 비구들아! 눈이 불타고 있고, 대상(色)이 불타고 있고, 안식(眼識)이 불타고 있다. 그것은 탐욕과 증오와 무지의 불로 타고 있느니라. 또한 그것은 태어남과 늙음과 죽음, 그리고 슬픔과 한탄과 고통과 비탄과 절망으로 불타고 있느니라고 하신 가르침에 비추어 보더라도 그 불길은 탐욕과 증오와 무지, 즉

3독심의 불길이며 모든 고통과 번뇌의 불길이다. 따라서 열반은 생명의 불길이 꺼진 상태가 아니라 바로 이 탐 · 진 · 치(貪瞋癡)의 불길, 고통과 번뇌의 불길이 꺼진 상태를 의미한다고 보아야 한다. 바람 잔 숲에 새들이 날고, 물결 고요한 호수 위에 고기들이 뛰노는 것처럼, 탐진치와 고통과 번뇌

의 불길이 꺼짐으로써 우리의 순수한 본래적 생명은 비로소 새처럼 자유롭게 약동하게 될 것이다. 따라서 열반은 생명의 불길이 꺼진 상태이기는커녕, 오히려 우리의 순수한 본래적 생명이 연기도 그을음도 없이 완전 연소되는 상태를 뜻한다고 보아야 한다. 석존이 설한 거문고의 비유가 시사하듯,

열반의 삶이란 악기의 침묵이 아니라 조율이 잘 된 악기에서 울려나는, 장단이 잘 맞는 아름다운 음악의 연주에 비유될 수도 있을 것이다.

요컨대 니르바나(涅槃, Nirvana)는 결코 빛바랜 삶이나 죽음을 의미하지 않는다. 그것은 자유와 평정과 생명으로 충만한 푸르른 삶이다. 불교가 삶의

예술(the Art of Living)인 만큼, 불교의 궁극적 목표인 열반은 그 예술 자체임과 동시에 그 예술이 빚어낸 지혜와 자비의 삶 또는 자유 · 평정 · 생명의 삶이라고 말할 수 있다. 열반은 삶의 소멸이 아니라 정화되고 승화된 삶의 질에 대한 언명이다.

1.000.000.000
000.000.000
000.000.000

긍정적 사고

의식의 전환

창조의 원리는 의식이다. 의식에서 우주의 물질 입자에 해당되는 것은 밝은 빛이다. 인간은 의식의 빛이 밝을수록 지혜로워진다. 지혜로워짐으로써

심리적으로나 신체적으로 건강해질 수 있다. 지혜란 고차원적 에너지와의 결합된 결과물이기 때문이다.

신체를 강화시키는 높은 힘의 에너지 패턴은 뇌에서 엔도르핀 분비를 촉진시켜 모든 기관을 튼튼하게 해주지만, 낮은 힘의 에너지 패턴은 아드레날린을 분비케 하여 면역반응을 억누르고 특별한 장기를 약화시킨다.

맑고 긴 파장의 에너지 흐름은 사랑 · 웃음 · 기쁨 · 희망 · 정의 · 헌신은 긍정적 감정이고, 이러한 고차원적 에너지가 신체의 건강은 물론 성공의 원동력이 되고, 질병 치료에 직접적인 영향을 미친다.

반면 탁하고 각지며 짧은 파장의 에너지 흐름은 분노 · 미움 · 공포 · 슬픔 · 좌절 · 절망의 부정적 감정이다. 이러한 저차원적 에너지가 실패의 원인이 되고, 질병 유발에 직접적인 영향을 미친다. 때문에 건강을 위해서나 성

공을 위해서는 누구나 부정적인 감정을 긍정적인 감정으로 바꾸는 의식의 대전환이 요구된다.

질병의 원인

수많은 육체적 질환은 감정적 스트레스와 연관된다. 스트레스라고 느끼면 흉선(thymus)의 분비를 저하시키므로 신체의 저항력을 약화시킨다. 뿐만

아니라 분노는 몸과 마음의 통로로 곧바로 연결되어 생각이나 감정에 따라 육체는 순간순간 반응하고 바뀌게 된다.

세상을 부정적으로 보는 마음이 지배적이게 되면, 그 직접적인 영향이 신체의 여러 장기로 이어지는 에너지의 흐름에 미세한 변화를 반복적으로 나타나게 하는데, 그것의 진행은 발병의 원인이 된다.

질병이란 마음의 작용이 무엇인가 잘못되고 있다는 증거이며, 바로 그 마음이야말로 변화를 가져오게 하는 힘의 존재하는 장소이다.

부정적인 감정은 표면의 힘이다. 표면의 힘, 즉 호전성은 똑 같은 강도로 반대 방향에 반사 작용을 낳는다. 육체적이든 정신적이든, 모든 공격은 반격을 가져온다. 적의는 항상 자신을 편치 않게 만들고, 적의가 존재하는 한 우리는 항상 자기 자신의 원한의 희생자가 된다. 아무리 비밀스럽게 적대감을 감춘다 해도 그것은 우리 몸에 생리학적인 공격을 가하는 결과를 낳는다.

모든 질병은 생각이나 우리의 습관적인 반응을 바꿔야 치유될 수 있다. 인류에게 알려진 어떠한 질병이든 자연적으로 치료되었다는 기록이 역사상 허다하다.

희망 없는 불치병에서 치유된 환

자들에게는 의식의 대전환 현상이 공통적으로 나타난다. 이러한 의식의 대전환으로 인해 질병을 초래한 부정적인 요소가 더 이상 작용을 못하게 되는 것이다.

자비심(慈悲心)

록펠러(John D. Rockefeller)는 1839년에 태어나 1937년 사망한 사업가이자 박애주의자이다. 그는 공격적인 경쟁 행위로 자기 사업에 장애가 되는 수많음 경쟁자들을 무자비하게 제거하였다. 1882년 미국의 원유사업을

독점하고, 세계 최초로 기업 트러스트를 창안하였으며, 33세에 억만장자, 43세에 미국 최대의 부자, 53세에 세계 제일의 부자가 된다.

그는 53세 되던 해에 원인 불명의 병에 걸려 그의 주치의로부터 1년 이상을 살 수 없으니 임종을 미리 준비하라는 간곡한 부탁을 받는다. 최후 검진을 받기위해 휠체어를 타고 병원 로비에 걸린 액자의 글이 눈에 들어왔다.

"주는 자가 받는 자보다 복이 있다."

이 글을 보는 순간 마음속에 전율이 생기고 눈에 이슬이 맺혔다. 선한 기운이 온몸을 감싸는 가운데 그는 눈을 지그시 감고 생각에 잠겼다. 잠시 후

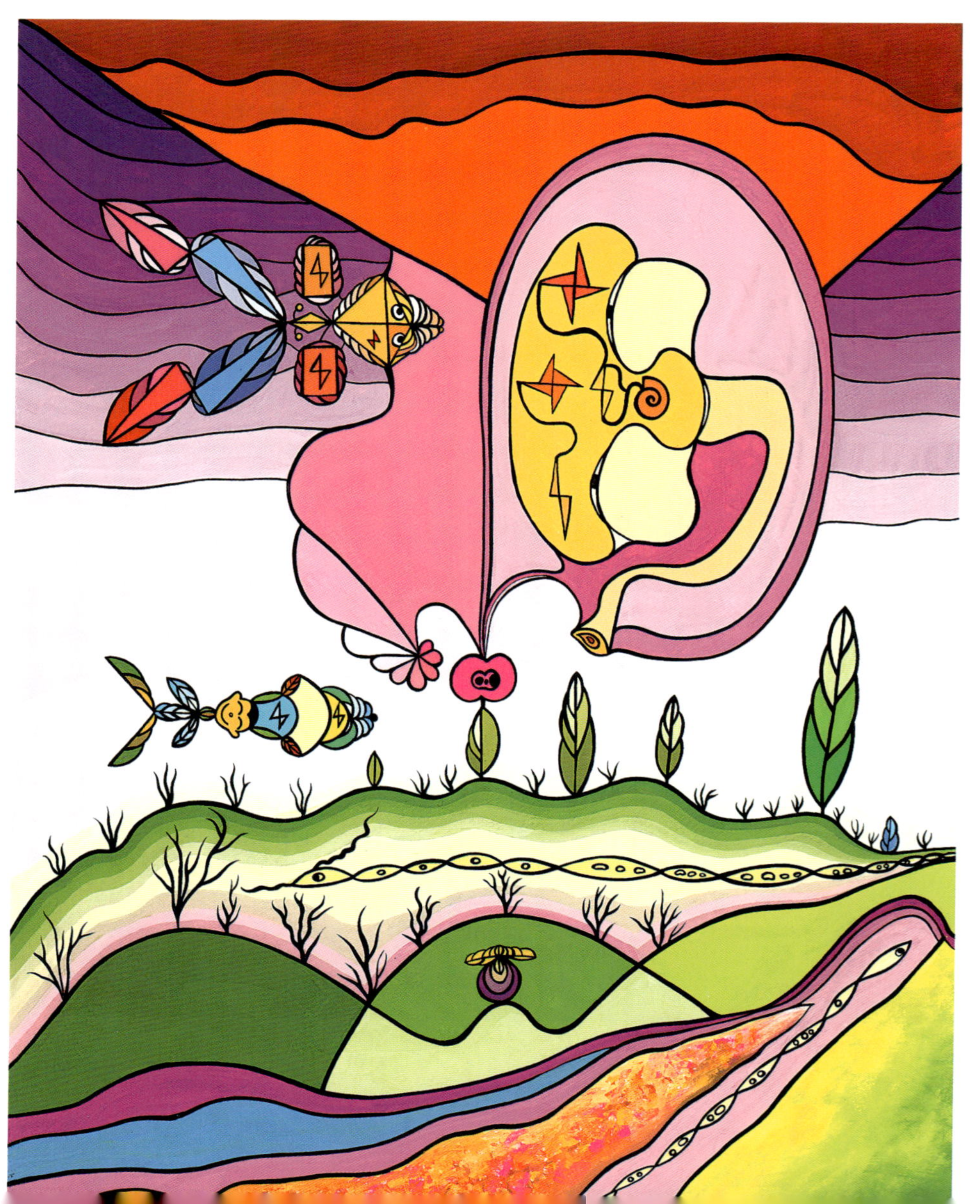

시끄러운 소리에 정신을 차리게 되었는데, 입원비 문제로 다투는 소리였다. 병원 측은 병원비가 없어 입원이 안 된다고 하고, 환자 어머니는 입원시켜 달라고 울면서 애원하고 있는 광경이다.

록펠러는 곧 비서를 시켜 병원비를 지불하고 누가 지불했는지 모르도록 했다. 얼마 후 은밀히 도와준 소녀가 기적적으로 회복되자 그 모습을 지켜보던 록펠러는 "평생 살면서 이렇게 행복한 삶이 있는지 몰랐다."고 술회했다.

강철같이 강하고 면도날같은 그의 성격은 타인을 전혀 배려할 줄 몰랐다. 그가 임종이 임박해서야 자신의 과거를 돌아보고 많은 것을 가졌지만 가장 중요한 것을 잃었다고 후회하였다. 그는 임종 전 마지막으로 인류를 위해 자신의 재산을 사용할 것을 결심한다.

그 후 놀라운 사실은 자신이 마음을 바꾸어 가진 부를 사회에 환원하기 시작하면서 그의 불치의 병이 빠른 속도로 회복되어 간 것이다. 당시의 의학계에서 풀 수 없는 불가사의한 사건으로 화제가 되었던 일이다. 록펠러가 세상을 떠난 것은 시한부 생명을 선고받은 후 무려 45년이 지나서였다. 자기가 가진 부로 박애를 실천하고, 그 수천 배인 돈의 가치로 도저히 환산할 수 없는 건강과 마음의 평화라는 엄청난 선물을 받은 것이다.

그는 53세에 사망선고를 받았지만, 박애정신으로 바뀐 그는 98세까지 살아 그 시대에 드문 장수인이 되었다. 그의 인류애는 록펠러 대학을 세우고, 빈민 구제사업, 록펠러의학재단을 세워 인류애를 실천하는 모체가 되었다.

우리는 자연적으로 치유된 사람들에게서 사랑의 능력과 자비의 중요성에

대한 인식이 현저하게 커진 것을 공통적으로 보게 되고, 이것이 치유의 요인으로 작용했음을 깨닫게 된다. 즉 록펠러가 불치병에서 회복된 것은 자아의 탐욕으로 형성된 껍데기가 사라지는 순간, 인류를 위해 헌신하겠다는 의식의 고차원적인 에너지가 질병이란 낮은 에너지의 활동을 무력하게 만든 결과이다.

어떠한 질병이든 그 치유는 자기 자신과 인생을 새롭게 바라보는 자발적인 태도에 달려 있다. 인간성의 치유를 위해서는 원한이나 복수심, 공격하려는 생활양식을 뿌리째 뽑아버리는 일이 절대적으로 필요하다.

의식의 도약

세상에 치료가 불가능한 절망적인 사항이란 없다. 어느 곳, 어느 시대, 누가 지금까지 기술한 과정을 통하여 질병이나 최악의 상황에서 회복된 수많은 사례가 있어 왔다는 것만은 자명하다.

진화의 고통스러운 과정을 통과할 때 우리 자신이나 인류 전체에 자비심

을 품는 것은 질병의 호전을 위해서나 의식의 진화를 위해서나 아주 중요한 요소이다. 그렇게 함으로써 우리는 정신적으로나 육체적으로 치유받을 수 있을 뿐만 아니라 치유할 수도 있게 되는 것이다.

오직 이 길만이 이 시대 인류의 육체적 · 영적 타락을 치유할 수 있는 희망의 길이다. 이 모든 것은 우리가 무조건적인 사랑을 줄 수 있는 단계에 도달하기만 하면 불사의 인간이 될 수 있다는 것을 의미한다.

죽음이란 환상에 불과하며 삶이란 계속되는 것이다. 오직 신체적인 것에 국한되어 있는 우리의 한정된 의식 능력만이 계속되는 삶을 못 볼 뿐이다.

우리가 원해서 이 지구에 왔는지는 알 길이 없다. 그러나 영적 재앙이 만연한 이 시대에 희생되지 않으려면 의식의 도약을 이루지 않으면 안 된다. 의식의 도약이야말로 육체를 가치 있는 생명으로 부여할 뿐만 아니라 육체를 초월하여 존재의 또 다른 차원에서도 계속 살아남는 약동하는 고차원적인 에너지이다.

우리는 유한한 생명을 살다가 이 지구를 떠난다. 의식의 도약만이 이 행성에 주고 갈 값진 선물이란 사실을 인식하지 않으면 안 된다. 우리는 이 행성에 잠시 왔다가 사라지면서 보다 나은 세상을 만들기 위해 애쓴 흔적을 남기고 가야 한다. 한 개인의 의식의 도약은 자신 영적 성장을 이룰 뿐 아니라 전 인류에게 사라지지 않을 유산을 남기는 것이다.

신념

신념이란 자신을 이끄는 원칙, 선언, 또는 인생의 의미와 방향을 제공하는 열정이다. 신념을 가진 한 사람의 힘은 단지 관심뿐인 천 명의 힘보다 위대하다. 신념은 신경체계에 직접 명령한다. 신념을 효과적으로 다루면 인생에 도움이 되는 가장 강력한 힘이 된다. 신념은 우리 안에 깊이 있고 풍부한 자원을 개발해서 우리가 바라는 결과를 만들어준다. 또한 신념은 우리가 원하

는 것을 볼 수 있고, 그것을 얻을 수 있는 에너지를 제공한다. 신념만큼 인간의 행동을 강력하게 이끄는 힘은 없다. 인간의 역사는 신념의 역사이다.

석가, 예수, 무함마드, 콜럼버스, 에디슨, 아인슈타인처럼 역사를 바꾼 인물은 모두 인간의 신념 체계를 바꾼 사람들이다. 행동을 바꾸려면 자신의 신념부터 바꿔야 한다. 탁월성을 본받으려면 그 탁월성을 이루어낸 사람들의 신념을 본받아야 한다.

신념의 힘은 우리가 가진 논리적 틀을 뛰어 넘는다. 심지어 생리 체계에도 신념이 현실로 나타난다. 사람을 최면 상태에 빠지게 한 후 뜨거운 쇠라고 속이고 얼음조각을 몸에 대는 실험에서 얼음을 댈 때 접촉된 부위에 화상을 입은 것처럼 물집이 잡혔다. 그가 받아들인 것은 실제의 자극이 아니었다. 신념 즉 의심하지 않고 신경 체계에 직접 작용하는 내적 커뮤니케이션이었다. 두뇌는 단순이 들은 대로 할 뿐이다. 신념은 단지 내적 상태, 행동을 지배하는 내적 표상에 불과하다. 그것은 가능성에 대한 강한 신념, 즉 어떤 일에 성공할 수 있다거나 어떤 것을 할 수 있다는 강한 의지이다.

신념은 정확하게 탁월성으로 들어가는 문이다. 우리가 잠재능력을 얼마나 계발할 수 있는지 결정하는 것이 신념이다. 신념은 아이디어의 흐름을 활짝 열어준다.

신념의 형성

지식은 환경이라는 족쇄를 깨뜨리는 좋은 방법이다. 자기 환경이 아무리 열악하더라도 다른 사람의 업적에 대해서 이야기를 듣거나 책을 통해서 배울 수만 있다면 자신도 성공할 수 있다는 신념을 가질 수 있다.

할 수 있다는 신념을 만드는 가장 확실한 방법은 그것을 한 번 시험해보는

것이다. 한 번이라도 성공하면 다음에 또 성공할 수 있다는 신념을 갖기에 훨씬 수월하다. 할 수 있다고 믿는 것은 일종의 자기 충족적 예언이 된다.

과거의 경험이 내면 세계를 바꾸어 신념을 갖게 하는 것처럼 미래에 자기가 원하는 일이 어떻게 이루어질지 상상하는 것도 효과를 나타낸다. 강력하고 효과적으로 주변 상황의 도움을 받을 수 없다면 자기가 바라는 성공을 머릿속에 이미 성공한 것처럼 상상하라. 그렇게 하면 자신의 내면 세계, 신념 그리고 행동이 바뀌게 된다.

부(富)만이 자신에게 동기부여를 하는 것이 아니다. 그 목표가 무엇이든 자신이 원하는 결과를 머릿속에 분명한 이미지로 떠올려서 마치 그것을 달성한 것처럼 자기 자신의 내면에서 심상(心想)해 보라. 그러면 원하는 결과를 이룰 수 있는 내면 세계를 갖게 될 것이다.

나는 고난도 요가(yoga) 아사나(asana)를 지도할 때 이미지트레이닝(image training)을 활용하여 원래는 10년 이상 소요되지만 1년 7개월만에 620가지 아사나를 숙달하도록 지도했다.

심상은 이같이 자신에게 잠재된 위대한 힘을 이끌어 낼뿐만 아니라 성취 기간도 단축할 수 있고, 우리가 다른 사람을 본받을 방법도 조정할 수 있다. 때문에 의식적으로 자신의 삶을 지배할 수 있게 된다.

신념에도 우선 순위가 있다. 목숨마저 바칠 수 있을 만큼 중요하게 여기는 핵심적인 신념은 애국심, 가족, 사랑과 같은 마음이다. 우리의 삶은 과거 몇 년 동안 무의식적으로 선택한 가능성 또는 성공이나 행복에 관한 신념에 의해 좌우된다.

중요한 것은 그렇게 선택한 신념이 자신에게 도움이 되는지, 효과적으로 활력을 주는지 확인하는 일이다. 탁월성을 본받으려면 신념을 본받는 것부

터 시작해야 한다. 읽고 생각하고 들을 수만 있다면 세상에서 가장 성공한 사람들의 신념을 본받을 수 있다. 자서전이나 전기를 통해서 불멸의 업적을 남긴 위대한 성공자의 신념을 의식적으로 본받을 수 있다.

신념의 선택

성공하려면 자신의 신념을 신중히 선택해야 한다. 잠재능력, 성과 등은 신념이 있어야 발휘되는 역동적 과정이라는 것을 깨달아야 한다. 우리가 분명하게 진실이라고 생각하는 신념은 내적으로 심상되어 엄청난 잠재능력을 사용할 수 있다. 성공에 대한 기대 속에 무슨 일이든지 활력이 넘치도록 열심이 하는 것이다. 성공은 성공을 낳아 더 큰 성공을 이루고, 하나하나의 성공은 더 큰 성공을 위한 신념과 기대를 만들어 낼 것이다.

우리의 실체는 우리 자신이 창조한 것이다. 우리가 긍정적인 내적 표상을 가졌다면 그것은 우리가 그렇게 만들었기 때문이다.

불멸의 업적을 남긴 아브라함 링컨, 레오나르도 다빈치, 올림픽 체조경기에서 5관왕을 달성한 시몬 바일스, 위대한 승리자, 거장과 같이 탁월한 힘을 갖춘 사람들은 노력했는 데도 원하는 결과를 얻지 못했을 때에는 실패에 의한 좌절이 아니라 시행착오로만 받아들인다. 인간은 시행착오를 통해서 배우는 것은 물론 때로는 다른 사람의 실수를 통해서 배울 수 있다.

실패할 것이라는 신념은 마음에 독을 먹이는 것이다. 부정적 감정이 쌓이면 생리체계와 사고과정, 그리고 내부 세계에 영향을 미친다. 우리에게 가장 큰 제약 중 하나는 실패에 대한 두려움이다. 그러나 실패하지 않을 것이라고 믿는다면 우리는 새로운 행동을 취할 것이고 강력하고 바람직한 새로운 성과를 이루게 될 것이다.

위대한 지도자나 성공한 사람이 지닌 공통적인 또 하나의 특성은 자기 세상을 자기가 창조했다는 신념으로 사는 것이다. 성공한 사람들은 결과가 어떻든 그들이 그 결과를 만들어냈다고 믿는다. 성공이든 실패이든 내 인생은 내가 만드는 것이라고 믿지 않으면 환경의 지배를 받게 된다.

성공한 사람이 성공하기 위해 취한 구체적인 행동을 관찰하면 그들의 행동을 본받을 수 있을 뿐만 아니라 훨씬 짧은 시간에 똑같은 결과를 이룰 수 있다. 시간은 아무도 만들 수 없다. 그러나 성공한 사람은 항상 구두쇠처럼 시간을 관리할 줄 안다. 어떤 사항에서든 그 안에서 본질적인 요점을 찾아내 필요한 것은 취하고 나머지는 생각조차 하지 않는다. 무엇이 본질적이고 무엇이 아닌지 정확하게 판단한다.

일을 자신을 발전시키고 새로운 것을 배우고 탐험하는 기회로 여긴다. 놀이할 때처럼 호기심과 활력을 일에 쏟게 되면 자신의 세계와 일이 풍요로워진다.

끊임없이 하나의 목표를 향해 가라. 거기에 성공의 비밀이 있다. 두뇌의 지배를 벗어나 두뇌를 지배하라. 우리가 해야 할 일은 부정적인 두뇌 속에 의식을 긍정적 의식으로 바꾸어 자동적으로 더 좋은 결과를 얻을 수 있는 신호를 내보내게 하는 것이다. 내부 회로를 즐거움과 연결시키고, 고통과 연결된 회로를 단호하게 끊어버리는 것이다. 내가 의식하거나 생각하지 않는 것은 그 어떤 것도 내게 영향을 미치지 못한다.

자신의 인생을 최고 걸작으로 창조하며, 세계가 경탄하는 성공 모델이 되겠다고 심상(心想)하라. 많은 사람이 두려워하는 극소수가 가는 길을 당당하게 걸어가라.

자신의 인생을 빈틈없이 이루어가며, 다른 사람을 위해 새로운 성공과 업적을 창조하려고 자신이 가진 모든 자원을 아낌없이 발휘하여 후세에 등불이 되는 삶! 멋있지 아니한가?

자신의 탁월성을 추구하는 목표가 결실을 맺고, 더 살기 좋은 세상을 만드는 것까지도 이루기를 늘 염원하라!

전생의 인연

내가 태어난 곳은 충청북도 청원군 북일면 형동리 동산말이다. 동산말 뒤 날맹이에 올라가서 내려다보면 앞들과 어리골 들이 내려다보인다.

여섯 살 때 아버지를 따라 두 차례 그곳에 올라갔었다. 아버지는 내려다보이는 들판에 눈을 던지시고는 하염없이 넋을 잃고 서 계신다. 그 많은 논, 밭, 산이 널려있건만 아버님 이름이 붙은 땅은 따비밭 한 자락도 없기 때문이다. 나는 이러한 아버님의 뒷모습을 보는 것이 너무나 서글프다.

시골길의 어머님

아버님은 세 살 무렵 어머니를 여의시고 여섯 살 때 아버지마저 돌아가셔서 고아가 되셨고, 어린 시절 내내 이 동네 저 동네 동냥밥을 얻어먹으며 힘들고 어렵게 자라셨다.

어머님과 함께

장성하신 후에 가정을 이루고 농사를 짓고는 있지만, 몇 마지지 소작 농사지어본들 가을 타작 후 지주(地主) 도지대(賭地代)를 주고 나면 2개

감귤농장의 어머님

속리산 법주사 대불 앞의 누님

형님, 누님과 함께

매형과 동생 가족

사촌누님

월 식량이 채 안 된다.

그래서 아버님은 가을 추수가 끝나자마자 탄광이나, 벌목장, 광산, 채석장, 저수지 공사장을 찾아나서야 했고, 어머님은 고구마를 삶아서 내수 장에 가셔서 팔아야 했다. 그래도 봄에는 식량이 떨어지기 일쑤였다.

우리 형제는 4남매다. 누님이 맏이고, 형님, 나 그리고 동생 순이다. 누님은 열여섯 살에 낭성면 갈산리로 출가를 했다. 한 식구라도 줄이고 시집 가서 밥이라도 배부르게 먹으라고 일찍이 출가를 시켰다. 형님은 제사지낼 장남이라 초등학교를 보냈고, 누님과 동생은 초등학교도 다니지 못했다. 밤에 동네 서당에서 무료로 한글을 가르쳐주는 고마운 분의 배려로 한글을 배웠을 뿐이다.

동생 대영은 갓난아이 시절 어머님이 늘 장사를 다녀야 하셨기에 젖을 먹지 못하고, 갓난아이 때부터 보리 미음만 먹어야 했기에 키도 자라지 못하고 몸도 아주 작다. 지금도 동생을 보면 그때 생각이 떠올라 마음이 아프다.

부모님, 누님 부부, 형님 부부, 동생 부부 모두 세상을 떠나시고 나 홀로 남아 혼자 살아있다. 비 오는 날 밖을 내다 볼 때, 낙엽이 한 잎 두 닢 떨어져 내 앞으로 지나갈 때 시름이 온몸으로 밀려와 눈시울이 젖는다.

형제같은 친구, 이진원 최중열과 함께
노리실 아버님 성묘

아버님에게 드리는 선물

–제주도에 임야를 매입하다.

김포를 출발한 프로펠러 비행기가 제주도에 도착해 착륙을 위해 선회하는 동안 밖을 내려다보니 온통 푸른 차밭이 아닌가, 이런 별천지가! 겨울임에도 무, 배추, 마늘이 짙푸르게 자라고 있지 않은가! 서울에는 눈이 하얗게 쌓여 있는데 말이다.

비행기에서 내려 택시를 타고 가는 도로의 양편에는 유도화가 탐스럽게 피어 있었다. 도로를 넘어가

준용 가족

는 성판악부터는 눈이 하얗게 쌓이고 나무는 눈꽃으로 눈이 부신다. 서귀포를 도착하니 너무 따뜻해 방한복을 벗어야했다.

바로 여기다.

"이곳이 아버님 성함이 붙은 땅을 마련할 적지이다"

이리하여 아버님에게 만들어 드릴 농장의 이상향(理想鄕)을 제주도로 결정하였고 임야 6천 평을 평당 30원에 매입하게 되였다.

우선 겨울에도 채소 작물이 자라고, 밀감이 재배되고, 겨울에도 유도화와 동백꽃이 피고, 천혜의 수많은 관광자원을 가지고 있다는 조건 때문에 깊이 생각할 필요가 없기 때문이었다. 그리고 사면이 바다여서 해산물이 풍부하다는 조건이 내 마음을 끌었다.

내가 손수 개간해서 밀감나무를 심어 노랗게 익은 밀감이 주렁주렁 열린 밀감원을 아버님이 뒷짐 지으시고 바라보면서 흐뭇해하시는 뒷모습을 상상하면서! 토요일 마다 내려가 인부들과 같이 하루 종일 일을 하고 달이 뜨는 날은 밤 12시까지 일을 해도 지치지를 않는다. 아버님에게 드릴 농장을 내 손수 만드는 작업이기 때문이리라. 어려움보다는 오히려 기쁨과 행복감으로 충만하다.

2년만 더 키우면 밀감을 수확하기 시작할 텐데! 하지만 애석하게

가장 친한 벗, 주식과 함께

최중렬 부부

고향 언덕말 아우들과 함께

도 아버님은 내가 상상하던 흐뭇한 모습을 나에게 보여주지 못하시고 세상을 떠나셨다.

나는 '처음 생각한 결심'을 이루기 위해 하루 3시간 잠을 자며 줄달음쳐 왔다. 그러나 아버님은 완성을 보지 못하시고 세상을 떠나셨다. 그 흔한 비행기 한번 태워드리지 못하고, 시계 하나 손목에 걸어드리지 못하고, 구두 한 켤레 사드리지 못했다.

이제야 통탄하는 바보 같은 못난 자식 어이하리요. 해답을 구하러 어디로 가야하나?

누님, 형님, 아우님, 내가 가진 것들을 나누어 드려야 했는데! 달랑 제주도 구경시켜드리려고 비행기 태워드린 게 조금 위안이 되나, 그래도 아쉬움에 마음 저리다.

형님 부부와 동생 부부는 하와이 관광시켜 드린 것으로 조금이나마 위안을 해야겠지!

죽마고우 인연

내가 좋아하는 죽마고우 오주식 부부, 형제처럼 아버님 벌초를 매년 해준 이진원 친구, 친구이면서도 나를 무척 어려워했던 최중렬 부부.

大雄殿

연화, 지연

은실과 은채

또 하나의 현생 혈육 같은 인연

오누이 한민남 여사.

내가 하와이에서 그림 3,700장을 그릴 당시 너무나 바쁘고 일이 많아 당시 홍익대학교에 재학 중이던 은정을 하와이에 보내달라는 나의 제안을 선

은정의 아기와 함께

뜻 받아들여 은정은 2개월 가까이 하와이에서 머물게 된다.

그 후 내가 한국 일산에 머물면서 은정과 사제처럼 지낸 것 때문에 인연은 더욱 깊어졌고, 은정은 호주로 유학을 하고 결혼을 하고 예쁜 아기를 가지게 된 후 한국에 오면 꼭 나를 찾아온다. 너무나 기분 좋고 특별한 인연이다.

언제부터인가 은정엄마는 나를 오라버니라고 부르게 되고, 나에게는 친여동생을 얻은 것 같이 늘 가슴 설렌다. 인생 후반기인 나이지만 나를 오라버니라 부르는 여성이 없어 늘 아쉬웠던 세월이었다. 은정엄마가 오라버니라고 부르게 된 이래 '이제 내게도 여동생이 생겼구나!'하는 마음에 너무나 행복하고 흐뭇하다.

오랜 세월 동안 나를 위해 매실 장아찌를 담아 보냈다. 그뿐이랴! 농사 지은 과일이며 고구마와 김치를 담아 보내고 순천만 은미 쌀을 한 푸대 보내왔다. 너무나 흐뭇하고 고맙다.

은정엄마는 현생의 인연으로 나의 오누이다.

무아

집중과 이완, 수축과 확장의 환경을 조성하여 상상의 배를 타고 의식 세계에서 잠재의식의 세계로 여행하기로 했다. 의식은 표면의식과 잠재의식(무의식)로 구분된다. 뇌생리학에서는 대뇌 신피질과 대뇌 구피질은 보통의식의 영역이고, 뇌간은 잠재의식의 영역으로 구분한다.

의식(뇌)은 3차원에서 10%를 쓰고, 90%는 4차원(잠재의식)에서 쓰게 된다. 3차원은 표면의식 작용으로 사용할 수 있으나, 4차원 속에 묻혀 있는 잠재의식은 철저한 믿음과 상상(想像)으로만 사용할 수 있다.

잠재의식까지 도달하려면 대뇌의 신피질과 구피질의 의식을 95%까지 사그라뜨려 무력화시킨 후 무의식의 소재지인 뇌간(腦幹)에 도달해야 한다.

대뇌의 신피질은 가장 최근에 발전한 것으로 논리적 추리, 이성적인 판단, 언어능력, 추상적 이념, 종교 등을 창조하고, 법률을 만들고 인간 문명의 개화를 이룬 곳이다. 신피질은 시간, 공간, 냄새, 맛, 온도 등 52가지 판단능력을 가지고 있다.

대뇌의 구피질은 감정과 욕망의 영역으로 식욕, 성욕, 성취욕, 기쁨, 분노, 슬픔, 사랑의 감정 등이 일어나는 곳이다.

잠재의식의 소재, 뇌간

뇌간은 간뇌 · 뇌수 · 연수를 총칭하며, 잠재의식이 잠자고 있는 곳이기도 하다. 제일 깊은 곳에 영혼이 거주하는 신의 궁전이 있다. 또한 뇌간은 우주처럼 광대하고 만 길 심연(深淵)처럼 깊어서 도저히 헤아릴 수도 없고 나눌 수도 없는, 이성과 언어의 논리로 분석력이 무력해지는 무한능력이 깨울 때를 기다리고 잠자고 있는 곳이기도 하다.

이곳은 머리나 가슴으로 주고받는 조건적인 사랑이 아니라 구분하지 않은 무차별적이고 무조건적인 무한한 사랑과 창조의 신비와 기쁨의 원천이 있는 곳이다. 그리고 우리가 깊은 수면 상태에서도 자율신경조직인 소화 · 호흡 · 순환 등 생명 유지 활동을 하는 곳이기도 하다.

또한 영감과 직관의 원천으로 오늘날 일류의 문명의 발상지(發想地)이며, 석가의 자비, 예수의 사랑, 아인슈타인의 상대성 원리, 뉴턴의 만유인력, 지구의 7대 불가사의, 레오나르도 다빈치의 모나리자, 에펠탑, 인류의 심금을 울리는 불멸의 명작, 예술, 문학, 수많은 발명품, 건축물, 우주선 등은 모두

이곳을 발원지로 하고 있다.

잠재의식으로의 여행

잠재의식(뇌간)에 다다를 수 있는 방법은 오직 신피질과 구피질의 기능을 잠잠한 상태로 하는 것이다. 이때의 뇌파는 α파로, 깨어 있는 상태도 아니고 잠자는 상태도 아닌 명상 상태를 유지해야 한다. 내가 심야 12시 반을 선택한 이유도 이 시간이 신피질과 구피질의 활동을 잠재우기 적합한 시간이라 생각했기 때문이다.

머리끝에서 발톱끝까지 긴장을 완전히 풀고 편안한 자세로 침대에 누워 심호흡을 몇 번 한 다음, 가슴이 편안하고 호흡이 느려지면서 심장이 규칙적으로 천천히 박동한다고 열 번 정도 속으로 외운 다음, 내 머리에서 30cm 떨어진 곳에 태양이 있다고 상상했다.

그 빛은 너무 눈부시어 눈이 감겨지려는 순간 내 머리 꼭지의 백회(百會)로 빛을 유도했다. 그 빛은 내 정수리를 뚫고 들어가 신피질에서 일어나는 이성적인 판단작용과 지적인 활동으로 일그러진 부분을 차근차근 빛으로 정화하고 교정한 다음 활동을 정지시키고 나서 구피질 층에 도달했다. 구피질은 뇌간의 파장으로 엷게 진동하고 있었다. 신피질의 이성과 구피질의 감정이 충돌하면서 생긴 감정의 찌꺼기들로 어지럽혀진 상태다. 외로움, 비통함, 슬픔, 서러움, 분노, 아쉬움, 실망, 배신감, 안타까움 등이 평생 동안 정화되지 못한 채 구석구석 끼어 있었다.

나에게 고통과 슬픔과 분노를 안겨준 수많은 인물의 영상들을 빛의 용광로에 넣어 모두 말끔하게 정화한 다음 뇌간의 문턱에 다다랐다.

나의 호기심을 자극하고 그렇게 동경하던 잠재의식의 세계가 바로 눈앞에 있다. 설레는 마음으로 뇌간의 문을 살며시 밀자 눈을 뜨고 바라볼 수 없도록 찬란한 빛이 나의 몸을 휘감는다.

빛과 내가 하나가 되는 순간 환희와 행복이 파도처럼 가슴으로 밀려들면서 내 가슴이 화산처럼 뜨거워지면서 기쁨으로 가슴이 파열할 것 같았다.

'지복(至福)의 기쁨'

이 세상 언어나 지식으로 감히 설명할 수 없는 기쁨의 분출. 그 기쁨은 방을 가득 채우고, 지구를 층층으로 덮고, 그것이 넘치고 넘쳐 우주를 가득 메웠다. 끝없이 분출하는 '기쁨의 지복' 상태가 새벽 4시까지 계속되었다.

내가 체험한 지복과 기쁨

내가 체험한 그 상황은 이 세상 어떤 언어로도 설명이 불가능하다. 내가 천국과 극락에 가보지 못해, 그곳도 천지에 가득한 기쁨과 행복이 있는지 모르겠으나, 그곳이라고 하늘과 땅이 온통 기쁨과 행복으로 넘실거릴 수 있을까? 외부의 대상에서 얻는 즐거움이 아니라 내부에서 끝없이 솟아나는 기쁨의 원천을 내가 찾아 들어간 것이다.

일상적인 기쁨과 행복감은 상대적으로 부, 지위, 명성 등 외부에서 오는 인식 작용으로 만족하고 즐거울 때 느끼는 것이다. 그런데 나의 경우 외부의 대상이 없음에도 불구하고 잠재의식을 일깨워 생긴 기쁨과 행복감이다.

만약 우리가 잠재의식 속에 원천적으로 존재하는 이 기능을 언제라도 꺼내 쓸 수만 있다면 외부의 상대적인 기쁨과 행복의 조건이 없더라도 늘 기쁨을 간직하고 행복한 삶을 영유할 수 있지 않을까?

우리의 잠재의식은 미개척 상태로 기쁨지수와 행복지수를 원할 때 쓸 수 있다면 자신의 천국을 간직할 수 있다. 잠재의식은 불모지로 무관심하게 방치되어 있다. 외부조건에서 얻는 즐거움과 행복은 그 조건이 형성되었을 때만 가능하다. 설령 얻었다 하더라도 영원하지 않고 무상하다. 사랑, 부, 명성, 권력 등 외부에서 얻어진 것은 상황이 바뀌면 기쁨과 행복도 사라진다.

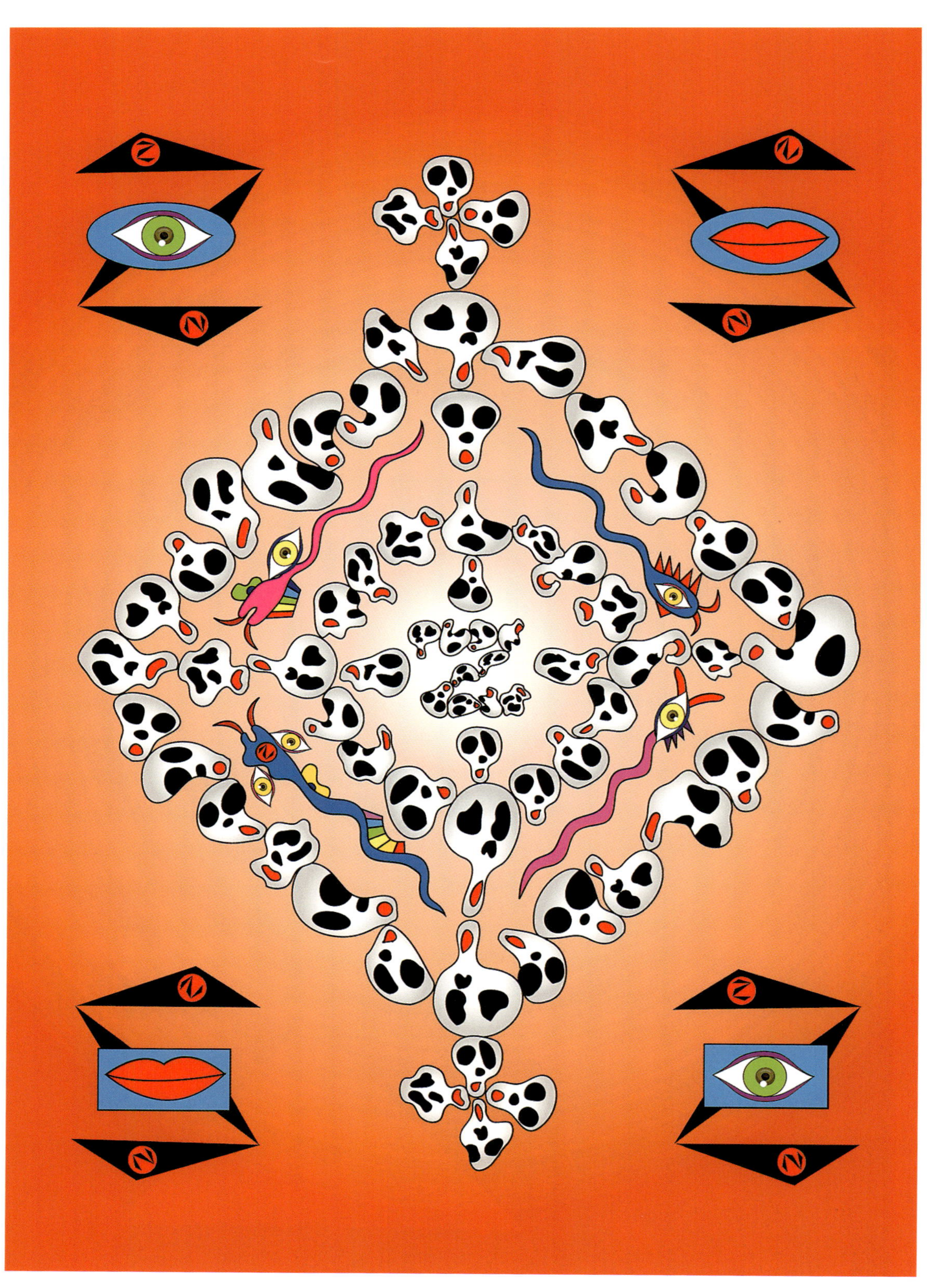

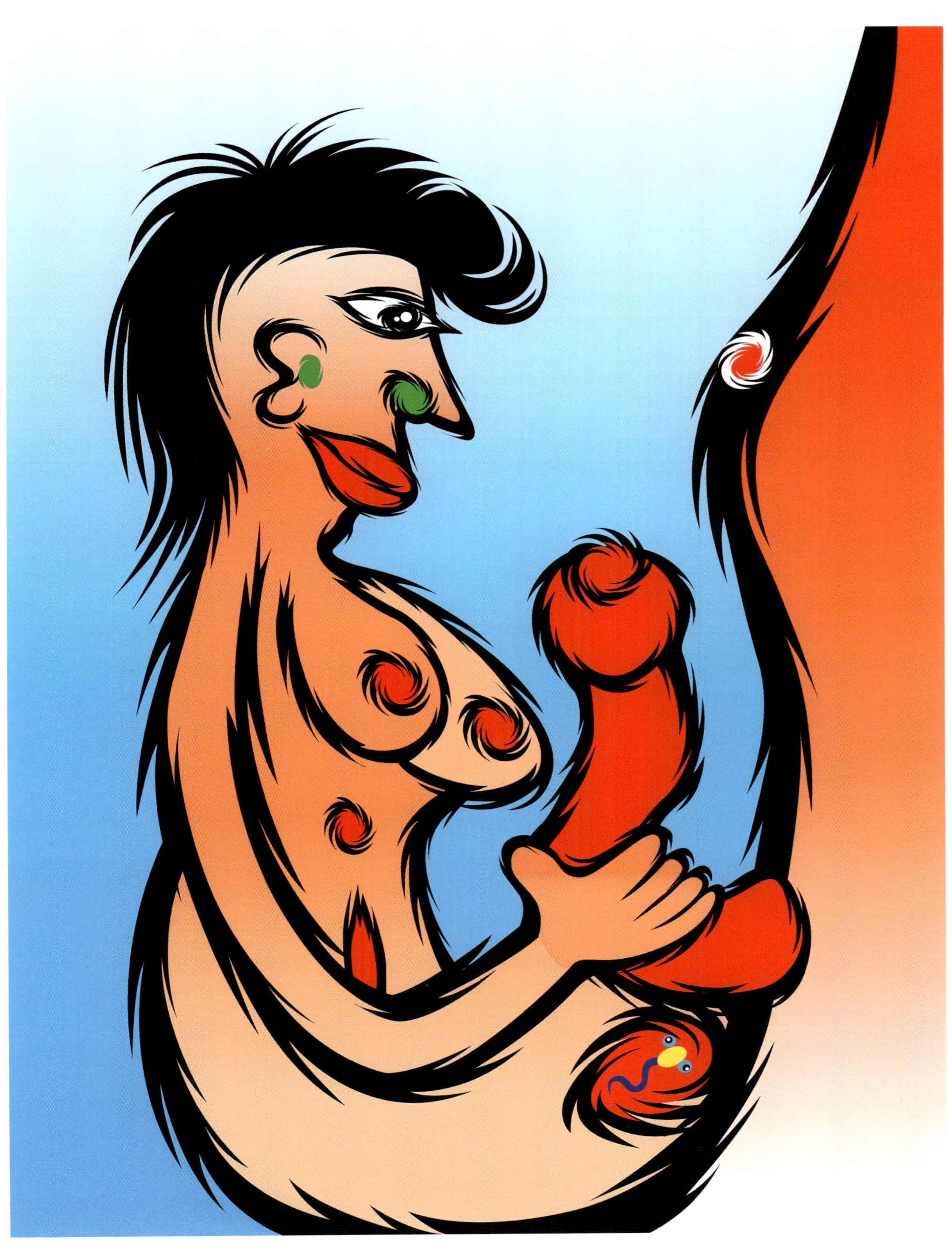

진정한 성공

분명한 목표

우리의 마음은 항상 내면에 그려진 영상(映像)을 통해 작용한다. 그 영상은 자아상에 영향을 미치고, 그 자아상은 느끼고 행동하는 방식에 영향을 미친다.

만약 마음이라는 스크린에 영감과 창조성이 충만한 필름을 투영한다면 인생에는 기적같은 일이 일어날 것이다. 아인슈타인은 '지식보다 상상력이 중요하다'고 말했다.

마음속에 희망화(希望畵)를 그려 넣어라. 우선 마음속에 자기가 장차 되고자 하는 자신의 미래 모습을 그린다. 예로 훌륭한 과학자, 음악가, 교육자, 화가, 사업가, 우주비행사 등 자기가 되고 싶고, 갖고 싶고, 이루고 싶은 것을 마음속에 그려 넣는다. 우리의 마음속에는 우리가 원하는 것을 인생 속으로 끌어당기는 마력이 숨어 있다.

인생 행로를 통해 성취하고자 하는 목표를 분명히 설정하고 그것을 이루기 위해 부단히 노력한다면 결국 성취의 기쁨을 얻게 될 것이다.

마음의 눈으로 장차 자기가 성취한 모습을 뇌에 입력한다. 꼭 이루어진다는 확신을 갖는 것이 중요하다. 그것은 자기를 철두철미하게 믿는 것이다. 마음속에 그림을 하루도 잊지 않고 바라보며 나는 성취한다고 믿어라. 단 하나의 부정적인 마음의 영상도 우리 마음에는 독소로 작용한다.

이같은 방법으로 우리의 마음속에 잠들어 있는 무한한 잠재력을 일깨워 막강한 능력과 활기를 성공의 지렛대로 사용할 수 있다. 작은 주먹으로 70장의 기와를 단숨에 깨고, 자동차 밑에 있는 간난아이를 구하기 위해 연약한 어머니는 자동차를 두 손으로 들어올린다. 50톤 트럭을 한 손으로 잡아당기는 괴력도 나온다. 인도의 요기는 심장박동수를 자유자재로 조절할 수 있다.

이는 우리가 지닌 잠재력이 분출할 때 일어나는 불가사의이며, 하나의 정신 상태로 초점이 모아진 에너지 작용이다.

자신을 믿어라

자신의 삶을 개선하고 자신이 받아 마땅한 모든 것을 누리고 싶다면 결코 남과 경쟁하지 말고, 자기 자신과 경쟁하라. 그리고 자신을 이겨라. 어제보다 더 나아진 오늘의 자기를 위해 부단히 노력하라.

매일 잠들기 전에 자기 마음속에 그려 넣은 희망화를 점검하는 것을 생활화하라.

'삶의 참된 만족은 자신의 삶의 목적을 성취

함으로써 얻을 수 있다.'

인간 개개인은 지구상에 사는 동안 영웅적인 사명을 가지고 태어났다. 뿐만 아니라 자신의 사명을 실현할 수 있도록 독특한 재능을 부여받았다. 자신에게 잠재된 무한한 능력이 자신의 운명도 바꿀 수 있다는 확신을 가져라.

성공의 비밀은 목적의 일관성에 있다. 일생을 사는 동안 한 번도 목표를 바꾸지 않았다면 세 번을 바꾼 사람보다 세배의 성취를 이룰 것이고, 목적 달성 기간도 비례해서 짧아질 것이다. 행복을 진정 가치 있는 인생의 목표로 생각한다면 그것은 날마다 행동하는 삶에서 찾을 수 있다.

잠재력을 최고조로 개발한 사람은 자신의 재능을 탐구하며, 자신의 사명을 발견하고, 자신의 재능을 통해 소명을 다하는 것이 얼마나 중요한 일인지 깨달은 사람이다. 일단 목표와 목적을 설정해 놓으면 내면에서 창조력이 솟아나 목적지로 인도해 줄 것이다.

소망을 이루는 결정적인 역할을 하는 것은 정신적 · 육체적 · 영적으로 일관된 분명한 목표 세우기이다. 자신의 외적 세계뿐만 아니라 내적 세계의 질을 향상시키고 싶다면 종이에 자신의 목표를 적어라. 목표를 적어 내려가는 순간부터 자연의 위대한 힘이 작용하기 시작해서 그 꿈을 실현하는 데 도움이 되며, 인생 승리 작전이 시작된다.

그다음은 목표를 달성하기 위한 열정이 필요하다.

사람은 하루에 평균 6만 가지 생각을 한다. 종이에 자신의 소원과 목표를 기록함으로써 잠재의식 속에 있는 59,999가지 생각보다 지금 하고 있는 생각이 중요하다는 신호를 보내는 셈이 된다. 이때 마음은 온갖 기회를 이용하여 자기가 바라는 운명을 향해 날아가기 시작할 것이다.

이것은 매우 과학적인 작용이지만, 대다수의 사람들은 의식하지 못한 채 살고 있다. 인생의 목표를 세우고 자신의 삶의 목적을 추구하기 시작하는 날부터 자신의 생활은 전혀 달라진다.

마음을 집중하는 훈련

자신의 모든 정신적 에너지를 자아 탐구에 집중시키고 재능을 발휘할 수 있는 영역과 자신을 행복하게 만들어 줄 수 있는 부분이 무엇인가를 발견해야 한다.

자신의 잠재력을 일깨워 성공할 수 있는 재능을 이끌어내지 못한 채 한 생애를 마감한다는 것은 개인을 위해서나 세상을 위해서나 슬픈 일이 아닐 수 없다.

세상에는 헤아릴 수 없이 많은 가능성이 존재한다.

열정을 가지고 삶을 바라보면 희망만이 존재한다. 인간의 마음은 엄청나게 큰 여과 장치이다. 마음속에 수백 가지의 하고 많은 소음들이 끝없이 집중을 방해한다. 그러나 자기 인생과 목적에 의식을 집중하면 마음속의 중요하지 않은 것들은 걸러지고 가장 중요한 것만 남게 된다.

화가가 그림 그리기에 열중할 때에 시간과 공간을 떠난 무아의 경지를 경험하게 된다. 그것은 마음의 집중이 마음속의 여타 소음을 잠재워 완전한

자기 해방과 마음의 평화까지도 덤으로 얻은 것이다.

내가 누구인지를 먼저 알아내라. 대부분의 사람들은 자신이 누구인지 잘 모르고 있다. 자신의 장점과 단점, 희망과 꿈을 알아내는 데 시간을 투자하지 않는다.

첫째, 내가 보는 나 자신은 과연 어떠한 사람인가?

둘째, 다른 사람이 보는 나는 과연 어떠한 사람인가?

스스로 자신의 진정한 모습을 알아야 목표를 세우고 성공을 향해 달릴 수 있다.

100미터를 달리는 단거리 선수도 가장 가볍고 몸 움직임에 방해되지 않은 옷을 입고, 편하고 뛰기에 적합한 운동화를 신는다. 하물며 인생의 긴 여정에 운명이 결정되는 성공이라는 목표를 향해 달릴 때 자기를 전혀 모르는 상태라면 어떻게 성취를 기대한단 말인가.

자기 마음속에 이미 영상화시킨 희망화(希望畵)처럼 자신이 되려면 육체적으로 건강하고, 능력을 향상시키기 위한 방법이 있어야 된다.

장점은 더욱더 성장시키고 단점은 고쳐야 된다. 그러려면 새로운 행동을 습관으로 정착되기까지 반복해야 한다. 성취한 사람은 새롭고 바람직한 습관을 몸에 익혀 자신의 인생을 개선한 사람이다. 새로운 습관을 영원이 정착시키는 유일한 방법은 강한 주의력을 집중시켜 예전의 나쁜 습관이 불청객

처럼 다시 찾아오지 못하도록 하는 것이다.

의식에는 엄청난 힘이 있다. 날마다 똑같은 시간대에 똑같은 행동을 반복할 때 그 행동은 급속도로 자신의 일상 습관이 된다.

자신의 목표나 목적을 달성하기 위해 걸어가는 인생길에 삶의 즐거움을 만끽하며 억제할 수 없는 즐거움으로 가득한 삶이 얼마나 중요한지를 늘 잊지 말아야 한다. 항상 원기 왕성하고 기쁨과 호기심이 가득한 긍정적 사고를 유지하면서 자신의 사명과 타인에 대한 배려에 의식을 집중할 때 우주는 자연계의 법칙에 따라 자신을 돕게 될 것이다.

'하늘은 스스로 돕는 자를 돕는다는 것'을 명심하라.

지나간 과거는 후회하지 마라. 우주는 혼돈이란 존재하지 않는다. 과거에 일어난 사건이나 앞으로 일어날 모든 것들은 나름대로 목적과 의미를 가지고 있다. 자신이 겪었던 모든 고통과 경험들은 자기의 스승이다. 사소한 일에 연연하지 말고 삶 자체를 즐겨라.

열정(熱情)

신념과 열정을 가지고 창조적 인간이 되고자 부단히 노력하라. 불타오르는 열정(熱情)은 저승사자도 접근할 수 없다.

열정은 자신의 꿈을 청취하는 가장 강력한 자원이다. 안타깝게도 현대인은 열정을 잃어가고 있다. 삶 자체의 열정은 성공적이고 영감어린 삶의 또 다른 요소이다. 매일 생기와 활기로 가득찬 새아침을 맞이하는 기쁨을 찾아야 한다. 매사에 이런 삶의 열정을 불어 넣는다면 영적으로나 물질적으로 풍성한 수확을 얻게 될 것이다.

끊임없이 자기를 개선하고 자기 지배를 이룬 다음 자기가 자기 삶의 완전한 친구가 되라. 자기가 오래 전에 자기의 마음속에 그려 넣은 그림대로 자기 인생이 이루어졌을 때 그대는 진정

한 성취인이다.

하지만 반드시 세상이 원하는 것과 내 자신이 원하는 것이 일치해야 한다. 그때 그대가 성공을 위해 흘린 땀방울은 만발한 꽃이 되어 우주에 향기가 가득하게 될 것이다.

우리가 태어날 때 우리는 울고 세상은 웃었다. 그러나 우리가 세상을 떠날 때 우렁찬 웃음을 웃고, 반면에 우주는 우리의 손실을 안타까워 통곡하는 삶을 살아야만 한다.

행복지수

성장을 대신하는 새로운 후생지표 가운데 세계의 관심을 끌고 있는 것은 국민총행복지수(Gross National Happiness)이다. 행복지수라는 참신한 아이디어의 포스터 모델은 부탄 정부이다.

부탄은 히말라야 산맥 동쪽에 티베트와 인도가 접한 사방이 온통 산으로 둘러싸인 인구가 100만 명도 안 되는 왕국이다. 1972년 당시의 통치자였던 지그메 싱계 왕추크(Jigme Singye Wangchuck) 전 국왕은 국민들이 물질적 풍요와 전통적 가치를 보존하는 국가에서 살 수 있는 경제를 국정 목표로 설정했다. 그는 이러한 후생지표를 국민총행복이라고 명명하고, 부탄 왕국은 국민총생산에서 벗어나 국민총행복을 추구할 것을 역설했다. 이에 따라 부탄 정부가 국민의 행복 증진을 위해 설정한 목표는 성장보다는 지속 가능한 경제 발전, 환경 보호, 문화 진흥, 그리고 좋은 통치이다.

부탄의 전통적인 활쏘기

부탄 왕국은 국민총생산에서 벗어나 국민총행복을 추구한다.

국민총행복지수는 부탄인의 총체적인 행복과 후생 수준을 구성하는 요소로 간주되는 9개의 규범적인 영역으로 구성되어 있다. 9개의 항목은 심리적 후생, 시간 활용, 공동체의 활력, 문화, 건강,

부탄에서 가장 신성한 탁상 사원

교육, 생태의 다양성, 생활 수준, 통치이다. 국민총행복지수의 작성에서 각각의 영역은 동일한 가중치를 갖는다. 각각의 영역은 몇 가지 지표에 의해 평가된다. 지표는 시간의 경과에 따라 변하지 않고, 조사에서 응답률이 높고, 서로 상관관계가 높지 않은 항목으로 선정했다.

국민총행복지수 조사에서 1인당 국내총생산이 2,000 달러에도 미치지 못하는 부탄은 1위를 차지했다.

심리적 후생 영역은 마음으로 느끼는 행복의 정도이다. 삶의 모든 요소에 대한 만족도, 삶의 즐거움, 후생의 주관적 평가가 포함되어 있다. 구성원 전체의 총체적 행복이 부탄 왕국이 추구하는 주된 목표이기 때문에 심리적 후생은 국민에게 행복을 제공하는 정부의 정책과 서비스가 성공했는지 여부를 측정하는 가장 중요한 영역이다.

심리적 후생 영역은 일반적 심리지표(general psychological indicators), 정서적 균형지표(emotional balance indicators), 정신적인 지표(spirituality indicators)로 구성된다. 구체적으로 측정되는 내용은 일상적으로 느끼는 스트레스의 정도, 질투, 좌절, 이기심과 같은 부정적 감정, 관대함, 동정심, 평정심 등과 같은 긍정적 감성, 명상과 기도와 같은 영적 활동 등이 척도로 측정되어 조사 결과가 수량화된다.

부탄에서는 매년 종교 축제 기간에 탈을 쓰고 춤을 추는 의식이 진행된다. 문화적 전통의 유지는 부탄의 중요한 정책 목표 가운데 하나이다.

시간의 활용 영역은 삶의 질을 나타내는 가장 효과적인 창문이다. 사람들이 시간을 어떻게 사용했는지를 측정하는 이유는 노동 이외의 시간이 행복에서 차지하는 역할 때문이다. 수면과 자기계발, 공동체 활동, 교육과 학습, 종교와 사회 및 문화적인 활동, 운동과 여가 활동, 그리고 여행 등에 활용

종교 축제 중에 행해지는 탈춤 의식

부탄 아이들의 모습

한 시간은 삶을 풍요하게 하고 행복을 증진시킨다. 살림을 하고, 애들을 키우고, 가족 가운데 아픈 사람을 돌보는 가사 활동은 시장에서 거래되지 않는 경제 활동이기 때문에 국민소득 계정에는 포함되지 않으나, 우리의 후생과 복지를 증진시키는 요인이기 때문에 국민총행복지수에서는 매우 중요한 몫을 차지한다.

공동체의 활력 영역은 개인과 공동체의 관계, 공동체 내에서의 개인 사이의 상호 관계에 초점을 두고 있다. 이 영역은 신뢰의 본질, 공동체의 귀속감, 가정과 공동체의 안전, 나눔과 자원봉사 등을 조사한다. 공동체의 활력 영역의 지표는 가족, 안전, 상호의존, 신뢰, 사회적인 봉사, 공동체 참여도, 그리고 친척과의 친밀도로 구성되어 있다.

부탄의 벼 농사

문화적 전통의 유지는 부탄의 중요한 정책 목표 가운데 하나이다. 전통과 문화의 다양성은 부탄인의 정체성과 가치관, 그리고 창의력 배양에 크게 공헌한다고 믿기 때문이다. 문화 영역은 문화적 전통의 다양성과 강점에 초점을 두고 있다. 이 영역은 문화 시설, 언어 사용의 형태, 그리고 공동체 축제와 전통적 오락의 참여 정도를 조사한다. 이러한 지표들은 부탄인의 핵심적 가치를 측정하고 가치관과 전통의 변화를 추정한다. 문화의 다양성과 유연성을 측정하는 지표는 방언, 전통, 운동, 공동체 축제, 예술적 기능, 가치관의 전파, 기본적 통찰력 지표이다.

좋은 통치 영역은 행정의 질이나 효율성, 정직성에 대한 국민의 평가를 반영한다. 통치 영역의 지표는 인권, 정부 각 부처나 기관의 지도력, 불평등과 부패를 추방하기 위한 정부의 감독 및 정책 능력을 포함시킨다. 이와 함께 언론매체와 사법부 그리고 경찰에 대한 국민의 신뢰지수도 포함된다. 즉 정

계곡에 자리잡은 부탄의 시가지

부의 업적, 자유, 그리고 제도와 기관에 대한 신뢰가 통치 영역에 포함되는데, 여기에는 국민 건강, 교육, 생태의 다양성, 생활 수준 영역이 포함된다.

영국에 본부를 둔 유럽신경제재단(NEF)은 지난 해 국가별로 행복지수를 조사했다. 이 조사에서 부탄은 1위를 차지했다. 1인당 국내총생산이 2,000달러에도 미치지 못하는 부탄은 응답한 국민 가운데 97%가 행복하다고 답변했기 때문이다. 부탄에 비해 1인당 국내총생산이 10배나 높은 대한민국은 143개 국 가운데 68위에 그쳤다.

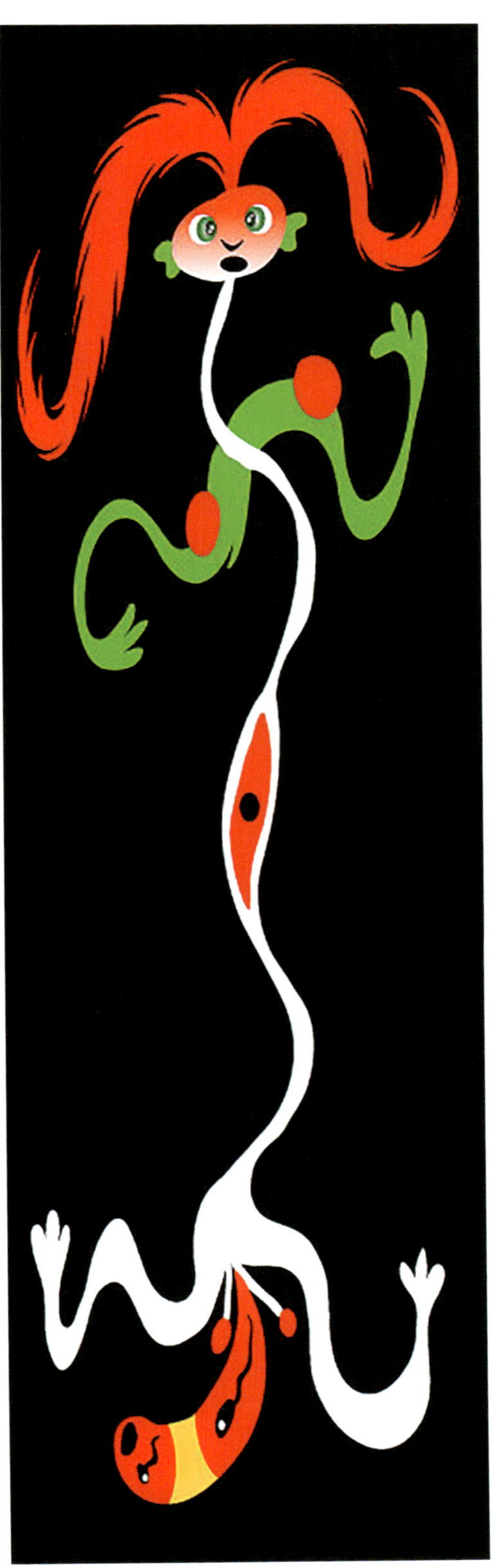

Sixth Calendar

열정

열정은 목표가 주는 힘으로, 내부에 잠재된 에너지를 끌어내는 것이다.

100m를 9초 69에 달리는 우사인 볼트, 8m 95cm의 멀리뛰기 기록을 세운 마이크 포엘처럼 말이다.

방사능 연구의 선구자 퀴리(Curie) 부인

폴란드식 이름은 마리아 스크워도프스카 키리(Maria Skłodowska-Curie), 프랑스식 이름은 마리 스크워도프스카 퀴리(Marie Skłodowska Curie)이다.

퀴리 부인은 폴란드 출신인 프랑스의 물리학자이자 화학자이다. 앙리 베크렐과 함께 방사능 연구의 선구자이며, 라듐과 폴로늄을 발견하여 노벨 물리학상을 타고, 금속 라듐을 분리하여 노벨화학상을 탔다. 당시 과학계가 성차별이 심했음에도 각기 다른 분야에서 노벨상을 수상하는 대단한 업적을 남겼다.

퀴리(Curie) 부인

폴란드 바르샤바 출생으로, 프랑스인 물리학자 피에르 퀴리와 결혼해 프랑스 국적을 취득했다. 연구는 프랑스에서 했지만 폴란드인으로서의 정체성을 저버리지 않고 조국을 위해 활발하게 활동했다. 무엇보다 최초로 발견한 원소에 폴로늄이라는 이름을 붙여줄 정도의 애국자였다. 예전에는 조국인 폴란드의 2만 즈워티 지폐와 업적을 이룬 곳인 프랑스의 500프랑 지폐 모두에 마리 퀴리의 얼굴이 찍혀 있었다. 그의 조국 폴란드는 2011년, 마리 퀴리 탄생 100주년을 기념하여 발행한 20즈워티 지폐에 그의 초상을 다시 넣었다.

퀴리(Curie) 부인의 초상이 들어간 폴란드의 20즈워티 지폐

마리의 삶은 처음부터 순탄치 않았다. 마리는 1867년 11월, 폴란드 바르샤바에서 가난한 교육자 부부의 다섯 형제자매 중 막내딸로 태어났는데, 가족 모두가 불행을 겪었다. 그의 부모님은 교사였다. 아버지 브와디스와프(Władysław)는 물리학을 가르치는 교감이었다. 어머니 브로니스와바 보구스카(Bronisława Boguska)는 바르샤바에서 손꼽히는 명문학교의 교장이었는데, 폐결핵을 앓게 되면서부터 집에서 요양하게 된다. 부모님은 금슬이 좋았고, 특히 아버지가 가정적이라서 마리의 가정은 화목했다. 마리 퀴리가 훗날 학자로서의 길을 가게 된 데에는 이런 부모님(특히 아버지)의 영향이

켰다고 할 수 있다.

아버지는 집을 하숙 형식으로 바꾸어 학생들을 가르치는 부업으로 생계를 꾸렸다.

마리아는 공부는 대단히 잘 했지만, 가난한 데다가 바르샤바 대학교는 남녀공학이 아니라 남대여서 여학생의 입학을 허가하는 프랑스로 유학할 수밖에 없었다. 하지만 집안이 워낙 가난했기 때문에 유학자금을 모으기 위해 부유한 집안의 가정교사로 일하며 돈을 모으다가 23세가 되어서야 프랑스로 떠날 수 있었다.

마리아는 프랑스의 소르본 대학교에 진학하면서 먼저 프랑스로 가 있던 둘째 언니 브로니슬라바(브로냐)의 집에 머물게 되었다. 브로냐는 어느 정도 성공한 사업가인 프랑스인과 결혼하여 경제적으로 여유로웠다. 언니와 형부는 마리아를 극진히 대접했으나, 마리아는 이런 과한 대접을 부담스럽게 여겨 하숙집을 구한 후 독립했는데, 가진 돈이 넉넉하지 못해서 저렴한 하숙집에서 생활비를 아끼며 지냈다.

이 하숙 생활 때문에 마리아는 난방이 잘 안 되는 방에서 추위에 시달리고 돈이 없다보니 음식조차 제대로 못 먹어 고생했다. 제대로 먹지 못하여 영양

프랑스의 소르본대학교

실조로 쓰러지기도 했다. 어린이 위인전에서도 하루에 빵 한 조각과 당근 하나만 먹으며 공부했다고 묘사할 정도니, 실제로는 이보다 더했을 것이다. 다행히 이를 발견한 하숙집 주인이 빨리 의사를 불러 응급조치를 받아 목숨을 구했다.

소식을 듣고 달려온 언니와 형부는 경악했고, 곧바로 마리는 언니 집으로 끌려가게 된다. 그리고 강제로 언니가 만들어준 스테이크를 먹어야 했다. 마리는 소르본 대학교에서 물리학과 수학 석사학위를 취득한 이후 당시 35세의 노총각이었던 피에르 퀴리를 만나 이듬해인 1895년에 소박한 결혼식을 올린 뒤 방사능을 연구하기 시작했다. 자녀는 딸 두 명(이렌, 이브)이었다.

마리의 연구를 지켜보던 피에르는 부인의 연구를 도와주었고, 결국 두 사람의 노력이 결실을 맺어 1898년 방사능 물질인 라듐과 폴로늄을 발견하게 된다. 이 업적으로 두 사람은 노벨물리학상을 받았다. 이게 왜 물리학상인가 하겠지만 당시 방사능 현상은 '에너지 보존의 법칙'에 위배되는 현상이었기 때문이다. $E=MC^2$으로 유명한 '질량-에너지등가법칙'은 한참 뒤에야 증명되었다. 남편인 피에르가 마리와 더불어 공동 수상하게 해달라고 죽어라 탄원서를 올린 까닭에 부부 공동 수상이 겨우 가능했다. 그리고 마리와 피에르는 단숨에 세계적인 천재로서 유명해졌다.

실험실의 퀴리 부부

비가 주룩주룩 내리던 1906년 4월 19일, 피에르가 대학으로 출근하던 길에 마차 바퀴에 깔리는 사고로 만 46세로 사망하는 참변이 일어났다. 그 마부는 프랑스의 위

대한 과학자를 죽인 살인죄로 무기징역형을 선고받았다.

지금은 단종된 프랑스 프랑 500프랑에 마리 퀴리와 함께 피에르 퀴리도 그려져 있었는데, 그 왼쪽에 있는 마차는 마리가 고안한 방사능 물질 운반차다.

퀴리(Curie) 부인과 남편 피에르의 얼굴이 인쇄된 프랑스의 500프랑 지폐

피에르가 죽은 이후 소르본 대학교에서는 마리에게 어떤 대우를 해야 할지를 놓고 고민했다. 마침 피에르가 죽으면서 교수 자리도 하나가 비었기에, 피에르의 후임으로 소르본 대학교는 마리에게 그 자리를 물려주기로 결정했고, 이렇게 해서 마리는 프랑스 고등교육 역사상 최초의 여성 대학교수가 되었다.

여러 시련을 이겨내며 1910년 금속 라듐을 분리해낸 공로로 1911년 노벨 화학상을 타면서 최초의 노벨상 2회 수상자가 되었다.

제1차 세계대전에서 마리는 스스로 개발한 '리틀 퀴리'라는 자동차로 전선을 누비게 된다. 이 차에는 X선 사진을 찍을 수 있는 장치가 붙어 있었으며, 20대 정도가 만들어져서 부상병들을 진단하는 데 큰 활약을 했다. 이때 마리에게 도움을 받은 부상병은 100만 명이 넘는다. 그러나 훗날에 밝혀진 바로는 이때 마리가 X선에 과다하게 노출된 것이 사망의 결정적인 원인 중 하나라고 한다.

마리의 딸인 이렌도 어머니와 함께 이동식 X-선 장치 운영에 참가함으로써 무공훈장을 받지만, 막상 마리에게는 어떠한 포상도 주어지지 않았다. 게다가 마리는 이때 국가에 전 재산을 바쳤기 때문에, 문자 그대로 동전 한 푼 없는 신세가 되고 만다.

제1차 세계대전 이후 라듐이 너무 비싸서 구입할 수가 없었다. 특허를 낼 수도 있었으나 '라듐은 하나의 원소이며, 인류의 것'이라고 그녀는 말했다. 마음만 먹으면 백만장자가 될 수 있었는데, 그 기회를 인류를 위해 포기한 것이다.

미국으로 간 마리는 열광적인 환영을 받았으며, 비로소 업적에 걸맞은 대우를 받게 된다. 마리는 미국 대통령으로부터 직접 라듐을 받는다.

마리가 귀국한 후 프랑스 정부는 마리에게 국가상을 수여했고, 이 상에 딸려온 종신연금 덕분에 마리도 가난으로부터 조금은 벗어날 수 있었다. 그리

좌측부터 세 번째부터 퀴리부인, 워런 하딩(미국 29대 대통령), 이렌 퀴리 (1921년, 미국 백악관)

고 세계 각국을 방문하며 수많은 상을 받게 된다. 1923년에 프랑스 의학 아카데미는 마리를 회원으로 받아들인다.

말년에 마리는 계속된 방사능 연구 탓에 건강이 악화되어 방사선 피폭에 의한 악성 빈혈 등으로 몹시 고생하며 요양원을 전전하다가, 1934년 7월 4일 향년 66세로 사망하게 된다. 죽기 직전에는 여러 생리 기능이 완전히 망가져서 인체의 발열 기능마저 정지될 정도였다. 하지만 방사능 노출도에 비하면 오래 살았는데, 그도 그럴 것이 마리는 라듐을 주머니에 대강 넣고 다녔던 사람이었다. 오히려 당시의 평균수명을 감안하면 방사선 피폭자 치고는 더더욱 오래 산 셈이다.

마리 퀴리 하면 그 가족들의 능력자 기질로도 유명하다. 특히 마리의 딸들 역시 범상치 않은 삶을 살았다. 장녀와 첫째 사위 프레데리크 졸리오 퀴리는 노벨 화학상, 둘째 사위 헨리 라부아스 주니어는 유니세프 활동으로 인한 노벨평화상을 받는 등 노벨상 수상자가 된다. 퀴리 부부까지 합치면 한 집안에 노벨상 수상자만 5명이다. 또한 시아버지가 유명한 의사였기에 마리는 의학 아카데미에 비교 후보 없이 가입되었다.

팡테옹에 남편과 같이 이장된 퀴리 부인

사후 61년이 지난 1995년 4월 20일, 마리는 여성으로서는 최초로 프랑스 카르티에 라탱에 우뚝 솟아 있는 거대한 신고전주의 양식의 건물로 프랑스 역사에 이름을 남긴 역대 영웅과 위인들이 묻혀 있는 팡테옹에 남편과 같이 이장되었다. 이 이장식에는 마리의 딸인 이브와 손자 손녀들, 그리고 프랑스 대통령 프랑수아 미테랑과 폴란드 대통령 레흐 바웬사를 비롯한 많은 이들이 참석했다. 방사능 원소를 연구하느라 백혈병으로 만 58세에 죽은 이렌과 달리, 이브는 당시 아직 생존했기에 이 자리에 참석할 수 있었다. 마리는 유명인의 아내로서가 아닌, 자신의 업적으로 팡테옹에 묻힌 최초의 여성이다.

파리 대학교 중 파리 제6대학교는 마리 퀴리와 남편 피에르 퀴리의 이름을 따서 '피에르 · 마리 퀴리 대학교(Université Pierre-et-Marie-Curie)'로 불린다. 이름처럼 과학과 의학에 특화된 대학교이다.

불멸의 업적을 남긴 대통령, 아브라함 링컨

아버지는 사실상의 문맹이었고, 목수와 농장 일꾼으로 전전하는 처지였다. 반면 어머니 낸시 행크스는 어린 링컨에게 성경을 읽어주고, 읽고 쓰는 법을 가르쳤으며, 진심 어린 사랑으로 돌본 현명하고 자애로운 어머니였다. 링컨은 학교를 9개월밖에 다니지 못했다. 링컨이 아홉 살 때 그의 어머니는 세상을 떠났고, 링컨은 새 어머니를 맞이하게 된다. 다행히도 새어머니 사라 부시 존스턴은 링컨을 친자식처럼 사랑하며 그의 재능을 알아보고 제대로 가르치기 위해 최선의 노력을 다했다.

아브라함 링컨

새어머니는 그런 링컨을 방해하지 않기 위해 특별히 배려하고, 스스로 그만둘 때까지 계속 책을 읽을 수 있는 분위기를 만들어주었다.

스물두 살 때 집을 떠난 링컨은 뱃사공, 가게 점원, 장사꾼, 우체국장, 측량기사 등으로 일하면서도 책을 손에서 놓지 않고 지독한 열성으로 주경야독했

At the close of Mr. Everett's Oration the President delivered the following dedicatory address:

Address of President Lincoln.

"Four score and seven years ago our fathers brought forth upon this continent a new nation, conceived in liberty and dedicated to the proposition that all men are created equal. (Applause.) Now we are engaged in a great civil war, testing whether that nation, or any nation so conceived and so dedicated, can long endure. We are met on a great battle-field of that war; we are met to dedicate a portion of it as a final resting place of those who have given their lives that that nation might live.

It is altogether fitting and proper that we should do this, but in a larger sense we cannot dedicate, we cannot consecrate, we cannot hallow this ground. The brave men living and dead who struggled here have consecrated it far above our power to add or detract. (Applause.) The world will note nor long remember what we say here, but it can never forbid what they did here. (Applause.)

It is for us, the living, rather, to be dedicated here to the unfinished work that they have thus so far nobly carried on. (Applause.)

It is rather for us to be here dedicated to the great task remaining before us; that from these honored dead we take increased devotion to that cause for which they here gave the last full measure of devotion; that we here highly resolve that the dead shall not have died in vain (applause): that the nation shall, under God, have a new birth of freedom, and that government of people by the people and for the people shall not perish from the earth." (Long continued applause.)

Three cheers were here given for the President and the Governors of the States.

After the delivery of this address the dirge and the benediction closed the exercises, and the immense assemblage departed about 2 o'clock.

링컨의 게티즈버그 연설문

다. 스물다섯 살 때 법조인이 되기로 결심한 이후에도 링컨은 철저히 독학할 수밖에 없었다. 성공하겠다는 굳은 결심과 의욕, 그리고 엄청난 지식욕과 독서욕이 젊은 링컨이 지닌 단 두 가지 자산이었던 셈이다.

27세에 신경쇠약과 정신분열증의 고통을 극복하고, 국회의원, 상원의원, 부통령 등 27번의 실패 끝에 51세에 미국 대통령이 되었다. 남과 북으로 분열된 연방을 통일하고, 흑인 노예해방이라는 누구도 할 수 없었던 불멸의 업적을 남긴 미국 대통령 중 최고의 존경받는 아브라함 링컨은 민주국가는 국민을 위한, 국민에 의한 정부이어야 한다고 설파한 유명한 연

미국 러시모어 산 국립기념지의 바위에 조각된 미국 대통령들의 얼굴, 맨 오른쪽이 아브라함 링컨

설문을 남겨놓았다. 그의 실패는 오직 더 높은 목표를 향한 촉진제 역할을 한 과정이었다. 그의 성공신화는 열정의 산물이다.

위대한 천재 레오나르도 다빈치

레오나르도 다빈치는 신분이 엄격하던 르네상스시대 이탈리아의 시골 서민 출신 어머니가 농사꾼의 딸이라는 이유로 정식결혼을 못하여 서자로 태어나 '최후의 만찬', '모나리자', '동방박사의 예배' 등 뛰어난 미술품과 조각, 음악, 과학, 수학, 건축, 토목, 해부학에 이르기까지 업적을 남긴 위대한 천재였다.

레오나르도는 정식으로 결혼하지 않은 부모인 변호사 아버지 안토니오 피에로와 농민이었던 어머니 카타리나 사이에서 태어난 혼외아들이었다. 처음 태어나서는 어머니의 집에 살다 대여섯이 되어서는 아버지의 집에 가서 살게 되었는데, 레오나르도를 돌봐준 것은 아버지보다는 숙부였고 숙부는 어린 레오나르도에게 자연과 세상을 조금씩 가르쳐주었다.

레오나르도 다빈치(Leonardo da Vinci)

아버지는 레오나르도에게 큰 재능이 있음을 알게 되어, 14살쯤 피렌체로 이사를 가 안토니오 델 베로키오(Andrea del Verrocchio) 공방에 들어가 그림을 배우도록 하엿다. 20살이 되어 베로키오의 그림 〈그리스도의 세례〉에 조수로 참여해 꼬마 천사 두명을 맡았는데, 당시에 일반적이던 템페라 기

법에 새로 알려지기 시작한 유화를 같이 실험해서 그렸다. 베로키오는 다빈치의 재능을 알아보고 정식으로 화가 길드였던 성 루카 조합에 가입시켜 주었다.

30살이 된 1482년 다빈치는 밀라노 공국에서 활동을 시작했다. 밀라노 공이었던 루도비코 스포르차가 다빈치를 지원하면서, 다빈치는 여러 작품들을 만들어냈다. 〈암굴의 성모〉나 〈기마상〉 등이 이때 만들어졌고, 그 중 가장 유명한 건 〈최후의 만찬〉이다.

1501년 〈성 모자와 성 안나〉 제단화를 그린 것을 시작으로 수많은 연구 스케치와 관찰기록을 남겼다. 헬리콥터나 인체비례도 등 잘 알려진 다 빈치의 과학자, 기술자의 면모는 이 때의 스케치를 통해 드러난 것이다.

1506년에는 루이 12세의 요청을 받고 다시 밀라노에서 작업을 하게 된다. 밀라노를 떠나는 1513년까지 다빈치는 다양한 작업과 연구를 하면서 지냈는데, 제3차 이탈리아 전쟁으로 1512년 교황이 밀라노를 공격하고 프랑스는 물러난다. 그렇게 프랑스가 떠나면서 다빈치는 교황령의 로마로 가서 교황청 작업을 주로 하게 되었지만 완성작 없이 취소되었고, 1516년 프랑수아 1세의 초청으로 프랑스 루아르 강의 앙부아즈 궁에 기거하게 되고, 여기서 〈모나리자〉가 완성된다. 1519년 4월 23일 그는 향년 67세로 세상을 떠났다.

그는 성공으로 가야 하는 여정에서 실패는 그 길에서 돌부리에 걸려 넘어지듯 가볍게 지나야 하는 시행착오의 과정일 뿐이라고 말했다.

모나리자

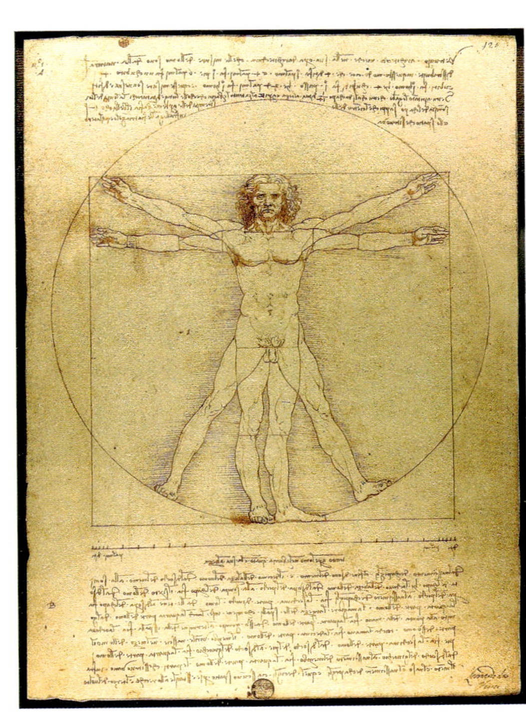

인체비례도

집념의 발명가 토마스 에디슨

토마스 에디슨(Thomas Edison)

선천적 장애와 어릴 때 앓은 질병의 후유증으로 약간의 청각장애가 있었고, 초등학교도 3개월밖에 다니지 않고 중퇴한 천재발명가 토마스 에디슨.

인류가 불을 발명한 이후 어두움을 밝혀 인류의 생활을 바꾸어놓은 그는 에디슨 축전지, 녹음기, 라디오, 다리미, X선 투시기 등 1,000가지 이상의 제품을 발명하거나 개량하여 상용화한 발명가이자 General Electric 창업주이기도 하다.

전구 하나를 발명하기 위해 9,999번 도전하여 10,000번째에 성공하게 된다. 에디슨이 전구를 개량할 때는 적합한 필라멘트를 찾기 위해서 자신의 주변에서 구할 수 있는 모든 것을 다 실험해보았고, 심지어는 발명팀 크루에슬리의 구레나룻과 매켄지의 붉은 수염까지 뽑아서 실험해보았다고 한다. 이처럼 지칠줄 모르는 도전정신과 열정이 그에게 함께했다.

천재란 99%의 땀, 1%가 영감이며, 천재란 노력을 계속할 수 있는 재능이라 말했다. 그는 그의 수많은 업적을 재미있는 놀이였다고 표현했다. 인류에게 어두움을 밝혀준 그가 실패자에게 한 충고는 포기할 때 자신이 성공에서 얼마나 가까이 있는지 모른다는 사실이다.

토마스 에디슨의 텅스텐 와이어 전구

그의 수많은 업적은 열정으로 이루어진 결과이며,

인류에게 남겨놓은 위대한 유산이다.

미국 흑인 체조스타 시몬 바일스

엄마는 마약과 알코올 중독자였고, 아빠도 마약 중독자였는데 집에 잘 들어오지 않았다. 1997년 3월 14일 미국 오하이오 주 콜럼버스, 가난한 흑인 집안에서 태어난 여자 아이는 부모 사랑을 받지 못했다. 마약, 탈선 그리고 비참한 삶….

시몬 바일스(Simone Biles)

아기의 운명은 이미 정해져 있는 것처럼 보였다. 그러나 또 다른 두 명의 엄마가 나타나 그녀의 운명을 바꾸어놓았다.

바일스의 길지 않은 인생은 파란만장하다. 친부모의 보호를 받지 못한 그는 3살 때 보건 당국에 의해 위탁가정에 맡겨졌다. 소식을 들은 외할아버지 론과 그의 재혼한 아내 넬리는 바일스를 텍사스 교외에 있는 자신의 집으로 데려갔다. 바일스와 14개월 된 여동생 아드리아가 다른 가정으로 입양될 것이란 소식을 들은 론은 아드리아만 입양하기로 했다. 그러나 넬리는 당시 6세였던 바일스도 함께 입양해야 한다고 주장했다. 그렇게 바일스는 두 번째 엄마 넬리의 사랑을 받고 자랐다.

바일스는 리우올림픽에 출전하기 전 외신과의 인터뷰에서 "나의 가장 큰 경쟁자는 나 자신이었다. 난 언제든지 잘할 수 있고 또 준비됐다는 걸 보여줘야 했다. 그때마다 '시몬, 너는 최고다'라고 말해주신 엄마(넬리)의 말씀을

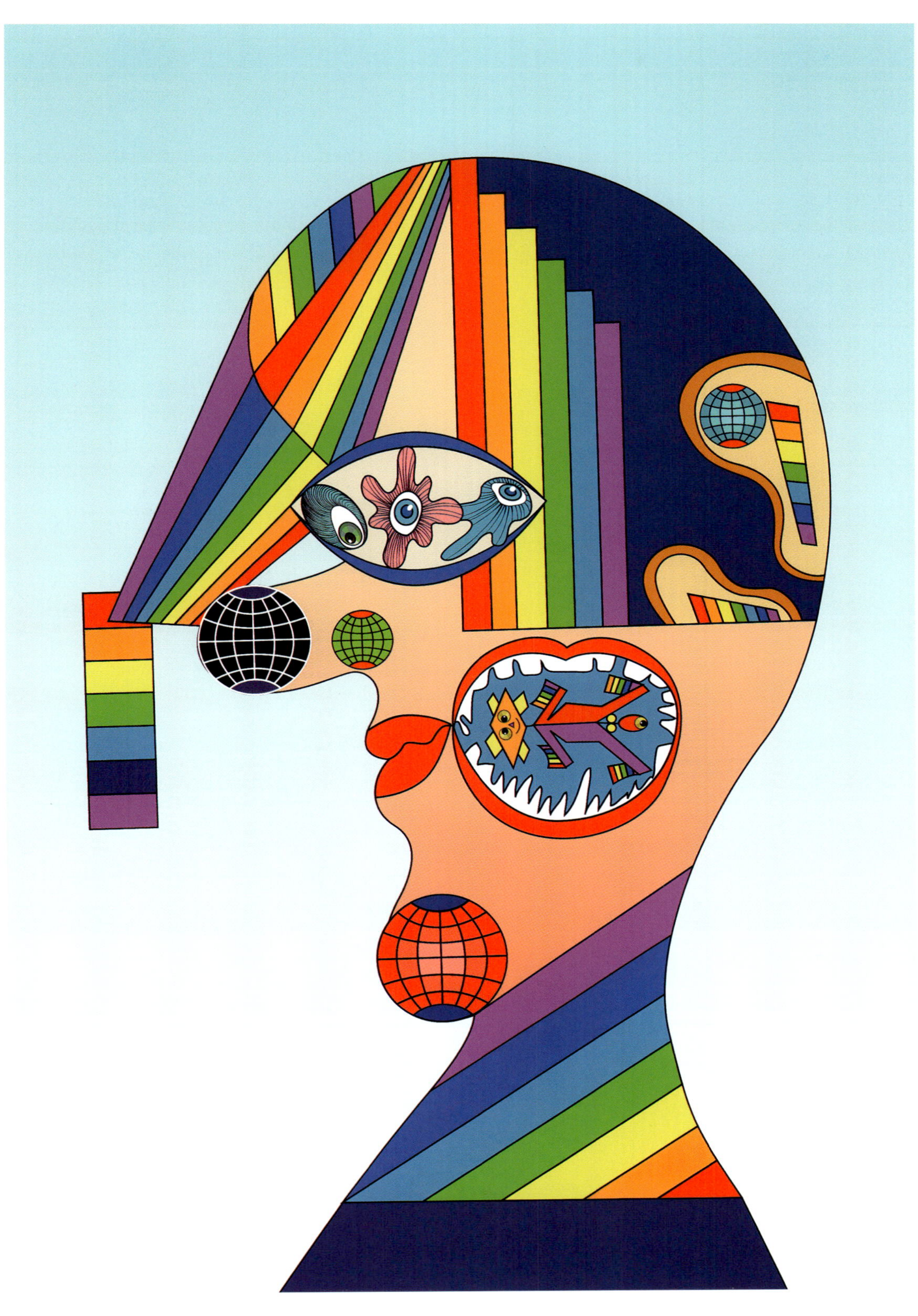

시몬 바일스의 체조 연기

떠올렸다."고 말했다.

바일스는 유치원 시절 동네 체육관으로 견학을 갔는데, 그것이 인생을 바꿔놨다. 체조부 학생들이 훈련하는 모습을 보고 반했고, 곧바로 체조부에 등록했다. 1년 후 바일스 앞에 세 번째 엄마가 나타났다. 바로 에이미 부어만이다. 시골 동네의 평범한 체조 코치였던 부어만은 우연히 바일스의 훈련 모습을 보게 됐고, 그가 장차 슈퍼스타로 성장할 재목임을 알아차렸다. 그리고 바일스의 세 번째 엄마가 되어 세계적인 스타로 키우기 위해 헌신했다. 둘은 지금까지 '체조 모녀'의 인연을 이어오고 있다.

바일스는 시니어 무대에 데뷔한 지 약 3년 만에 최고 선수로 떠올랐다. 2013년 세계선수권대회에서 흑인으로는 최초로 개인종합우승을 차지하며 주목받은 그녀는 2014년과 2015년 세계선수권대회를 잇따라 제패하며 여자 체조 사상 처음으로 세계선수권대회 3연패를 달성했다. 세 번의 세계선수권대회에서 따낸 메달만 14개(금10 · 은2 · 동2)에 달한다.

바일스는 2016년 하계올림픽 체조 개인 종합, 도마, 마루 금메달리스트이다. 또한 세계체조선수권대회 개인종합에서 세 번, 마루에서 세 번, 평균대에서 두 번 우승하였고, 전미체조선수권대회(USA Gymnastics National Championships) 개인 종합에서 네 번 우승하였다.

열아홉 개의 올림픽과 세계선수권대회 메달로, 바일스는 미국 역사에서 가장 많은 메달을 딴 체조선수가 되었다. 1968년 베라 차슬라프스카 이후로 네 개의 올림픽 금메달을 획득한 최초의 여성 체조선수이며, 1960년 라리

사 라티니나 이후 단체, 개인 종합, 개별 종목에서 우승한 최초의 여성 체조선수이기도 하다. 또한 릴리야 포드코파예바 이후 세계선수권자로서 올림픽 개인 종합 금메달을 획득한 최초의 여성 체조선수이다.

세상을 바꾼 CEO 스티브 잡스

2005년 스탠포드 대학교 졸업식, 요란한 박수갈채를 받으며 한 사람이 등장했다. 졸업식 축사를 한 그는 1학년을 마치기도 전에 대학 공부를 그만둔 스티브 잡스. 미국 최고의 기업가가 된 스티브 잡스는 단상 위에 서서 말했다.

"항상 갈망하라. 그리고 항상 무모하라."

아이를 기를 능력이 없었던 미혼모에게서 태어나 양부모에게 입양된 스티브 잡스. 17세 이후부터 그는 매일 아침 거울을 보며 스스로에게 물었다.

"만일 오늘이 내 인생의 마지막 날이라면 지금 무슨 일을 할 것인가?"

대학교에 들어간 스티브 잡스는 공부에 흥미를 느끼지 못하고 한 학기 만에 학교를 그만두고 만다.

"학교를 그만두는 순간, 흥미가 없던 필수 과목을 공부할 필요가 없었다."

스티브 잡스 (Steven Paul Jobs)

그 후 스티브 잡스는 좋아하는 수업을

찾아서 공부하고, 사과 농장에서 히피 공동체 생활을 하고, 인도 히말라야를 여행하는 등 하고 싶은 일을 찾아 무엇이든 시도했다.

그는 무엇을 찾고 있었을까?

그러던 어느 날 친구가 취미로 만든 인쇄 회로기판을 본 스티브 잡스의 눈이 번쩍 뜨였다. "이거 굉장하다! 이것으로 나랑 사업해 보지 않을래?" 둘은 힘을 모은 결과 첫 거래에서 50개를 파는 데 성공했다.

"바로, 이거야! 정말 하고 싶은 일을 발견했어." 스티브 잡스는 양부모님의 집 차고에 '애플'이라는 작은 회사를 차렸다. 그리고 매일 오늘이 삶의 마지막 날인 것처럼 자신이 찾은 '일'에 집중했다.

"기술이 아무리 뛰어나더라도 사용하기 어려우면 아무 소용없어."

복잡하고 거추장스러운 것들을 덜어 내고 단순함을 추구한 스티브 잡스의 노력은 성공했고, '애플'은 엄청난 회사로 성장했다.

상용화된 애플 컴퓨터와 스티브 잡스(맨 왼쪽)

화려한 성공, 그 뒤에는 무엇이 기다리고 있을까?

1987년, 스티브 잡스는 값이 비싼 매킨토시 생산을 그만두자는 애플의 CEO 존 스컬리와 의견 충돌을 일으키다 스스로 만든 애플에서 쫓겨났다. 스티브 잡스는 재기할 수 있을까?

스티브 잡스는 담담하게 말했다.

"더 이상 잃을 것이 없으니 가슴이 시키는 대로 살 수 있다. 무덤 안에서 가장 부자가 되는 것보다 매일 밤, 잠자리에 들 때 우리가 놀라운 일을 했다고 말하는 것이 더 중요하다."

애플을 기사회생시킨 아이폰

그리고 회사에서 쫓겨난 지 11년 만에 이사회의 간절한 요청으로 애플에 돌아온 스티브 잡스. 회사가 망할 위기에 처한 애플에서 그가 요구한 1년간의 급여는 단돈 1달러. 직관이 이끄는 대로 결정하며 열정을 다해 일한 결과 애플은 다시 한 번 아이팟과 아이폰으로 대성공을 거둔다.

"가장 중요한 것은 용기를 갖는 것이다. 이미 마음과 직관은 무엇을 원하는지 알고 있다." 꿈은 커야 한다. 꿈이 있고, 그 꿈이 크더라도 자꾸 그 꿈을 생각하고 노력하면 완전히 이루어지지는 않더라도 꿈 근처에 와 있을 수 있었다.

자신의 일에 몰입하는 사람들은 대체로 매우 몰두하며 일에 온 신경을 집중하는 상태에 들어간다. 몰입은 시간이 매우 빨리 지나간 것 같은 느낌이 들고 일과 자신을 분리하기 어려운 상태를 의미한다. 몰입은 몰두할 수 있는 자신감을 가지는 상태로 이어지게 한다는 점에서 심리적 자본과 연결되고, 긍정적 결과물이 나올 것이라고 예상하게 한다는 점에서 낙관주의와 연결되며, 과제에 계속해서 몰두할 수 있게 한다는 점에서 회복 탄력성과 연결된다.

이는 심리 자본이 주는 신념, 예상, 평가가 긍정적인 감정과 이어지는 행동의 근원이 될 수 있음을 의미한다.

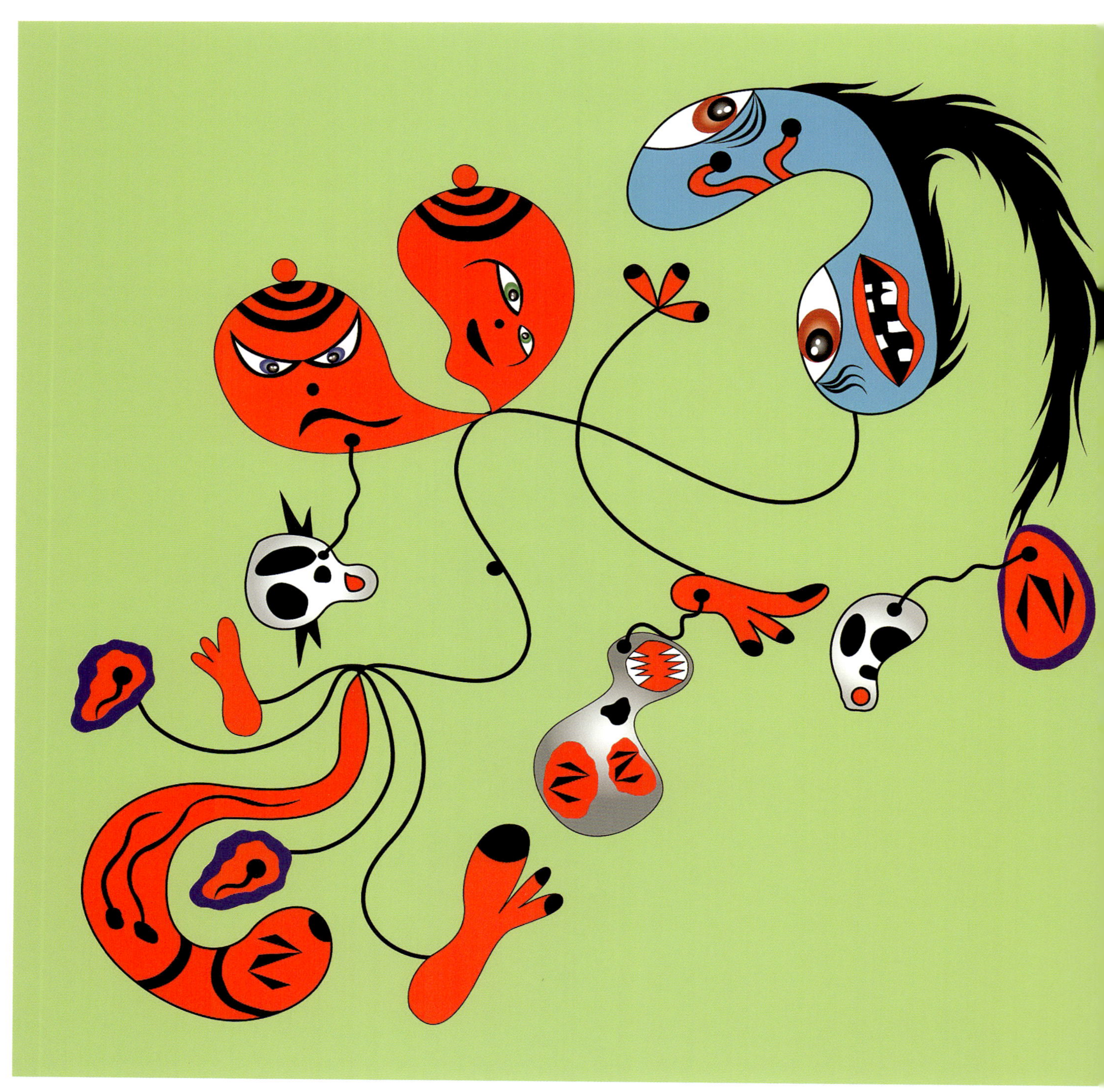

위대한 건축가 안토니 가우디

안토니 가우디(Antoni Gaudí)

가우디는 바르셀로나에서 혼자 혁명을 시작했다. 이리하여 우리는 지도 위에 카탈루냐의 위치를 표시하듯 미술사에서도 카탈루냐 지방의 위치를 표시함으로써, 다른 국가와 다른 분야의 천재들이 했던 모든 것, 앞서간 예술가들이 했던 모든 노력을 단 혼자의 재능으로 일궈낸 가우디를 발견하게 된다.

건축의 성자, 자신이 지은 최후의 역작에 묻히다

1926년 6월 7일 가우디는 전차에 치어 3일 후인 10일 74세를 일기로 사망했다. 평생 독신으로 살았던 가우디는 너무 초라한 행색 탓에 아무도 이 거장을 알아보지 못해 너무 늦게 병원으로 옮겨졌다고 한다. 말년에 건축 작업에만 몰두한 그의 모습을 잘 보여준다. 가우디는 로마 교황청의 특별한 배려로 성자들만 묻힐 수 있다는 '사그라다 파밀리아' 성당의 지하에 묻혔다. 가우디는 건축의 성자이면서, 실내 디자인과 장식 조각, 심지어 의자와 화장대에 이르기까지 제작한 20세기의 독창적인 예술가이다. 그의 전 작품에 드러나는 우아하고 기괴한 곡선과 다양한 자연의 이미지를 건축에 사용한 그의 '집'들은 피카소의 그림과 견줄 수 있는 건축 작품이기도 하다. 그의 거대한 영혼과 작품은 당대보다도 세월이 지날수록 더 높은 평가를 받는다.

교수들 사이에서 호불호가 확실하게 갈리는 독창적인 학생

위대한 작품들은 도판으로 보아도 들어가고 싶고, 거닐고 싶고, 심지어 만지고 싶다. 건축물들이 살아 있는 생명체처럼 꿈틀거린다. 그의 대표작인 '카사 바트요', '카사 밀라', '구엘 공원', '구엘 별장', '사그라다 파밀리아'는 미켈란젤로나 피카소, 바그너처럼 작품으로 남아있다. 건축은 인간이 살아가는 실용적인 공간이다. 벽에 걸어두고 보는 그림이 아니고, 음반으로 연주되는 음악이 아니지만, 가우디는 건축물을 보는 이에게 영감을 주는 작품으로 만들었다.

카사 바트요(Casa Batlló)

1852년 스페인 레우스에서 태어난 가우디는 아버지가 주물제조업자였다.

"내가 공간을 느끼고 보는 재능을 갖게 된 것은 아버지와 조부와 증조부가 모두 주물제조업자였기 때문이다. 몇 대를 거쳐 내려오면서 건축가인 내가 만들어진 것이다. 주물제조업자는 표면으로 부피를 만들어내는 사람이다. 가우디는 무언가를 만들어내기 전에 이미 공간을 본다. 르네상스 시대 피렌체의 모든 위대한 예술가들이 설계도면에서 시작하여 부피를 창조해내는 조각가들이었다."

가우디는 자신의 재능을 타고난 유전자 덕분이라고 밝힌다. 가우디는 비록 가난한 집안에 병약한 소년으로 자랐으나 건축에 대한 관심은 남달랐다.

가우디가 '가우디 건축의 성지'라고 불리는 바르셀로나로 간 것은 17세이며, 건축 공부를 하기 위해서였다. 그는 바르셀로나 대학 이공학부를 거쳐 바르셀로나 시립 건축전문학교에 입학했다. 가우디가 졸업할 때, 학장 에리아스 토헨트는 "우리가 지금 건축사 칭호를 천재에게 주는 것인지, 아니면 미친 놈에게 주는 것인지 모르겠다."라는 유명한 말을 남긴다. 가우디의 학교 생활을 짐작케 하는 말이다. 학창 시절, 그는 교수들 사이에서 논쟁과 호불호가 확실하게 갈리는 독창적인 학생이었다. 학교를 졸업하자 그는 생계를 위해 철 세공업과 같은 일을 시작했다. 물론 이 경험이 가우디 건축에 다 녹아 들어간다. 대장장이가 마음에 들지 않으면 직접 망치를 들고 쇠를 두들겼다는 이야기도 전해진다.

자연미와 조형미의 조화를 이룬 구엘 공원

그는 조물주의 손으로 작업했다. 모든 건축물의 설계도면으로부터 시작된 가우디의 정신이 손끝에서 흘러나오는 순간 꿈틀거리는 건축물들은 조각 작품으로 변신한다.

구엘 공원(Guell Park)

'구엘 별장' 정면의 철제문은 철 세공품이다. 철문을 장식하고 있는 용의 몸체는 휘어진 철봉으로 표현하고 굵은 용수철을 휘감았다. 용의 다리들은 돋을무늬로 세공한 비늘이 덮고 있고, 왼쪽 발에 움직이는 연접 장치를 하여 문을 여닫도록 만들었다. 주물제조업자인 선대의 피를 이어받았다는 그의 표현이 딱 맞아떨어진다. 선대의 피가 가우디라는 예술가를 탄생시켰으니, 그의 독창적인 건축물들도 문득 튀어 나온 것이 아니라, 이러한 전통에 의해서 탄생한 바로셀로나의 작품이기도 하다.

직물업계의 거장 구엘의 후원

피렌체의 메디치 대공이 수많은 예술가들을 후원한 것처럼, 구엘이라는 부자가 가우디의 이상적인 후원자였다. 구엘은 직물업계의 거장이었다. 그는 자신의 재산을 가우디가 천재성을 발휘하는 데 투자한다. 그의 이름이 붙은 별장, 궁전, 공원이 가우디의 재능이 십분 발휘된 탁월한 작품이었다. 경제적인 후원을 구엘에게서 받았다면, 건축학적으로는 이슬람의 건축 양식과 아르누보 그리고 비올레 르 뒤크의 이론서에서 많은 영향을 받았다. 특히 뒤크의 《프랑스 건축 사전》은 그에게 많은 영감을 준 책이라고 스스로 밝혔다.

1895년 바르셀로나 신도시계획 당시 세워진 연립주택으로 1910년 완성된 카사밀라(Casa Mila)의 초창기 모습과 현재

테레사학원(Teresian School)

가우디는 뒤크의 가르침을 모든 독창적인 예술가들이 그러하듯, 자신만의 개성으로 수정 보완한다. 뒤크의 책을 통해 습득한 고딕양식은 '테레사 학원'의 모든 층에서 잘 나타난다. 테레사 학원은 청빈한 수도사들의 건물답게 가우디의 작품 중에서 비교적 저렴하게 만든 건축물임에도 불구하고, 그의 독창적인 건축기법이 잘 살아있다.

평론가들은 가우디의 작품을 1890년대를 경계로 전반부와 후반부로 나눈다. 가우디의 진가는 후반부에서 빛을 발한다. 우리가 주로 알고 있는 건축물들은 후반기의 작품들이다. 특히 20세기 초에 들어오면서 '가우디'라고 명명할 수 있는 천재성이 유감없이 발휘된다. 즉 살아 있는 유기체로서 건축에 사용된 모든 재료들이 하나의 생명력으로 재탄생하는 것이다. 말 그대로 건축사에서 독특하면서 역동성이 넘치는 건축물들이다.

가우디는 말한다. "건축은 색깔을 거부해서는 안 되며, 오히려 형태와 부피를 살아 있는 것으로 만들기 위해 색깔을 사용해야 한다. 색깔은 형태를 보완해주는 동시에 가장 분명하게 생명을 표현하는 것이다." 가우디의 '카사바트로' 기와의 색감을 보면 단순히 화려하다고만은 할 수 없는 자연의 색감을 느낄 수 있다. 부자들의 전원주택으로 설계된 구엘 공원에서는 자연미와 조형미의 절묘한 조화를 색감을 통해 보여준다. 소나무, 떡갈나무, 종려나무, 백리향 등의 나무와 재스민, 등나무 같은 덩굴식물, 건축자재로 사용된 타라고나 지방의 마른 돌멩이들이 서로 조화를 이루며 각각의 고유한 색과 불규칙한 배열이 자연의 풍경에 녹아 들어 있다. 구엘 공원은 1984년에 유네스코 세계문화유산에 등록되었다.

미완의 대작 '사그라다 파밀리아'를 위한 삶

가우디는 평생의 역작인 사그라다 파밀리아 교회를 건축할 때 예술가로서 날개를 달았다. 그 자신도 이 건축물에 감탄하면서 전통적인 고딕 양식에 새로운 생명력을 불어 넣었다. 가우디가 이 대단한 건물의 감독직을 수락한 것은 1883년 가을이었다. 이후 사망할 때까지 40여 년간 이 작업에만 몰두했다. 이 건축물은 서적상이자 발행인인 호세 마리아 보카베리야가 주도한 일이었다. 그는 성가족이 봉헌된 사원을 바르셀로나에 짓기로 결심하고 기금을 모아 당시 교구 건축가인 프란시스코 데 파올라덴 빌랴르에게 설계를 의뢰했다. 빌랴르가 건축의 기술 고문인 마르토렐과의 불화로 사임을 하자 가우디가 일을 맡았다.

사그라다 파밀리아 성당, 현재의 모습

가우디는 "신앙이 없는 사람은 정신적으로 쇠약한 인간이며, 손상된 인간이다."라는 말을 남기기도 했다. 그는 자신의 재능을 신을 위해 사용한다는 소명의식을 갖고 있었다. 말년에 가우디는 건축을 제외한 세상의

가우디 공간의 환상

모든 것을 멀리하고 수도자처럼 살았다. 건축가로서의 명성과 열정이 종교적인 신성과 결합하여 '사그라다 파밀리아'를 탄생시킨 것이다. 이 건축물은 가우디 사후에도 계속 건축되고 있다. 가우디는 성가족 교회 사그라다 파밀리아에 세 개의 파사드를 만들었다. 동쪽은 탄생의 파사드, 남쪽은 영광의 파사드, 서쪽은 수난의 파사드이다. 가우디가 세상을 떠났을 때는 첨탑이 빠진 탄생의 파사드만 완성된 상태였다. 이 파사드의 중앙 문은 사랑, 오른쪽은 믿음, 왼쪽은 소망의 문이다. '사랑, 믿음, 소망'이라는 신의 음성이 들려오는 문 앞에 서 있는 가우디를 상상한다. 그의 영혼이 깃든 건축물들을 통해 영원불멸의 신성을 잠시 엿본다.

가우디는 평생 단 한 번의 강연도, 단 한 권의 책도 쓰지 않은 건축가였다. 그러나 가우디가 지었다고 소개되어 있는 책이 있다. 《가우디, 공간의 환상》은 가우디가 청년 시절에 쓴 논문 초고와 만년에 그를 방문했던 이들에게 남긴 말들을 모으고 정리한 가우디의 건축관을 볼 수 있는 소중한 자료이다. 더불어 그의 건축세계를 141개의 컬러 도상으로 함께 볼 수 있다.

19세말 유럽 및 미국에서 유행한 장식 양식인 아르누보 전문가인 필립 티에보의 책 《가우디- 예언자적인 건축가》는 가우디의 건축을 중심으로 작품세계를 설명한 책이다. 아르누보는 장식을 중요시한 가우디도 많은 영향을 받았다. '마로니에 북스'에서 나온 《안토니 가우디》도 가우디의 세계를 잘 보여주는 책이다. 가우디와 관련된 책을 펼쳐 읽으면 글보다도 건축물에 압도당하는 공통점이 있다. 그는 말하고 싶었던 모든 것들을 손으로 '짓는' 사람이었다.

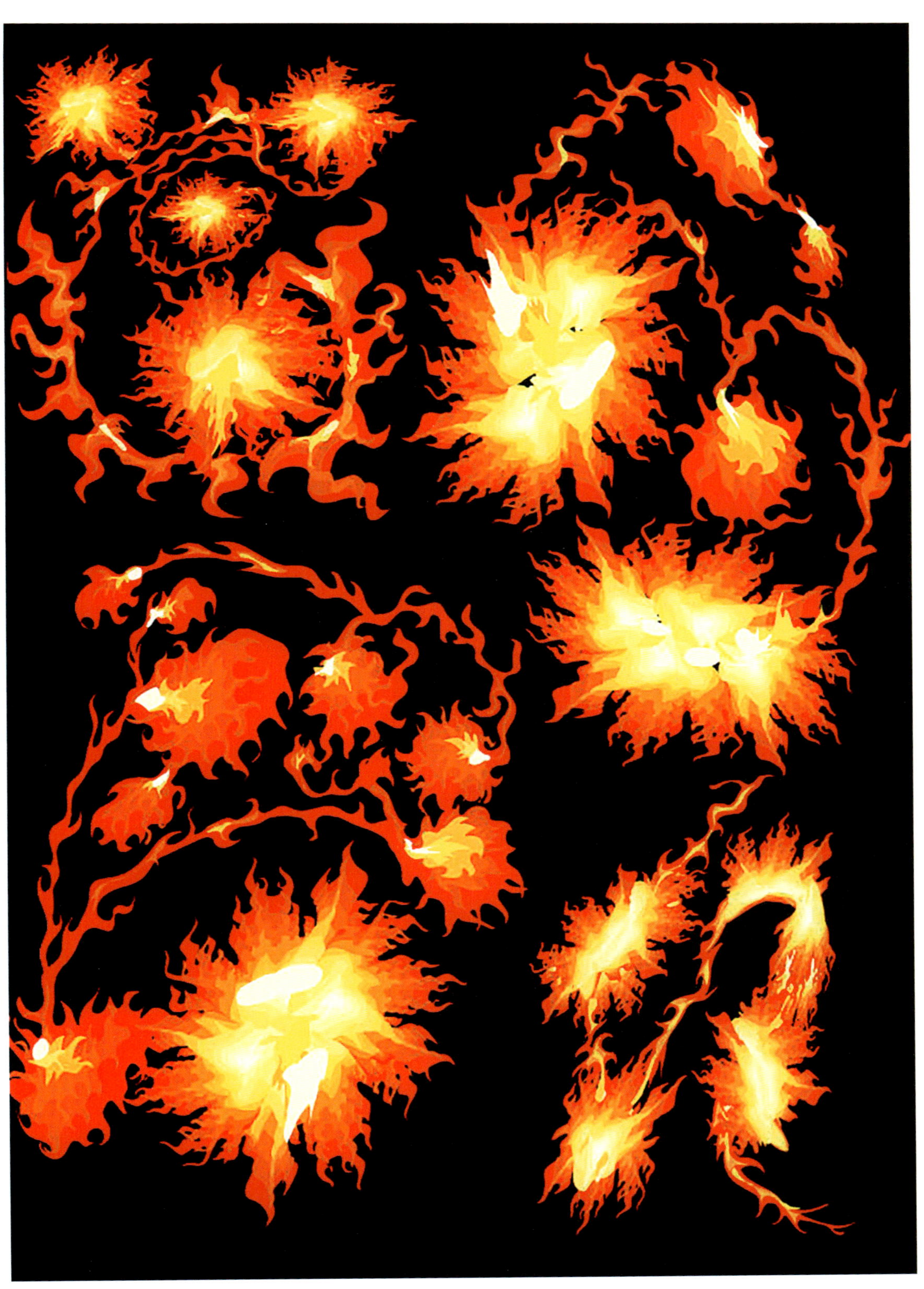

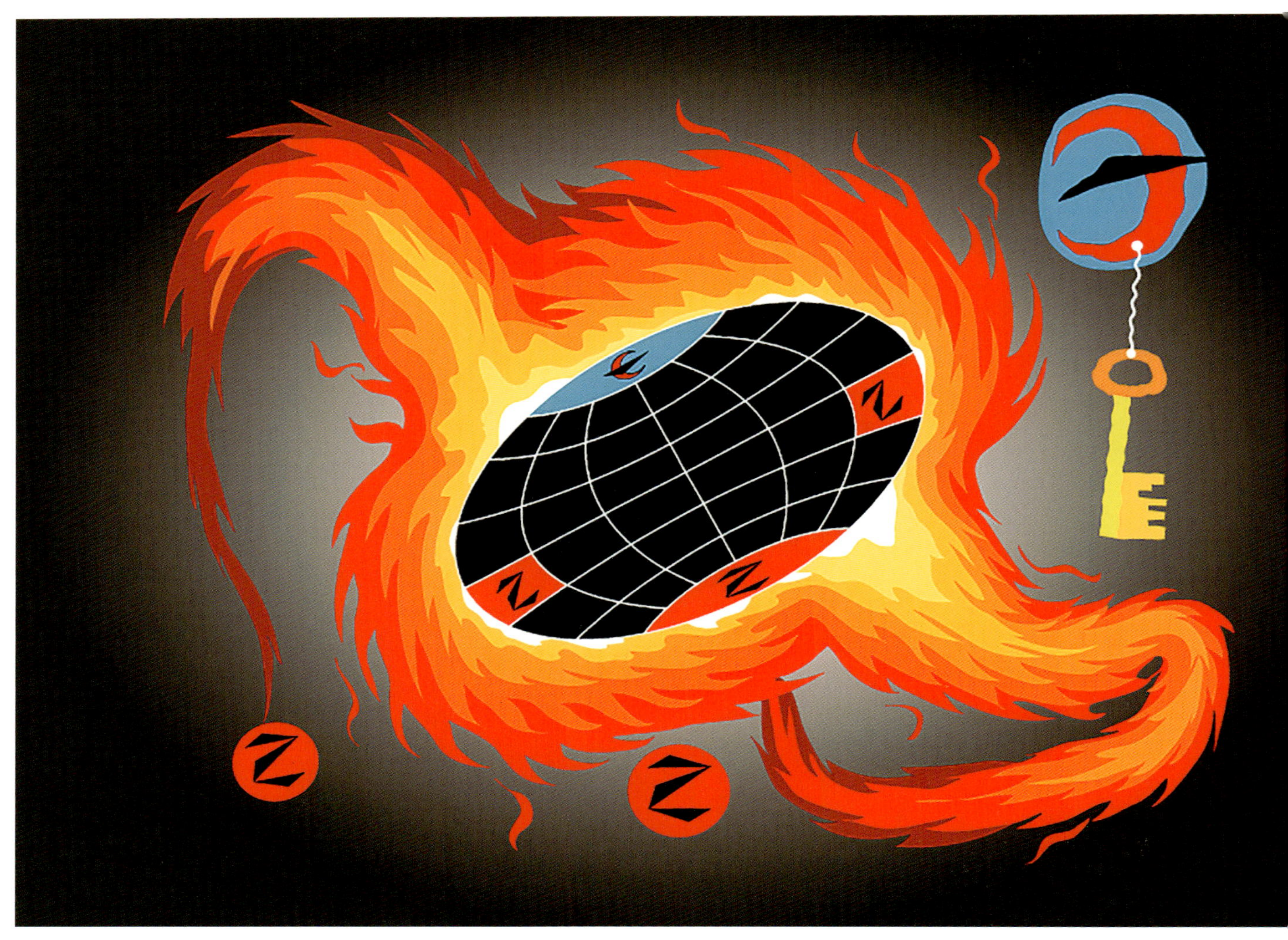

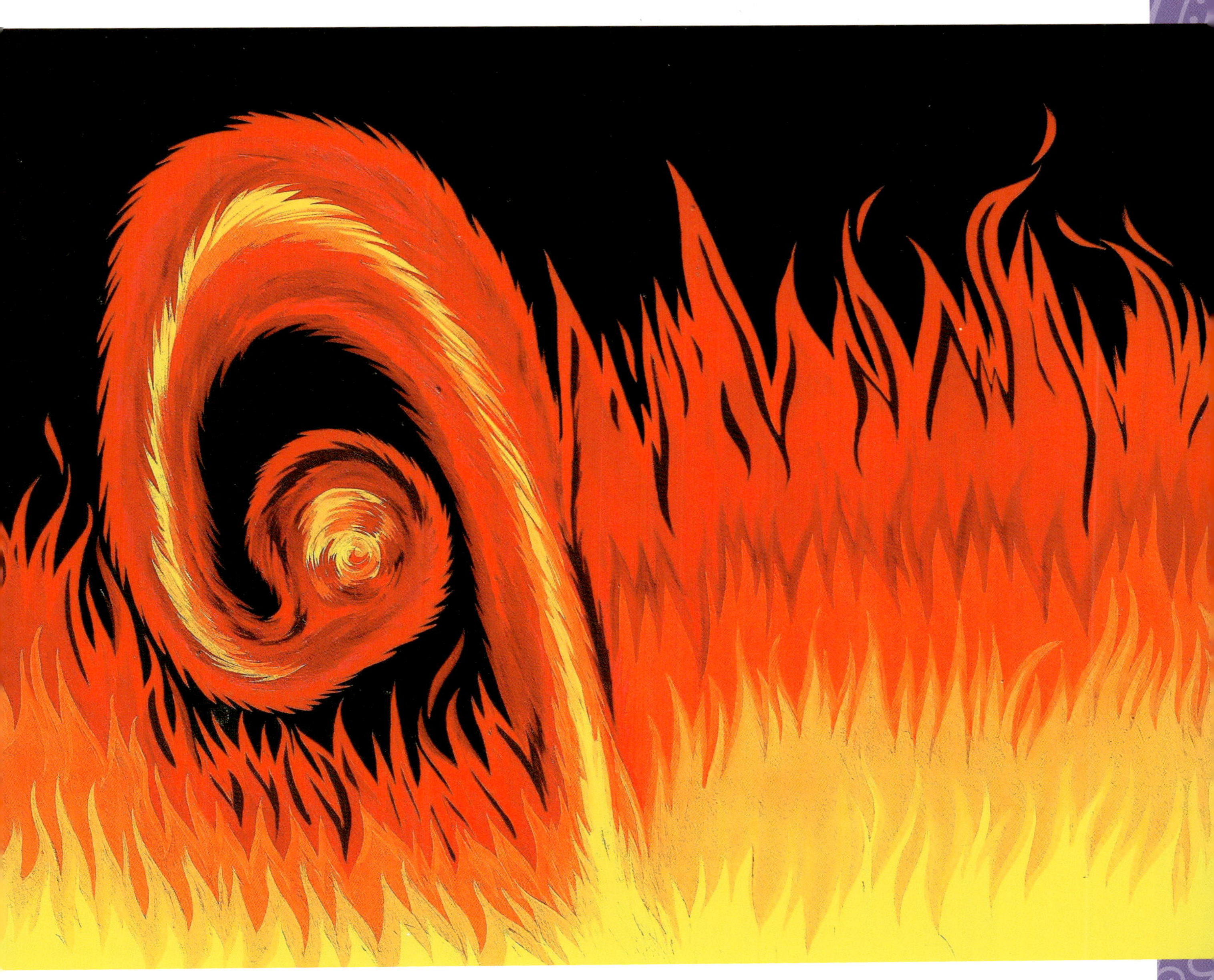

누가 미국을 움직이는가

유대인은 전 세계 인구의 0.2%에 불과하지만, 역대 노벨상 수상자 중 유대인의 비율은 무려 약 21%이고, 노벨경제학상은 65%이다. 미국의 400개 기업의 30~40%가 유태인 기업이이다. JP모건, HSBS, 체이스맨하튼, 도이치뱅크, 로스차일드 가문 등 세계 유수의 금융회사들과 굴지의 재벌 가문들은 모두 유대계이며, 정유시장 · 금융시장 · 곡물시장 · 유태계가 장악했다.

전 세계 학생이 제일 선망하는 미국의 아이비리그 8개 사립대학교[(하버드(Harvard), 예일(Yale), 펜실베이니아(Pennsylvania), 코넬(Cornell), 프린스턴(Princeton), 컬럼비아(Columbia), 브라운(Brown), 다트머스(Dartmouth)] 학생의 25%, 미국 기부자의 45%, 세계 유명대학 교수의 30%가 유대인이다. 유대민족은 나라 없이 2천 년을 떠돌았지만 민족이 소멸되지 않고 '세계를 움직이는 힘'으로 부활했다. 실제로 미국을 비롯한 세계 각국의 유명인사들 중 유대인이 차지하는 비율은 매우 높다. 전 세계적으로 유대인은 1천 3백만 명에 불과하지만, 정치 · 경제 · 문화 · 미디어 등 미국의 주요 산업과 트렌드를 이끌고 있고, 할리우드를 만들어 미국의 영화산업

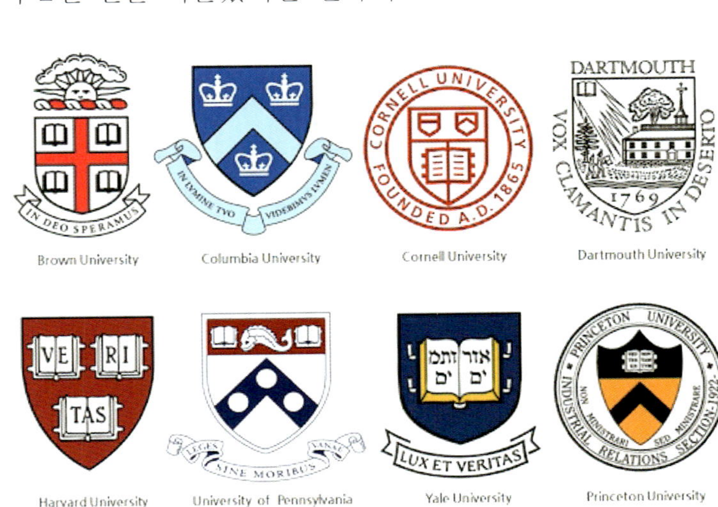

미국 아이비리그 대학교

미국 자본주의의 상징 월스트리트

을 주도하고 있다.

제2차 세계대전 당시 홀로코스트로 600만 명의 유대인이 학살당했다. 생존한 유대인 가운데 300만 명이 재산을 모두 정리해서 미국으로 떠나는데, 대학살 당시 침묵과 방관으로 일관한 유럽에서 더 이상 살고 싶지 않았던 것이 주된 이유였다.

당시 유대인은 돈이 있었고, 미국도 성장하려면 자본이 필요했다. 유대인이 미국에 발을 내리고 정착한 곳이 바로 뉴욕의 할렘가였으며, 거기서 서서히 남쪽으로 내려오면서 38번가와 34번가를 지나 월스트리트에 도착해서 금융자본주의를 일으킨다.

아인슈타인이나 프로이트 같은 천재들은 하버드와 예일로 진출해 아카데미를 장악하고, 재능 있는 예술가들은 할리우드를 통해 문화를 장악한다. 월스트리트에서 돈을 번 유대 자본은 이익을 지키고자 언론을 장악한다. 뉴욕타임스, 워싱턴포스트 등 4대 일간지와 ABC, CBS, NBC, CNN 등 TV 매체를 탄생시켰다. 또한 미국의 원자폭탄 발명과 우주산업의 개척을 주도했으며, 오늘날의 컴퓨터와 인

알버트 아인슈타인
(Albert Einstein)

지그문트 프로이드
(Sigmund Freud)

터넷을 만들어낸 주역이기도 하다.

미국의 대부호인 록펠러(John Davison Rockefeller), 미국 최초의 노벨경제학상 수상자 폴 새뮤얼슨(Paul Samuelson), '퓰리처상'을 만든 언론인 조셉 퓰리처(Joseph Pulitzer), 수십 년간 어마어마한 규모의 헤지펀드를 운용하며 세계 경제를 쥐락펴락하는 조지 소로스(George Soros), 윌버 로스(Wilbur RossRoss), 전설의 앵커 래리 킹(Larry King) 등 전 세계에 회자되는 유명인사의 상당수, 또 재산 10억 달러 이상인 미국인 자산가 가운데 3분의 1이 유

존 록펠러
(John Davison Rockefeller)

폴 새뮤얼슨
(Paul Samuelson)

조셉 퓰리처
(Joseph Pulitzer)

조지 소로스
(George Soros)

윌버 로스
(Wilbur Ross)

래리 킹
(Larry King)

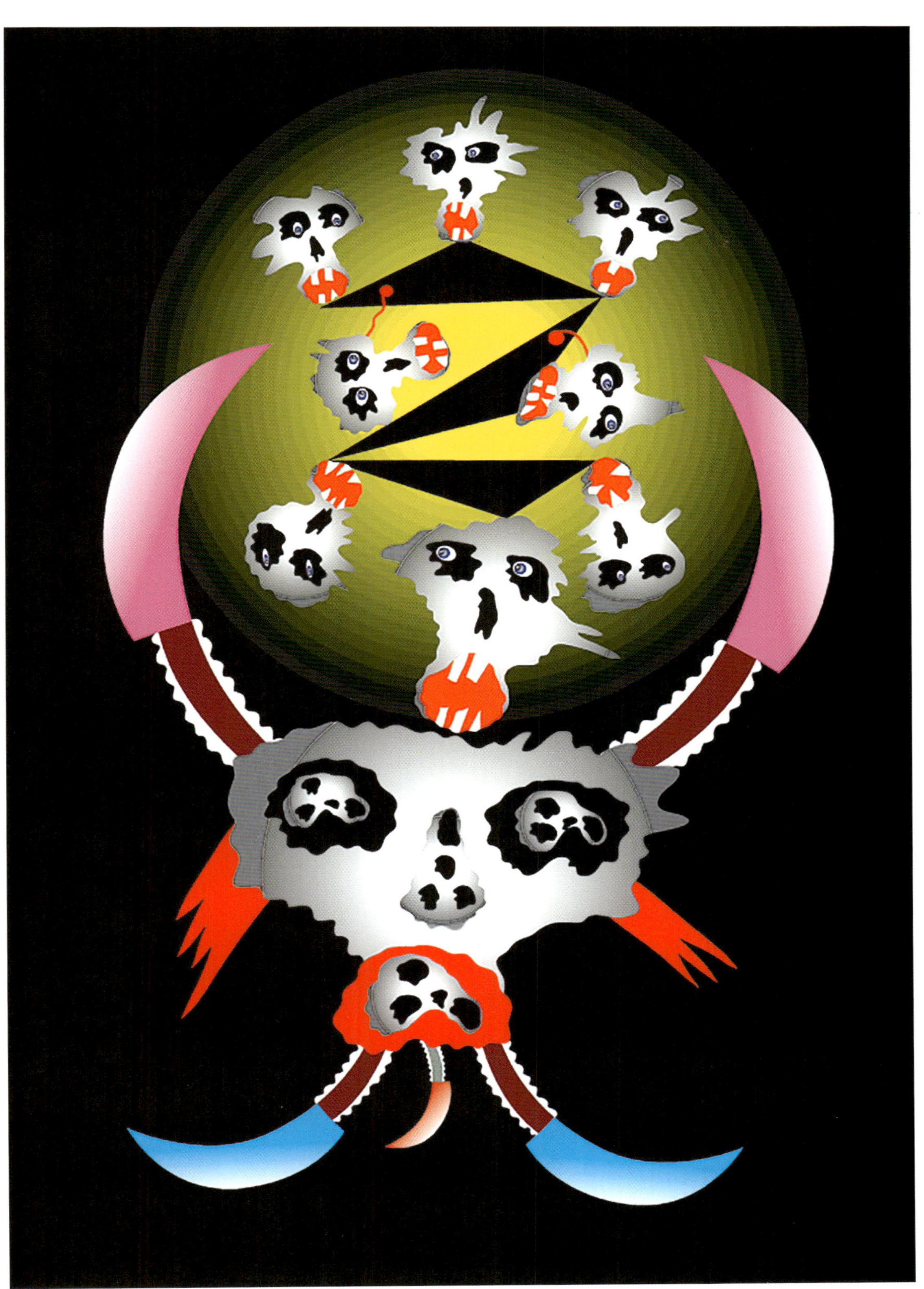

23시 57분 30초, 인류멸망 2분 30초 전

태인이다. 노벨문학상을 수상한 가수 밥 딜런, 애플의 스티브 잡스, 구글의 창립자 래리 페이지, 페이스북의 마크 저커버그 등 모두가 유태인이다.

밥 딜런(Bob Dylan)

래리 페이지(Larry Page)

마크 저커버그(Mark Zuckerberg)

역시 미국 고위 공직자의 15%, 미국의 파워 엘리트 100명 중 51명, 또 뉴욕과 워싱턴 로펌 변호사의 40%가 유태인이다.

유태인들은 언론, 영화계, 통신 등에 막강한 영향력을 행사하며 세계 정보망을 장악하고 있다.

할리우드 '7대 메이저 영화사' 중 6개의 영화사(파라마운트, 20세기폭스, MGM, 워너 브러더스, 콜럼비아, 유니버설)가 유태인이 설립한 기업이다.

헐리우드에서는 유태인 인맥 없이는 성공하기 힘들다. 스티븐 스필버그는 할리우드의 대표적 유태인이다. 그 외에 영화감독 우디 앨런, 영화배우 더스틴 호프만, 커크 더글러스, 엘리자베스 테일러도 유태인이다

스티븐 스필버그(Steven Spielberg)

우디 앨런(Woody Allen)

더스틴 호프만
(Dustin Hoffman)

커크 더글러스
(Kirk Douglas)

엘리자베스 테일러
(Elizabeth Taylor)

빌 게이츠(Bill Gates)

AP, UPI, AFP, 로이터 등의 세계 유수의 통신사 모두 유태인의 소유이다. 정보통신망 부분에 대해서는 유태계인 IBM이 세계 최대 VAN 망을 구성하고 있는 중이다.

마이크로소프트사의 빌 게이츠, 인텔, 델, 오라클의 창업자도 유태인들이다. 또한 미국 100대 부호 중 30%가 유태계다. 그리고 세계적인 대기업인 록펠러, 모건, 듀폰, 로열더치, GE, GM, AT&T, IBM, 보잉, US스틸 등도 유태인 자본가들이 이룬 대기업이다.

앨런 그린스펀 전 연방 준비 이사회(FRB) 의장이 유태인이다. 월가에서는 샌포드 웨일 씨티그룹 회장이 유태인들의 대부로 꼽히며, 이밖에 모리스 그린버그 AIG 회장, 로버트 벤모쉐 메트라이프 회장, 리처드 펄드 리만 브라더스 공동회장, 헨리 폴슨 골드만삭스 회장 등이 모두 성공한 월가의 유태인들이다.

미국의 최대 은행인 5개 은행 가운데 체이스맨하탄은 JP 모건의 유태재벌

앨런 그린스펀
(Alan Greenspan)

샌포드 웨일
(Sanford I. Weill)

모리스 그린버그
(Maurice Greenberg)

로버트 벤모쉐
(Robert Herman Benmosche)

리처드 펄드
(Richard S. Fuld)

헨리 폴슨
(Henry Paulson)

이 직영하고 있고, 뱅크 오브 아메리카는 영국의 최대 유태재벌인 로스차일드와 제휴하여 많은 지원을 받고 있다.

또 월 스트리트에 본거지를 둔 투자은행도 최대의 돈줄인 메린-린치를 비롯 솔로몬-브러더스, 모건-스탄제이, 파스트-보스톤 등이 모두 유태자본

JPMorgan 산하 체이스 맨하탄 뱅크

이 경영한다. 한마디로 유태인은 세계 최대의 자금 조달과 운용 시스템으로 이루어지고 있다. 세계금융시장은 여지없이 유태자본이 경영권을 장악하고 있는 미국의 은행이 지배하고 있다.

포브스는 매년 개인 소유 재산을 분석해서 미국의 부자 상위 4백 명을 발표하는데, 그중 60~1백 명이 유대인이다. 실제 미국 인구 중 유대인이 차지하는 비율은 2% 남짓하나, 그들이 벌어들이는 돈은 미국 국민소득의 15%에 달한다. 어떻게 이런 일이 가능할까? '장사를 해서 이윤을 남기라'고 한 성경 말씀에서 비밀의 답을 찾을 수 있다.

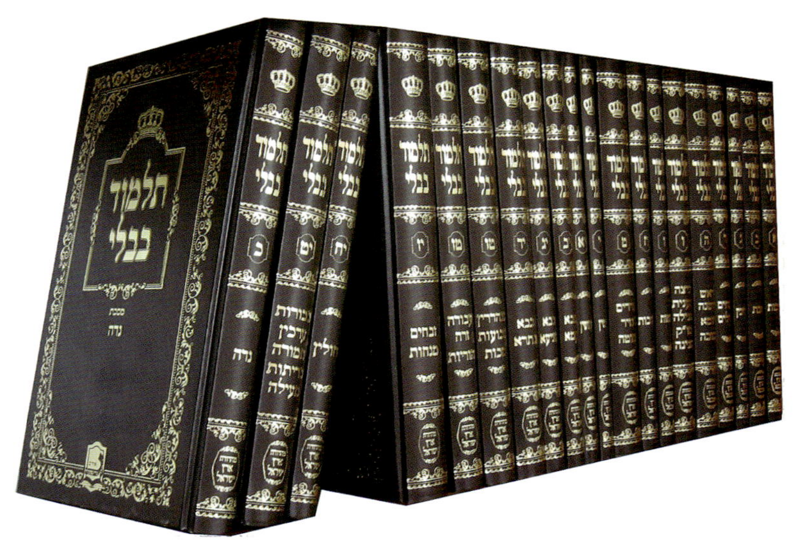

유대인의 정신적 지주 탈무드

유대인들은 가난한 것은 집안에 50가지 재앙이 있는 것보다 더 나쁘다(탈무드)라고 할 만큼 가난을 싫어하며, 청빈(淸貧)이 아니라 청부(淸富)를 추구한다. 또한 '아들에게 직업 기술을 안 가르치는 것은 강도로 키우는 것과 같다.' '부자가 되려면 자선을 많이 하라.'는 말에서도 알 수 있듯이 자녀들에게 일찍부터 돈 버는 법과 돈 쓰는 법을 모두 가르친다.

유태인들은 어릴 때부터 '제데카'라고 하는 기부를 배운다. 집에도 학교에도 교회당에도 유태인들이 모이는 곳에는 늘 제테카 통이 있다. 어릴 때부터 그 통에 기부하는 습관을 들이면서 공동체 내에 가난한 사람이 없도록 하라는 교훈을 배운다.

성실하게 일하고 노력해서 풍족한 생활을 영위할 수 있는 자격을 갖추는 것이 현명한 사람의 덕목이라고 가르친다. 돈에 대한 건강한 생각, 돈을 다

유태인의 교육

루는 경험, 투자를 통해 돈이 불어나는 것을 경험하고 늘 주위를 돌아보는 법을 배우면서 자란 유태인들은 스스로 소득을 얻고 돈에 대한 결정을 할 시기가 되었을 때 이미 돈에 대한 균형 잡힌 태도와 돈을 다룰 줄 아는 능력을 가지게 된다. 그래서 유태인들은 다른 어떤 공동체보다 부자들이 많고 경제적으로 성공한 사람들이 많다.

유대인의 힘은 '교육'에서 나온다고 한다. 어려서부터 토론을 즐기고 정체성을 중요시하는 삶의 방식과 창의력과 상상력을 자극하는 교육 방식이 오늘날의 유대인을 만들었다.

빌 게이츠는 자녀들에게 매주 1달러씩 용돈을 주면서 돈을 관리하는 법을 가르쳤다. 월마트의 창업자 샘 월튼은 엄격한 용돈 교육으로

샘 월튼(Samuel Walton)

해리 트루먼(Harry Truman) 대통령

유명하고, 역사상 최고의 부자로 알려져 있는 록펠러는 매주 자녀들의 용돈 기입장을 검사했다. 그리고 워렌 버핏은 11살 때 투자를 시작했다고 한다.

유대 자본에 의해 만들어진 최초의 대통령은 해리 트루먼인데, 이후부터 유대계 언론에 밉보여서는 대통령이 될 수 없다는 불문율이 만들어진다.

한두 번 유대계에 삐딱하게 나오다가 고통을 당한 대통령이 더러 있는데, 대표적인 인물이 리차드 닉슨이다. 닉슨은 지나친 반유대주의로 나가다 워터게이트 사건으로 물러난다. 다음이 지미 카터 대통령으로 팔레스타인 편을 들어 노벨평화상까지 받았지만 재선에 실패한 현직 대통령 중 한 명이다.

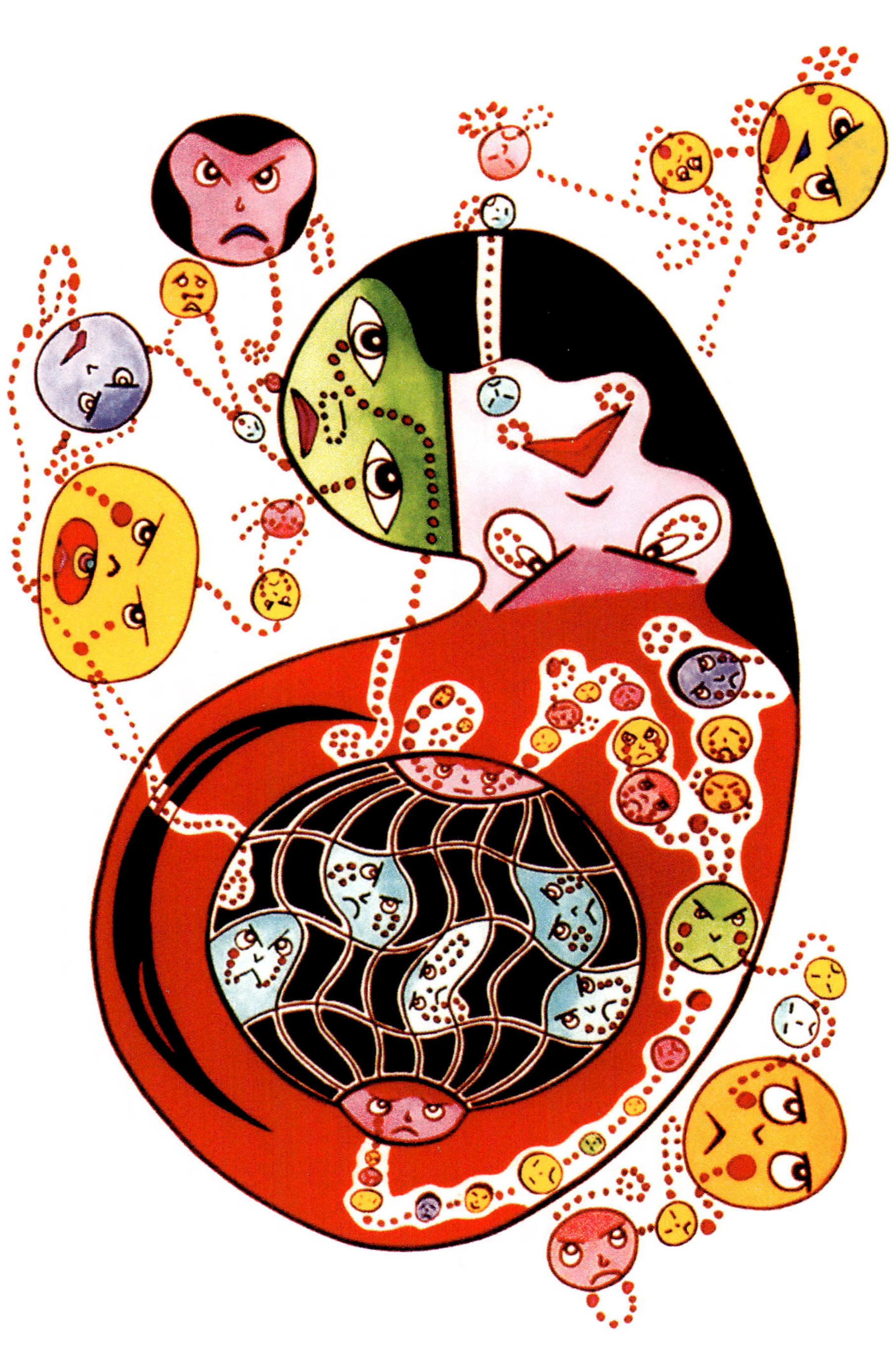

인도인이 세계를 지배하다

미국은 세계를 지배하고, 유태인은 미국을 지배하고, 인도인은 유태인을 지배한다.

NASA에서 근무하는 인도출신 과학자들

미국 과학자의 12%, NASA 과학자의 36%가 인도인이다. 구글, 애플, 마이크로소프트(MS), IBM 등 소프트웨어 세계 시장을 흔들고 있는 글로벌 IT기업들에겐 한 가지 공통점이 있다. 그것은 소프트웨어 개발을 거의 인도 출신들이 주도하고 있다는 점이다. MS의 소프트웨어 인력 중 인도 출신이 70%가 넘는다. 항상 세계가 깜짝 놀랄 새 서비스를 내놓는 구글의 개발자 회의도 인도 개발자들이 주축이 되어 발표를 진행하는 것으로 유명하다. 오죽하면 '인도인이 없으면 실리콘밸리가 돌아가지 않는다'고 하지 않는가.

사정은 삼성전자도 마찬가지다. 삼성전자 최지성 부회장도 "인도 출신이 없으면 소프트웨어 개발이 불가능할 정도"라고 말했다.

삼성전자의 최연소 임원이자 유일한 30대 임원은 2014년 3분기 33세의 나이로 임원이 된 프라나브 미스트리(Pranav Mistry) 리서치아메리카(SRA) 상무(35)다. 미스트리 상무는 인도 출신 천재 과학자로 2012년 삼성전자에 입사했다. 미국 매사추세츠공과대학(MIT) 박사 출신이며, 삼성

Canha Yoga
"요가란 생각을 끊고 마음의 작용을 멈추는것"

기어S2 UX(사용자경험) 기술을 구현한 싱크탱크팀을 이끌었다.

미스트리 상무는 구글의 래리 페이지, 페이스북의 마크 저커버그 등과 함께 MIT가 발간하는 기술 잡지 《테크놀로지 리뷰》가 선정한 '세계에서 가장 영향력 있는 젊은 과학자 35명'에 선정됐다. 2014년 미국 샌프란시스코에서 열린 삼성 개발자 회의에 등장한 '360도 입체 카메라'도 미스트리 상무의 작품이다. 미스트리 상무는 세상에 없던 제품을 만들어내며 삼성의 이미지를 '퍼스트 무버(선도자)'로 바꾸는 데 기여한 점을 인정받았다. 삼성전자 수원 사업장에서는 인도 식단을 따로 운영할 만큼 인도 출신 개발자들이 많다.

프라나브 미스트리(Pranav Mistry)

0은 Yoga의 생사윤회(生死輪回)의 수레바퀴

인도는 기원전 8,000년에 Siva라는 성자가 Yoga를 창시하였고, Yoga에서 0이 발견되다.

산술에서 쓰는 0, 1, 2, 3, 4, 5, 6, 7, 8, 9의 10개의 숫자가 기원전 2세기 경에 인도에서 시작되었으나, 아라비아인을 통해서 유럽에 전해졌기 때문에 인도-아라비아 숫자라고 부른다. 인도인이 처음 '0'을 발견했고, 그 개념-무한 수(無限數)의 의미(意味)는 영원(永遠), 창조, 유지, 사멸, 휴식의 우주질서, 생사윤회(生死輪回)의 수레바퀴를 나타내는 개념이기도

하다.

인도인들은 아이들에게 구구단 아닌 19단을 가르칠 만큼 수학 교육에 앞서 있는 것으로 유명하다. 그렇다 보니 매년 미국 초등학생들을 대상으로 실시하는 전미 우수학생 선발대회에서 상위권은 대부분 인도인들이 휩쓸고 있고, MIT 캘리포니아공대 등 미국 유수의 공대들 역시 인도인들이 장악하고 있다. 한 IT전문가는 "수학은 모든 공학의 기초학문인 만큼 소프트웨어 개발에도 절대적이다."고 말했다.

국내엔 잘 알려져 있지 않지만 인포시스 같은 인도 소프트웨어 업체는 구글이나 MS 못지 않는 명성을 떨치며 전 세계 개발자들이 가장 일하고 싶은 회사로 꼽을 정도로 인기를 끌고 있다.

인포시스에서 건설한 교육시설

인포시스가 1억 2,000만 달러를 투자해 2005년 개관한 이곳은 리조트 못지 않은 시설과 수준 높은 교육으로 유명하다. 업계 관계자는 "인포시스는 전 세계적으로 매년 약 10만 명 정도가 지원하지만, 1% 정도만 합격한다. 입사 시험 중에 고난도 수학과 퍼즐이 있는데, 대부분 지원자들이 여기서 두 손을 든다"고 말했다. 또 합격한다고 업무에 투입되는 게 아니라 14주 동안 세계교육센터에서 교육만 받는다. 이렇게 인재를 양성한 덕분에 인포시스는 전 세계 50개 국에 지사를 두고 연 매출 47억 달러를 올리고 있다.

인도 정부도 정책적으로 전문 인력 양성에 팔을 걷어붙이고 있다. 매년 1,904개 공대에서 7만 3,500명, 압테크와 N2T 등 민간 교육기관에서 연간 90만 명의 인력이 배출되고 있다. 뿐만 아니라 인도 정부는 인도의 실리콘벨리인 방갈로르, 하이 데라 버드 등 20개 지역에 테크노파크를 조성

방갈로르의 테크노 파크

해 신생기업의 인큐베이터 역할을 수행하고 있다. 전문가들은 '인도의 소프트웨어 경쟁력은 산업 구조, 인력 양성, 법과 제도 개선 등 오랜 기간 동안 사회 전반에 걸친 노력이 어우러져 만들어낸 결실'이라고 입을 모은다.

미국의 기부자들

《기부자들(Contributions)》의 작가인 사라 노울스 볼튼 여사가 소개하는 자선가 부호들이 모두 깨끗하고 착한 사람들이었다고 보기는 어렵다. 사실 미국의 대표적인 자선가로 꼽히는 카네기는 노동자 탄압으로 악명이 높았다. 스탠포드와 록펠러 역시 정직하게만 돈을 번 사람들은 아니다. 필립 아머가 지배하던 정육가공업계는 후일 업튼 싱클레어가 소설《정글》을 통해 고발했을 정도로 열악하고 지저분한 노동 환경을 제공했다. 그들은 산업혁명기 미국의 빛과 어둠을 동시에 대변하는 인물들이다.

물론 이 책에는 아무런 구설수 없이 오직 봉사하는 마음으로 사회에 공헌한 부자들도 등장한다. 이를테면 소피아 스미스는 삼촌으로부터 거액의 유산을 상속받기 전까지는 시골에서 조용히 살아가는 병약한 독신여성에 지나지 않았다. 하지만 수백만 달러의 재산이 생긴 그녀는 곧바로 그 돈을 자신이 아니라 다른 여성들을 위해 쓰기로 결심했다.

이 책에 등장하는 부자들의 사연은 꽤나 다양하다. 제임스 릭은 후세 사람들이 자신을 기억해줄 것을 간절히 바라던 인물이었다. 지금도 펜실베이니아에는 그와 가족들을 기리는 기념물이 서 있고, 그의 육신은 해밀턴산 정상에

사라 노울스 볼튼(Sarah Knowles Bolton)

있는 거대한 망원경 바로 아래에 잠들어 있다. 하지만 아무리 공명심에서 비롯한 선행이라 한들, 실제로 그 덕분에 도움 받은 사람들이 있는 이상 지나치게 폄하할 수는 없는 노릇이다.

릴랜드 스탠포드와 존 로웰 주니어는 각각 개인적으로 엄청난 비극을 겪고 난 후, 사회에 대한 공헌으로 아픔을 삭인 사람들이다. 스탠포드는 외아들을 병으로 잃었고, 로웰은 불의의 사고로 가족 전부를 잃었다.

스티픈 지라드(Stephen Girard)

역자로서 보았을 때 볼튼 여사가 소개하는 사례 중 가장 인상적인 인물은 스티븐 지라드이다. 19세기 중반 미국 최고의 부자로 알려졌던 그는 돈으로 이웃을 도왔을 뿐 아니라, 자신이 살던 도시에 전염성이 극도로 강하고 위험한 역병이 돌 때 직접 마차를 끌고 다니며 병자를 돕고 사망자를 묘지로 이송하는 믿기 어려울 정도의 책임감을 보여주었다.

마가렛 대처는 언젠가 "유럽은 역사로 만들어졌지만, 미국은 철학으로 만들어졌다."라고 말한 적이 있다. 그 말이 맞다면 미국을 만들어낸 철학은 무엇일까. 토크빌이 말하는 민주주의, 프론티어 정신, 아니면 모든 것을 하나로 녹이는 용광로(melting pot) 정신? 나는 이 모두가 미국의 철학에 포함된다고 생각한다. 그리고 이 책에서 소개한 여러 부자들이 지녔던 사회 공헌 정신 역시 미국을 만든 철학을 구성하는 일부라고 생각한다. 또한 이는 지금도 빌 게이츠나 워렌 버핏 등 미국을 대표하는 부자들이 실천으로 보여주고 있는 전통이다.

당연한 말이겠지만, 미국의 '모든' 부자들이 이 '전통'을 지키지는 않는

워렌 버핏(Warren Buffett)

다. 하지만 부를 쌓거나 저명인사가 되면 당연하다는 듯이 자선이나 사회 공헌 활동에 발을 담그는 전통이 수립되어 있다는 사실 자체는 부럽고 본받고 싶은 것이다.

카네기나 록펠러가 그러했듯이, 오늘날의 미국 부자들 중에도 부도덕한 사업수완으로 '개처럼 돈을 버는' 이들이 있다. 아니, 지난 2008년 국제금융위기를 계기로 드러났듯이, 미국에는 실제로 사기에 가까운 수법으로 대중들을 기만하여 사복을 채운 부자들이 있다. 특히 20세기 후반 무렵부터 미국에서 금융자본가들을 중심으로 부도덕성이 확산되고 있는 모양새다. 근래 미국에서 '월스트리트'에 대한 반감이 늘어나는 것도 나름 이유가 있다. 적어도 19세기의 미국 부자들은 노조 탄압으로 악명을 얻을지언정(이것 역시 결코 바람직한 일은 아니지만) 다수 대중을 상대로 '돈놀이 사기'를 쳐서 돈을 버는 치사한 짓은 하지 않았다.

어쩌면 20세기를 '미국의 세기'로 만들었던 미국의 정신이, 홉 스태터가 지적하는 '반지성주의'의 확산과 미국 부자들의 타락과 함께 퇴색되고 있는지도 모른다. 이런 시절을 맞아 미국 자본주의 초기의 상대적으로 거칠고 소박했던 부자들의 모럴을 돌아보는 것도 의미가 있을 것이다.

나는 빈손이다

산모의 해산 고통소리가 자지러지고!
갓난아이 울음소리 응애응애 천둥치더니!
주먹 웅켜 쥔 벌거숭이 튀여 나오고

유모차 우차차 굴러가고!
우유병 쪽쪽, 짹짹, 아기 재잘거리는 소리
무성하게 꽃 피고, 꽃 지고,
걸음마 뒤뚱뒤뚱 짤래짤래 아기작 저기작,
아지랑이, 저녁노을, 구름 가고, 달 뜨고,
히히 헤헤 하하 호호
간드러진 웃음소리 자지러지더니,

장난감, 벙거지, 책가방, 연필, 세발자전거,
시험지, 선생님, 교수, 학력고사, 도둑학원,
천둥, 등록금, 족쇄, 퇴물대학,
치맛바람, 바지바람, 돈바람, 웃음바람,
땡땡이 바람, 화창하고

욕망, 감투, 질투, 모략, 타락, 중상, 돈뭉치,
학연, 지연, 고깃덩어리, 이력서 다발, 예금 통장,

호화 아파트, 벤츠 승용차, 패물, 다이아 반지, 진주 목걸이,
십자가, 목탁, 울부짖고, 절규하고,
탄식하고, 절망하며, 눈물, 콧물
얽히고 설키고, 뒤범벅, 저범벅, 똥배,
사기꾼, 꽃다발!

세상은 난장판, 피투성이가
되어 싸우더니만…

의사가 청진기를 흔들며 즐거운 듯
성큼성큼 걸어 들어가고
약병(藥甁)이 눈웃음치며 줄래줄래
따라 들어가더니

경각(頃刻)!

장의사 영감 큰 전대(錢臺) 꽁무니
단단히 차고
킬킬 웃으며 들어가 가서리!

상여(喪輿)가 나오고,
통곡소리 연달아 나오고,
관속에서 양손이 와다닥 튀어 나오며
고래고래 소리를 질러댄다.

"세상 사람들아 귀 후비고 잘 듣거라.
눈 깨끗이 씻고 똑똑히 보거라.
나는 세상을 떠난다!
빈손이다.
나는 땡전 한 잎 못가지고 간다
거짓말 아니다."

"진짜다"

인생 그래도 남는 장사

황야의 노스탤지어
마뉴멘트 베리 늑대 울음 벗 삼아
은하를 이불삼아
오늘밤도 고향 꿈에 몽롱하다

성난 바람 무지개다리 넘어
내 고향 분명 있으련만
기약 없는 떠돌이 행낭
초라한 내 등에 매달리네

실 난초 향기 빗소리 따라
그랜드 캐넌 우지지고
매사(Mesa)에 삐딱이 걸린
세도나의 벨락(Bell Rock)이 나를 유혹하네

시름을 핑계하라 구름친구여
고향 떠난 풍류객
너 홀로라더냐
가서라 갔다 가서리

춤추는 초신성 덧대지 마라
그래도 인생은 남는 장사
오늘보다 내일은 찬란한 태양이

메사(Mesa) : 사방이 절벽이고 정상이 평평한 산

헛되지 않으련만!

내 영혼의 손톱에 묻은 먹물이
천강에 목을 축이고
서술(敍述) 저편
유유히 떠다니다가
초신성(超新星)을 만나
시(詩) 한 수를 읊을 수 있다면
어지러이 널린 짝짝이 인생
헛되지 않으련만!

내 의식의 나래 끝 춤추는 무지개
천산 붉게 물들이고
은하 저편
긴 음률(音律) 목메이다가
님의 영혼 치맛자락에
그림 한 폭 그릴 수만 있다면
맨발의 애송이 나무꾼
헛되지 않으련만!

내 청운의 꿈 향기로 나부끼어
십자성 청청이 눈부시고
시간 넘어
홀황(忽恍)으로 떠다니다가
님의 불타는 정열의 가슴속
천일야화(千一夜話)로 사라질 수 있다면
일그러진 추상(抽象)의 한 생(一生)
헛되지 않으련만!

내 무심을 향한 단상(丹尙)의 여정
은하는 손짓하고
생각 너머
금강경(金剛經)의 세계
의식으로 떠다니다가
어느 날 니르바나로 사라질 수 있다면
꿀꿀이죽으로 연명한 세월
헛되지 않으련만!

8. 9 1999, 2am 저자가 Andaleus 별을 여행한 후 최초로 그린 그림

천지창조

두 번째 그림, 천지창조 구상

지구의 탄생

건강백세를 위하여

젊음

건강하게 오래 사는 비결은 자연에 가까운 생활습관이다. 그리하면 혈액이 깨끗해져서 질병도 없으며 활기차고 왕성하게 100~120세를 살 수 있다.

피가 맑아야 건강하다. 피는 생명의 원천이다. 피는 우리 몸속 구석구석을 누비며 생명을 지탱하는 데 필요한 여러 일을 담당한다. 우리가 호흡한 산소를 폐에서 각 조직이나 세포에 실어 나르는 것도, 위나 장 등 소화기관에서 영양분을 적재적소에 공급시키는 일도 혈액의 역할이다. 또 조직과 세포에서 쓰임이 끝난 산소와 영양분 찌꺼기를 배설하는 기관에 다시 보내는 역할도 혈액이 하는 일이다.

당연히 건강한 피가 잘 흘러야 이 모든 기능이 원활하게 이루어진다. 반대로 피가 건강하지 않으면 몸 곳곳에 탈이 생긴다. 마치 강물이 오염되었을 때와 마찬가지다. 강물이 오염되면 그 강물에 사는 물고기가 정상적으로 생명을 유지하지 못하고 함께 오염된다. 강가의 흙과 나무도 다 병들어 버린다.

혈액이 탁해지면 강물속 물고기가 죽어가듯 혈액을 구성하고 있는 적혈구, 백혈구 등도 손상을 입게 된다. 면역기능을 조절하는 백혈구가 손상되면 면역기능이 저하되며, 산소를 운반하는 적혈구가 손상되면 혈전이 유발된다. 또 산소나 영양소의 공급, 노폐물의 배설 등의 역할도 제대로 이루어지지 않는다.

흔히 우리는 건강하지 못한 피를 '탁한 피'라 한다. 각 세포에 전해 주고 남은 영양분, 제대로 배설되지 못한 노폐물 등이 피 속에 그대로 있어 탁한

상태가 되고, 이것이 몸에 안 좋은 영향을 끼친다는 데서 나온 말이다. 반대로 건강한 피는 '좋은 피', 또는 '맑은 피'가 된다.

맑은 피를 더럽히는 주범, 지방과 당질

태어날 때 사람은 누구나 맑고 깨끗한 피를 갖고 있다. 하지만 많은 사람들이 맑고 깨끗한 피를 그대로 유지하지 못한다. 피가 탁해지는 가장 큰 원인은 쓸모없이 넘쳐나는 영양분인데, 그중에서도 나쁜 콜레스테롤 · 중성지방 등의 지방이 문제다. 식생활이 서구화되면서 대부분의 사람들이 고칼로리식을 한다. 기름에 볶고 튀긴 음식, 고기류 등은 대표적인 고칼로리식이다. 이들 음식을 자주, 많이 먹으면 혈액 속을 쓸데없이 활보하는 나쁜 콜레스테롤과 중성지방만 늘어난다.

당분의 과잉 섭취 및 5백 식품(백미, 백밀가루, 백설탕, 조미료, 소금)도 문제다. 당질은 우리 몸속에서 효소로 분해되면 포도당이 되는데, 이 포도당은 유일한 에너지이기 때문에 우리 몸에 꼭 필요한 영양소다. 하지만 필요 이상으로 섭취하면 혈액 중 당농도(혈당)가 너무 짙어지고, 체내에 쌓여 피를 탁하게 한다. 혈당이 높은 혈액은 마치 손으로 설탕을 만졌을 때처럼 끈적끈적하다. 피가 탁해진 상태에서 혈관마저 낡게 되면 질병으로 발전한다. 탁한 혈액은 혈관에 노폐물을 침전시켜 동맥경화를 만든다. 동맥경화가 진행된 혈관은 울퉁불퉁 파손된 도로와 같다. 가뜩이나 탁한 혈액이 울퉁불퉁한 혈관에서 잘 흐르지 못하면 피는 그 순환이 원활하지 못해 흐름을 멈추거나 한곳에 뭉쳐 혈전을 만든다.

이런 일이 뇌혈관에서 발생했을 때 생기는 병이 뇌경색, 심근경색, 또는 노년의 복병인 치매도 생길 수 있다.

피가 탁해지면서 나타나는 증상

피가 탁해지면 손발 저림, 피로, 두통, 현기증, 생리통, 생리불순, 기미 등이 나타난다.

피가 탁해지는 것을 막아주는 생활요법은 다음과 같다.

① 과식과 포식을 피하고 소식한다

과식을 하면 몸속으로 들어오는 탄수화물이나 지방이 혈액 속을 떠다니며 혈액을 탁하게 한다.

콜레스테롤의 주범인 지방이 많이 함유된 식품 섭취를 줄인다. 혈관에 나

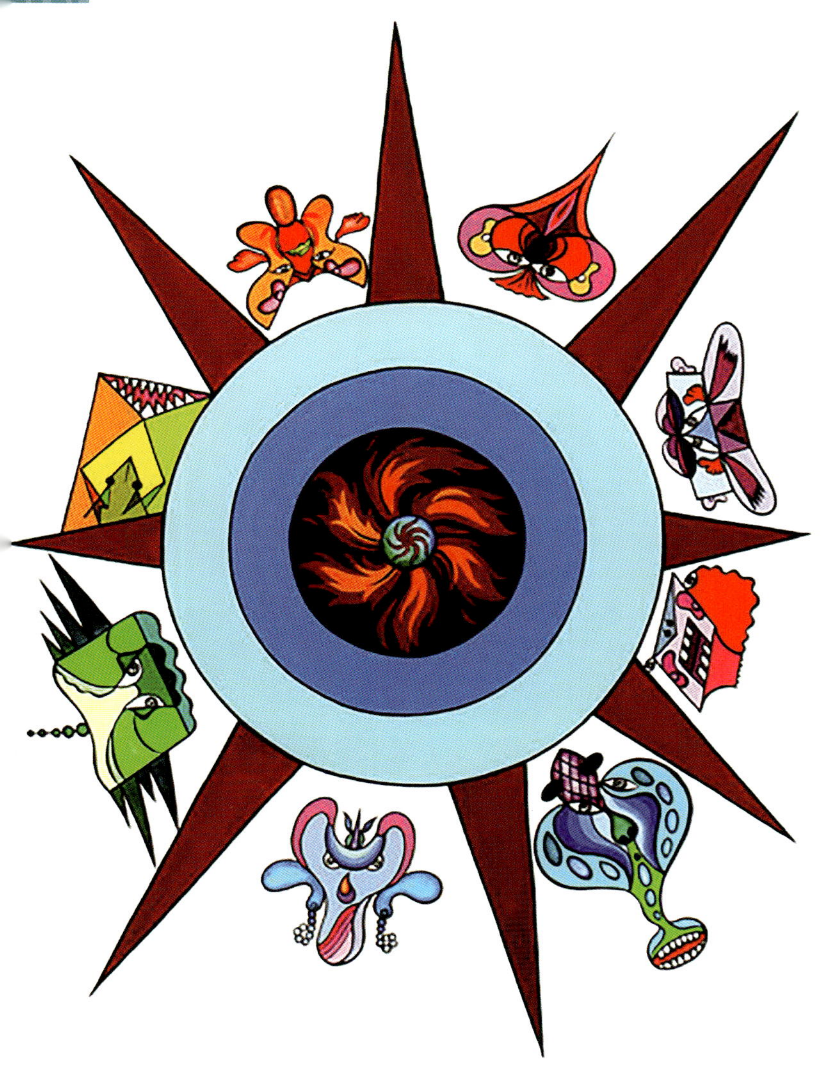

쁜 콜레스테롤과 중성지방이 많은 것을 흔히 이상지질혈증(고지혈증)이라 하는데, 이 경우 기름 성분이 맑아야 할 혈액을 질척이게 한다. 지방이 많아 질척이는 혈액을 방지하려면 제일 먼저 콜레스테롤과 지방이 함유된 식품 섭취를 줄여야 한다. 특히 삼겹살, 차돌박이 등 지방을 많이 함유한 부위의 고기 섭취는 반드시 제한해야 한다.

식이섬유 섭취를 늘리면 장의 지방 흡수를 방해해 바로 배설되도록 도와준다. 때문에 평소 식이섬유가 풍부하게 함유된 식품을 즐겨 먹으면 몸속으로 흡수되는 지방의 양이 적어 혈액을 맑게 유지할 수 있다. 지방이 많은 식품을 섭취할 때는 식이섬유도 함께 섭취해 몸속에 지방이 축적되는 것을 방지할 필요가 있다.

② 단음식과 술은 최소한으로 섭취한다

당분이 많이 들어 있는 식품을 먹으면 우리 몸에 들어가 포도당으로 변한다. 과잉 섭취된 포도당은 혈액을 끈적끈적하게 만든다. 알코올도 마찬가지다. 알코올은 우리 몸에 있는 단백질 성분을 지방으로 바꾸는 성질이 있다. 이렇게 해서 만들어진 지방은 혈액을 탁하게 하는 주범이다. 혈액 중에 지방이 들어오면 적혈구가 세포막에 붙기 때문에 적혈구끼리 서로 맞붙게 되면서 적혈구 응집현상이 나타나 피가 탁해지는 것이다.

그렇다고 단음식이 모두 나쁜 것은 아니다. 당분은 유일한 뇌 에너지이므로 필요한 만큼 적당량을 섭취하도록 한다.

③ 하루 한 번 반신욕(또는 족탕)을 하자

평소 하루 한 번 반신욕을 하면 피로를 회복하면서 혈액순환을 촉진하는 효과가 있다. 혈액순환이 촉진되면 혈전 생성이 방지되어 피를 맑게 유지하는 데 도움이 된다. 반신욕을 하는 요령은 명치까지 물에 잠기게 한 후 20분 정도 하면 된다. 이때 물의 온도는 38~40℃가 적당하다. 반신욕을 하기 힘들거나 체력이 저하된 환자는 족욕도 좋다. 족욕도 반신욕과 마찬가지로 순환이 원활하지 않은 모세혈관을 확장시켜 혈액순환을 촉진시킨다. 족욕은 무릎 아래쪽까지 물에 잠기게 한 후 20분 정도 있으면 된다.

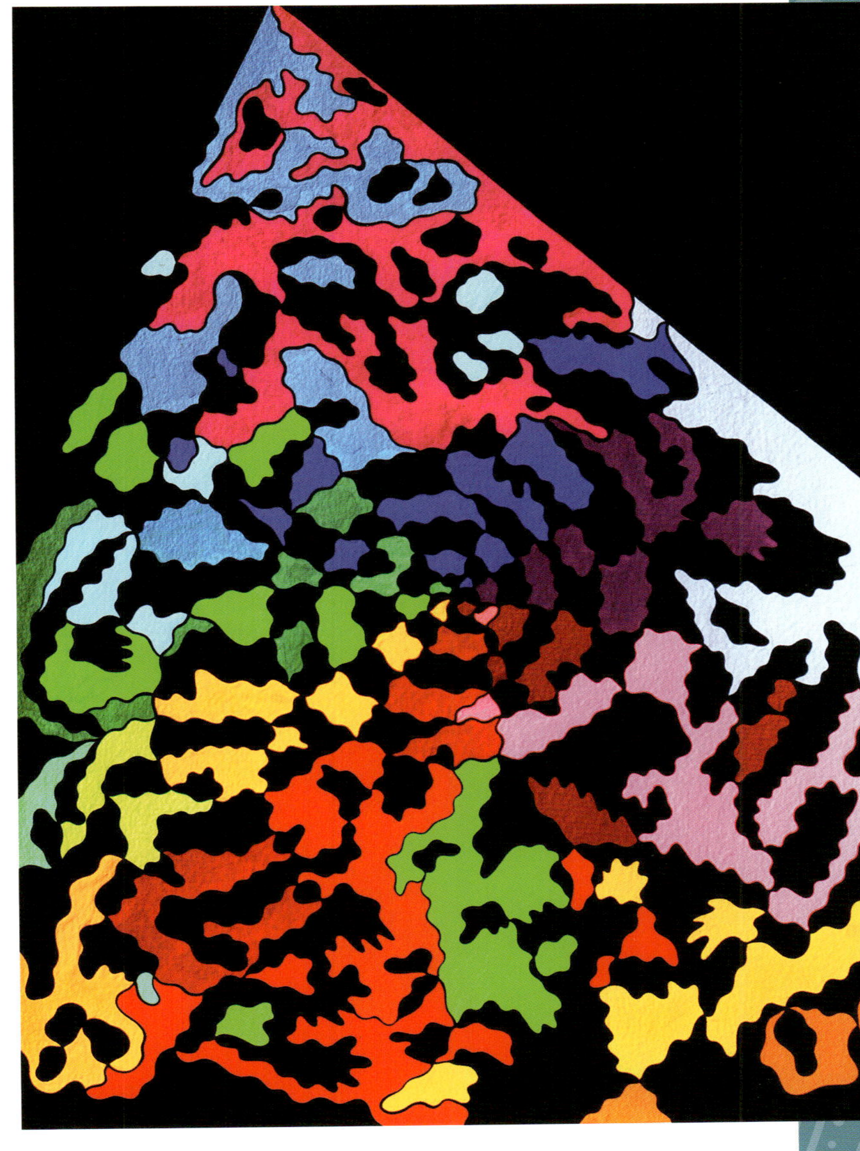

④ 숙면을 취한다

사람이 잠을 자는 동안에는 백혈구가 왕성하게 활동하면서 몸안에 있는 혈전 유발 물질이나 곰팡이 종류나 세균들을 제거하게 된다. 따라서 잠을 푹 잘 자는 것은 피를 맑게 하는 천연의 치료제이다. 잠을 잘 때는 많은 시간을 자는 것보다 깊은 잠을 자도록 유도하는 것이 중요하다. 깊은 잠을 잘 수 있는 시간대는 밤 1시에서 3시 사이. 이 시간대에는 반드시 잠을 자는 것이 잠의 효능을 극대화하는 비결이다.

⑤ 스트레스를 해소한다

흔히 과도한 스트레스는 만병의 근원이라고 한다. 혈액도 마찬가지다. 우리 몸은 스트레스를 받으면 아드레날린이라는 호르몬을 분비한다. 이 호르몬은 혈중의 포도당이나 콜레스테롤, 지방산을 증가시킬 뿐만 아니라 혈관 내벽에 혈소판을 침착시켜 동맥경화가 일어나기 쉽게 하거나 혈전 형성을 촉진한다.

⑥ 늘 가벼운 운동을 실천한다

운동이 건강을 지키는 데 중요한 이유 중 하나는 혈액 정화작용이 있다는 것이다. 운동을 하면 근육이 수축되거나 확장되면서 자연적으로 체온이 올라간다. 체온이 올라가면 지방과 당류를 비롯한 혈액 내의 잉여물과 노폐물 연소가 촉진되어 더러워진 피가 깨끗해진다. 따라서 평소 운동을 꾸준히 하면 피가 깨끗해지고, 그 결과 각종 병도 생기지 않게 된다. 혈액을 맑게 하는 데 도움이 되는 유산소 운동은 아사나 머리서기, 어깨서기, 수영, 달리기, 빨리 걷기, 자전거타기 등이다.

⑦ 걷기를 생활화한다

걷기의 효과는 이루 말할 수 없이 많다. 혈압과 혈당치를 낮추고, 심폐기능을 높인다. 또 콜레스테롤을 낮추는 기능도 있다. 운동으로 많이 걸어야 한다고 하면 부담스러울 수 있으니 대신 생활 속에서 자주 걸어준다. 엘리베이터와 에스컬레이터를 이용하기보다는 계단으로 다니고, 택시보다는 대중교통 수단을 이용하면 좋다. 이런 생활 걷기가 익숙해지면 조금씩 그 시간이나 거리를 늘려 나가는 것이 좋다.

⑧ 금연한다

담배는 몸에 나쁘다. 특히 혈액에는 치명적이다. 담배 연기가 내뿜는 일산화탄소는 혈액 속의 헤모글로빈이 산소를 운반할 수 없게 만든다. 일산화탄소가 헤모글로빈과 결합하는 힘은 산소의 250배나 되기 때문이다. 결국 산소가 결합해야 하는 헤모글로빈에 일산화탄소가 자리를 차지하고, 몸 구석구석으로 운반된다. 각 세포들은 산소 대신 일산화탄소를 공급받고, 그 결과 우리 몸의 신진대사에 문제가 생긴다. 산소 대신 일산화탄소로 가득찬 혈액이 맑을 리가 없다. 깨끗한 혈액을 위해서 담배는 반드시 끊어야 한다.

⑨ 변비를 예방한다

변비는 몸에 여러 가지 이상을 초래한다. 변비가 지속되면 혈압이 오르고, 콜레스테롤의 배출 또한 원활하지 않게 되므로 깨끗한 혈액의 적이다. 대부분의 여성들을 고생시키는 변비는 대장의 기능이 쇠퇴해 발생하는 기능성

변비이다. 이는 섬유질이나 장에 좋은 균을 함유하고 있는 식품을 충분히 섭취하고, 수분 보충과 운동을 지속적으로 해주면 개선할 수 있다. 변비 해소에 좋은 식품은 해조류, 대두, 녹황색 채소, 요구르트 등이다. 이들은 모두 혈액을 깨끗하게 만들어주는 데도 효과적이다.

쿤다리니

쿤다리니(Kundalini)란 인간의 육체 내에 잠재하고 있는 역동적인 힘이다.

요가 수트라에는 쿤다리니 여신이 얼굴은 뒤로 향한 채 항문과 성기 사이의 사마(Sama)라는 구근(球根) 속에 살고 있다. 황금빛으로 빛나는 그녀는 모든 기도를 포용하며 입에 자기의 꼬리를 물고 세 번 반을 몸체를 감고 수슘나 기도 입구, 즉 물라다라 차크라에서 잠자고 있다.

요가 수행자는 사람의 몸에는 육체 외에 심체와 영체가 있다고 본다. 육체와 영체를 잇는 매개체는 프라나(prana)다. 프라나에는 음적 에너지와 양적 에너지가 있다. 프라나는 천기(天氣)로 상승하고자 하는 구심적인 힘이고, 아파나(Apana)는 지기(地氣)로 하강하고자 하는 원심적 힘이다. 이 두 힘이 물라다라 차크라에서 결합할 때 잠재된 무의식의 에너지가 각성되어 풀리면서 척추 중심의 심령적 통로인 수슘나-나디(Sushumna-nadi)를 통해 올라가는 도중 차크라들이 열린다. 그리고 궁극의 초월의 자리인 사하스라라 차크라(Sahasrara-chakra)에 이른다. 육체 속의 자연력이 진화함에 따라 이 분비선이 이제 인간 자신에 의해 폭발할 수 있게 되어 있다.

많은 사람들이 초자연력을 일깨웠는데,

그들이 바로 성자, 예언자, 신비주의자, 요가 행자들이다.

탄트라 교전에는 쿤다리니를 원초적 에너지로 본다. 심리학에서는 무의식이라 부른다. 시바 신의 그림이나 상에는 늘 뱀이 머리와 몸을 감싸고 있는

것을 볼 수 있다. 이 뱀은 인간의 무의식을 상징한다.

아사나(Asana)와 프라나야마(Pranayama)의 수행을 통해 에너지의 통로인 나디(Nadis)가 정화되면 중앙에 있는 수슘나(Sshumna)로 프라나(Prana)가 흐르게 되고 마음이 움직이지 않는 마논마니(Manonmani–의식의 흐름이 멈춤) 상태에 이르게 된다.

물라다라–차크라(Muladara–chakra)의 각성으로 쿤다리니–샥티(Kundalni–sakti)가 눈을 뜨고 상승하여 아나하다–챠크라(Anahata–chakra)를 통과할 때 심장의 묘음(妙音)을 듣게 되는데, 이때 수행자의 신체 변화와 정신적 환희심을 겪게 된다.

'신비의 소리' 비음(秘音, Nadanusan–dhana)은 우주창조의 진동음이다. 인공의 소리는 반복해서 들으면 싫증이 나고 피곤하다. 그러나 이 진동음은 시냇물소리, 낙수소리, 바람소리처럼 뇌에서 α파가 방출된다. 우주가 만들어낸 이 소리는 1/f 진동음으로 좌뇌가 잠잠해지고 우뇌가 활발해지면서 명상 상태로 뇌에서 쾌감 호르몬인 뇌 속 모르핀이 끝없이 나온다.

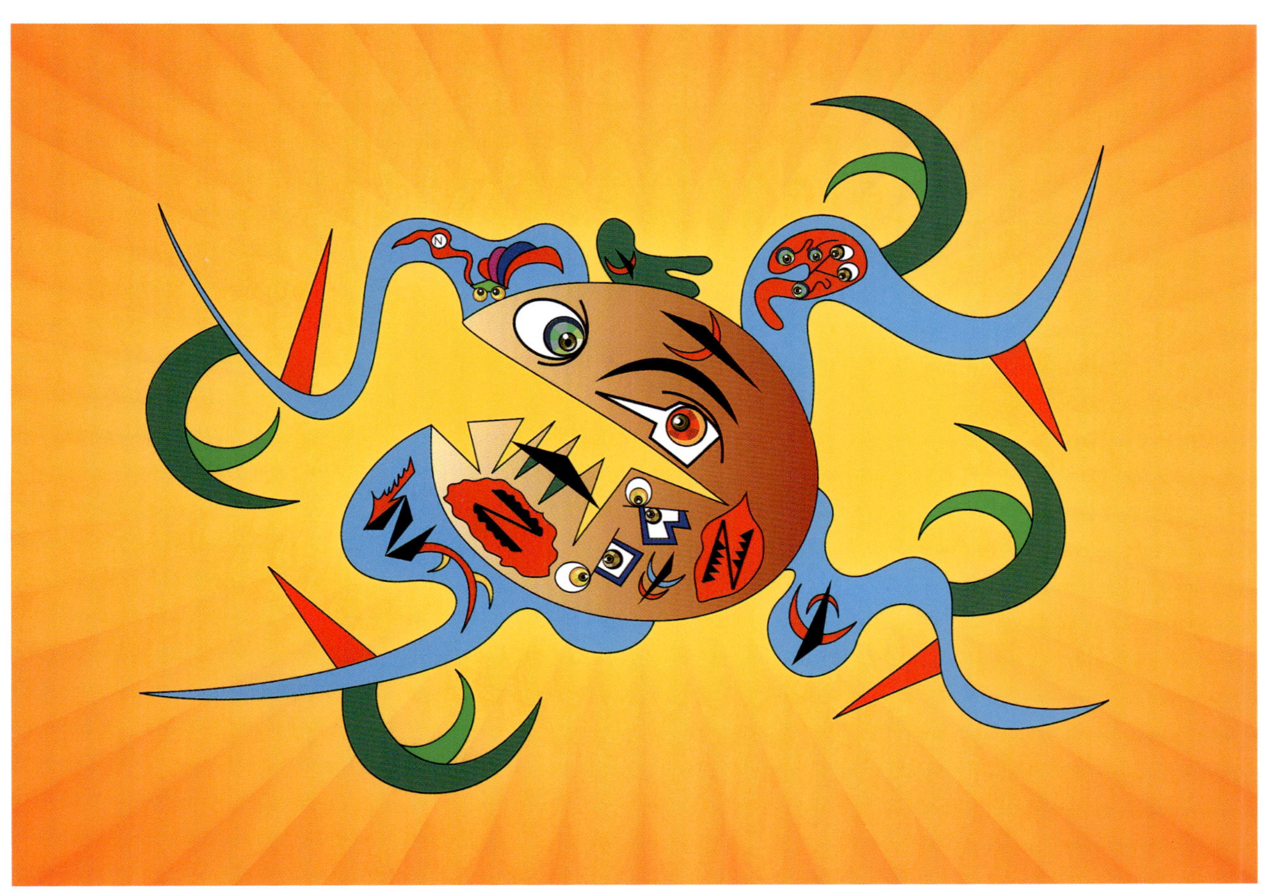

수슘나 나디의 통로가 완전히 열리면 의식은 우주 정보가 저장되어 있는 우주의식과 연결된다. 우주의식과 나의 의식이 하나가 되었을 때 육체의 한계를 뛰어넘어 생사를 초월할 수 있다.

노화세포가 젊은 세포로 '회춘'… 불로초, 꿈에서 현실로

통일천하 진시황(秦始皇)이 지하궁전(地下宮殿)에서 눈을 번쩍 뜨고 벌떡 일어날 엄청난 사건이 한국 KAIST에서 일어났다.

국내 연구진, '역노화' 원천기술 개발
기존 역분화 전략은 암 발생 위험 한계
카이스트 연구팀, 역노화 핵심인자 발견
동백추출물로 '피부 회춘' 화장품 개발 중

카이스트 조광현 교수

카이스트 연구팀이 늙은 세포를 '회춘'시킬 수 있는 역노화 원천기술을 개발했다.

한국과학기술원(KAIST)은 2020년 11월 26일 바이오및뇌공학과 조광현 교수 연구팀이 노화된 인간 진피섬유아세포를 정상적인 젊은 세포로 되돌리는 역노화의 초기 원천기술을 개발했다고 밝혔다.

연구팀은 인간 진피섬유아세포의 세포노화 신호전달망을 컴퓨터에서 구현하는 프로그램을 개발해 시뮬레이션하는 방법으로 늙은 세포를 젊은 세포로 되돌리는 데 필요한 핵심인자를 찾아냈다. 또 이 핵심인자를 조절함으로써 노화된 피부조직에서 감소된 콜라겐의 합성을 증가시키고, 재생 능력을 회복시켜 젊은 피부조직의 특성을 보이게 하는 역노화 기술을 정립했다.

카이스트 조광현 교수 연구팀은 피디케이 1(PDK 1)의 발현을 억제한 뒤 노화된 인간 진피섬유아세포의 세포노화 표지인자들을 확인해 '회춘 효과'를 입증했다.

현재 회춘 전략으로 주요하게 연구돼 온 방법은 2012년 노벨생리의학상 수상자인 야마나카 신야 일본 교토대 및 미국 캘리포니아주립대 교수의 '오에스케이엠(OSKM) 전사인자'를 일시적으로 발현시켜 이미 분화한 세포를 역분화시키는 방식으로 노화 세포를 젊은 상태로 되돌리는 것이다. 하지만 이 기술은 종양이 생기는 등 암을 유발하는 부작용이 발생하는 한계가 있었다.

조광현 교수 연구팀은 노화된 인간 진피섬유아세포를 젊은 세포로 되돌리는 핵

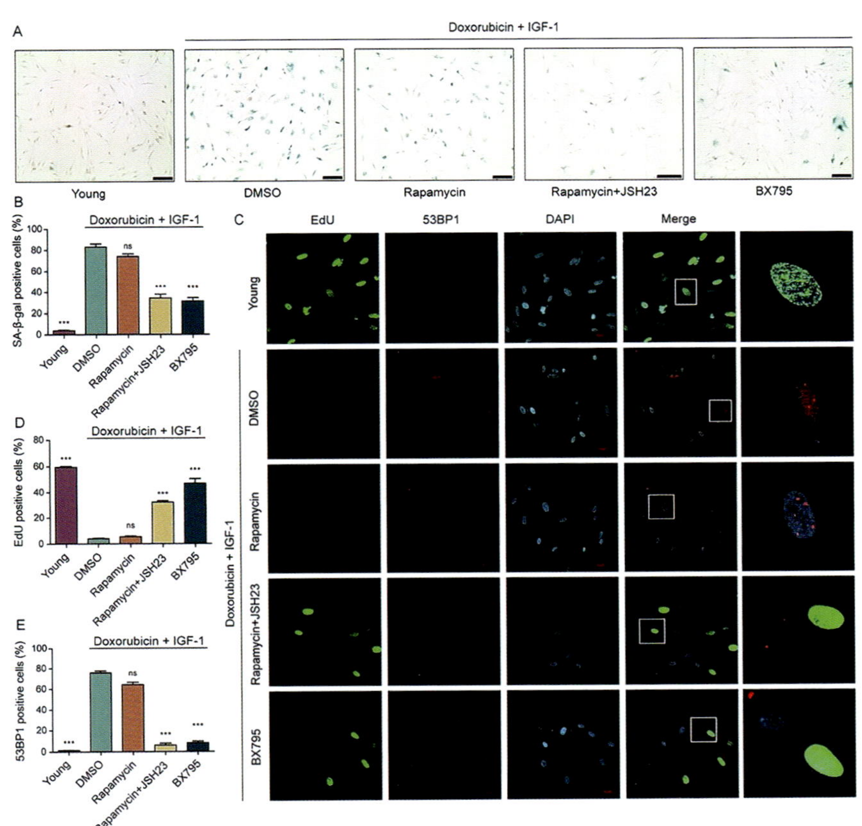

카이스트 조광현 교수 연구팀은 피디케이1의 발현을 억제한 뒤 노화된 인간 진피 섬유아 세포의 세포노화 표지 인자들을 확인해 '회춘 효과'를 입증했다. 카이스트 제공

심조절인자로, 단백질 합성과 세포 성장 등을 조절하는 '엠토르'(mTOR)와 면역물질 사이토카인의 생성에 관여하는 '엔에프-케이비'(NF-kB)를 동시에 제어하는 상위 조절인자 '피디케이 1'(PDK 1)을 찾아냈다.

카이스트 조광현 교수 연구팀은 분자 세포실험과 노화 인공피부 모델 실험을 통해 피디케이 1을 억제함으로써 노화세포의 회춘이 가능함을 증명했다. 노화된 인간 진피섬유아세포에서 피디케이 1을 억제했을 때 세포노화 표지인자들이 사라지고 주변 환경에 적절하게 반응하는 정상세포로 기능하는 현상을 확인한 것이다.

연구팀과 공동연구를 한 ㈜아모레퍼시픽 기술연구원 쪽은 이번 연구 결과를 바탕으로 동백 추출물에서 피디케이 1 억제 성분을 추출해 노화된 피부 주름을 개선하는 화장품을 개발하고 있다고 카이스트는 밝혔다.

한겨레신문(2020. 11. 26)

생명의 빛

태양

태양은 지구상의 모든 생명체가 살아갈 수 있는 가장 근원적이면서 필수적인 에너지원이다. 태양의 햇빛은 땅과 바다를 데우고, 대기의 온도차가 생기게 해 바람을 만들고, 물을 순환시키는 물리적인 일을 할 뿐만 아니라 생

명에너지가 되어 모든 생명체를 존재하고 성장하게 한다. 태양 에너지는 공기처럼 아무 대가를 지불하지 않아도 쉽게 취할 수 있기 때문에 우리는 그 가치를 잘 느끼지 못하지만, 태양 없는 인간과 지구는 상상할 수 없다.

과학이 밝혀낸 햇빛의 기능 중 하나는 수면을 유도하는 호르몬인 멜라토닌 분비를 촉진시켜 숙면에 도움을 준다. 행복 호르몬으로 알려진 세로토닌도 햇빛을 쬐일 때 많이 분비된다. 세로토닌이 분비되면 마음이 안정되면서 행복한 기분이 드는 반면에 세로토닌이 부족하면 마음이 불안초조해지고 우울증으로 이어지게 된다.

햇빛을 통해 혈중 비타민 D 수치가 증가하면 유방암 발병위험이 50% 감소하고, 대장암 발병위험은 65% 감소한다.

오늘날 병원 환자의 60%와 요양원 환자의 80%가 비타민 D 결핍이다. 질병을 억제하는 햇빛의 혜택을 받으려면 밖으로 나가 하루에 20분 이상 햇볕을 쬐어야 하고, 일주일에 세 시간 이상 햇빛 속에 아사나를 해야 한다.

햇빛에서 얻어지는 비타민 D가 결핍되면 몸의 칼슘 흡수를 심각하게 저해한다.

충분한 양의 비타민 D가 몸에 축적되면 당뇨, 치주염, 다발성 경화증, 전립선암, 심장병, 유방암, 난소암, 대장암, 우울증, 정신분열증 등의 예방은 물론 치유도 돕는다. 골다공증은 주로 비타민 D 결핍에 의해 발생하며, 구루병은 비타민 D 결핍에 의해 뼈의 변형과 장애가 일어나는 병이다.

수십 건의 연구들은 낮은 수준의 비타민 D와 발암 리스크 증가와는 관련이 있다고 시사한다. 그 증거는 결장암(colorectal cancer)에서 가장 강하다. 대부분의 연구들에서 비타민 D 수준이 낮을수록 발암 확률이 높았다.

비타민 D와 심장병

심장은 근본적으로 거대한 근육으로, 비타민 D 수용기(receptor, 受容器)들을 가지고 있다. Health Professional Follow-Up Study에 따르면, 건강한 5만 명의 남자들의 혈액 속 비타민 D 수준을 10년간 추적한 결과, 비타민 D 결핍인 사람들은 적정량을 가진 사람보다 2배나 심장마비(heart attack, 心臟痲痹)에 걸릴 확률이 높았다.

비타민 D가 혈압을 통제하고 동맥 손상을 막는 역할을 하기 때문에 심장병을 예방한다.

아사나와 일광욕은 모두 심장에서 뿜어내는 혈액의 양으로 측정되는 심장의 능률을 증가시킨다. 햇볕 속에서 하는 한 시간의 아사나는 심장의 능률을 39% 증가시키며, 그 효과는 5~6일간 지속된다. 그렇기 때문에 가능한 한 햇볕 속에 아사나를 권장한다.

겨울철의 계절 우울증은 일조량 감소로 인한 멜라토닌과 세로토닌 분비 저하를 주된 원인으로 꼽고 있다. 그래서 계절 우울증을 극복하는 가장 좋은 방법은 멜라토닌과 세로토닌 분비를 촉진시키기 위해 매일 일정 시간 햇볕을 쬐는 것이다.

한편 세로토닌은 식욕도 관련이 있다. 세로토닌 양이 증가하면 식욕을 조절할 수 있게 되어 음식 섭취량이 줄어들고, 반대로 세로토닌이 양이 감소하면 식욕이 자극받아 과식을 하게 된다.

비타민 D는 뼈의 건강에 필수적인 칼슘의 흡수를 도와주며, 암 예방과 치유에도 도움을 준다. 햇빛과 필수 아미노산인 트립토판(콩에 많이 함유)이 합성되어 만들어지는 세로토닌은 우울증 치료제라고 하는데, 그만큼 기분을 좋게 한다는 뜻이다. 기분이 좋아지면 면역력이 증강되어 질병 예방에 도움이 될 뿐만 아니라 질병 상태에서도 자연치유력이 증강되어 회복에 많은 도움을 주게 된다.

태양광선 중에 적외선은 열기를 발산해 우리 몸을 따뜻하게 해주고, 가시광선은 사물을 눈으로 볼 수 있게 하며, 식물의 광합성 작용으로 영양분을 만들도록 돕는다. 그리고 자외선은 인간의 피부에서 비타민 D를 생성하고 살균작용을 돕는다. 비타민 D 결핍증인 남자의 경우 전립선암 발병률이 50%가 높다고 한다. 실제로 도시에 사는 사람보다 농촌에 사는 사람들에게서 두 배로 많은 비타민 D가 발견된다.

햇빛은 우리의 체온을 높여주는 필수적인 요소이다. 태양빛이 사라진 밤 동안 체온이 최저 상태로 떨어졌다가 낮 동안 활동을 하면 체온이 오르는데, 특히 야외에서 햇빛을 받으며 활동할수록 체온이 높아진다.

식물들이 태양 에너지를 받아 광합성을 하듯이 매일 햇빛을 받아 비타민 D를 합성하고 체온을 높여 온몸의 기혈순환(氣穴循環)을 촉진하면 몸속의 차갑고 습한 냉기가 빠져나가게 된다. 따스하고 눈부신 햇살에 둘러 싸여 있다 보면 머릿속에 맴돌던 잡념이나 걱정이 없어지면서 마음이 그렇게 평화로워질 수가 없다. 따스한 햇볕에 몸과 마음이 금방 이완되어 졸음이 몰려올

만큼 뇌파가 쉽게 안정된다.

일상적인 식사를 통한 비타민 D의 하루 섭취는 100 IU(International Units, 비타민 양을 측정하는 국제단위)을 넘기 힘들다. 생선을 많이 섭취하는 스칸디나비아 반도 사람들도 200~300 IU정도밖에 되지 않는다. 하루 필요한 비타민 D의 양은 약 2,000 IU에 달하기 때문에 식사를 통해 충분한 양을 섭취한다는 것은 거의 불가능한 일이다.

그러나 일광욕을 하루 2번 1회 20분 정도만 하여도 자그마치 10,000~20,000 IU가 넘는 비타민 D 합성 효과가 있다. 문제는 이렇게 합성된 비타민이 몸안에 축적되어 있을 수 있는 기간이 무척 짧기 때문에 매일 규칙적인 야외활동이 필요하다는 것이다.

빨래나 이불을 햇볕에 말리면 병균을 없앨 수 있다. 이는 자외선의 살균작용 때문이다. 도시에서의 직장인들은 햇볕을 쬐기가 쉽지 않다. 특히 여성들은 기미, 주근깨, 피부노화 등을 이유로 햇빛을 기피하는 현상까지 있다. 이 경우 우울증 등의 증상이 발생할 수 있으며, 무엇보다 자연치유력이 약해져 질병에 걸렸을 때 잘 낫지 않게 된다. 적절한 햇빛의 활용은 건강에 아주 중요한 요소임을 명심해야 한다.

햇빛 응시

눈은 햇빛이 몸으로 들어올 수 있는 가장 큰 대문이다. 눈을 통과한 햇빛은 뇌의 송과선으로 들어와 뇌 안에서 화학적인 신호로 바뀌어 몸의 여러 장기와 기관으로 전달된다.

신체 주요기관의 기능은 빛의 스펙트럼 안에 있는 특정한 색의 빛에 의존

한다. 신장(콩팥)세포가 적절한 기능을 수행하려면 붉은빛이 필요하고, 심장세포는 노란빛, 간세포는 초록빛을 필요로 한다. 몸의 어떤 장기나 기관이든 빛이 부족하면 질병을 일으킬 수 있다. 따라서 태양을 응시하면 몸의 모든 세포가 균형과 효율성을 되찾는 데 큰 도움이 된다.

밝은 빛이 송과선에서 세로토닌과 멜라토닌의 생산을 촉진한다. 송과선은 기분과 수면을 조절하고 생식기능과 체온의 조절보다 더 심오하고 복잡한 효과를 나타내는 신경화학 물질도 만든다.

인도의 히라 라탄 마넥이라는 사람이 130일 동안 햇빛 명상을 한 결과, 그의 송과선이 커지고 활성화되었다고 한다. 송과선의 평균 크기는 6×6mm이지만, 햇빛 명상을 한사람의 송과선은 8×11mm까지 커졌다.

과학자들은 송과선이 퇴화된 '제3의 눈'이라고 부른다. 활성화된 송과선과 뇌하수체를 통해 잠재의식과 우주의식을 접촉할 수 있다. 인간이 사용할 수 있는 가장 강력하고 고차원적인 에너지의 원천으로서 제3의 눈은 항상 심령의 힘, 신통력, 예지력, 초월경 등을 일깨우는 중요한 역할을 했다.

'제3의 눈'을 활성화하고 높은 차원의 것들을 감지하려면 송과선과 뇌하수체가 함께 진동해야 하는데, 이는 명상이나 태양 응시를 통해 가능하다. 송과선에는 자성물질이 있어서 자신만의 자기장을 만들 수 있다. 또한 이 자기장은 지구의 자기장과 상호 작용할 수 있다. 동이 틀 무렵 태양풍은 지구의 자기장을 충전시켜 송과선을 자극한다. 이것이 새벽 4시부터 일출 한 시간 사이가 명상을 위한 최적의 시간이고, 태양을 응시하기에 가장 좋은 시간인 이유이다. 이 시간에는 송과선이 뇌하수체를 자극하여 성장호르몬(HGH)이 분비되도록 만든다. 바로 이런 이유로 태양을 응시하면 손·발톱과 머리카락이 빨리 자라는 경험을 하게 되며 머리색이 돌아오고 젊음을 되찾게 되는 것이다.

태양을 응시하는 것은 많은 시간과 노력이 필요하지 않을 뿐더러 매우 간단하다. 반드시 아침 혹은 저녁 무렵에 태양이 떠오르거나, 지기 전 한 시간 이내에 태양을 응시해야 한다. 떠오르는 태양이나 지는 태양을 하루 한 번 바라본다. 첫째 날은 긴장을 풀고 최대 10초 내로 태양을 바라본다. 둘째 날은 20초까지 바라보고, 날마다 10초씩 시간을 늘려간다. 이렇게 10일이 되면 100초간 바라보게 될 것이다. 눈을 깜박이는 것은 문제가 되지 않는다. 태양 응시의 장점을 누리려면 하루에 10초씩 늘리는 것을 3개월간 계속해야 된다. 그러면 3개월 후 여러분은 15분 동안 태양을 응시하게 된다.

이 정도가 되면 태양을 통해 전달되는 태양 에너지가 눈을 통해 들어와 망막 뒤쪽에 위치하여 뇌로 연결되는 통로인 시상하부에 충전된다. 뇌가 이 통로를 통해 점점 더 많은 에너지를 얻으면 정신적 긴장과 걱정이 사라지고 있는 자신을 발견하게 될 것이다. 이렇게 추가 에너지를 공급받음으로써 좀 더 긍정적인 사고방식과 자신감을 갖게 되어 근심과 우울함이 사라지게 될 것이다. 슬픔과 우울함은 햇볕을 쬐는 시간이 부족할수록 심해지는 것으로 알려져 있다.

여러분의 뇌는 걱정과 두려움을 떨쳐내고 치유와 정신적 · 신체적 건강을 증진하는 데 새롭게 공급받은 에너지를 사용할 수 있게 된다.

태양을 응시하면서 얻은 혜택 중에 가장 자주 보고되는 것이 시력의 개선이다. 생명과 영원한 시력을 선사하면서, 현인들에 의해 궁극적 진리로 불린 태양은 인류가 가장 먼저 깨달은 최고의 치유 수단이다.

비타민 D와 암

거의 30년 전에 연구자들은 대장암(colon cancer) 사망과 지리적 위치 간에 묘한 관계가 있음을 주목했다. 고위도에 사는 사람들은 적도에 가까이 사는 사람보다 대장암으로 죽는 빈도가 높았다.

고위도에는 자외선 B(ultraviolet B, 紫外線 : 프로비타민 D를 비타민 D로 변환시키는 작용)가 약하고, 비타민 D 수준이 낮기 때문에 대장암 발병 리스크를 증가시킨다.

이완

에너지 소비가 전혀 없을 때 우리 몸과 마음은 진정한 이완을 경험한다. 그것은 재충전하는 자연의 법칙이다. 의식적인 것이든 아니면 무의식적인 것이든 간에 모든 행동은 저장된 에너지를 사용하기 때문에 휴식은 좋은 건강과 마음의 평화를 위해 필요하다. 적절한 휴식이 없다면 몸과 마음은 과로하게 되고 비효율적으로 된다.

행동은 에너지를 사용한다는 뜻이다. 현대 생활의 많은 부분들이 갈수록 점점 휴식을 어렵게 만든다. 우리는 자극의 폭격을 맞고 있다고 해도 과언이 아니다. 대부분의 사람들은 자기가 알지도 못하는 사이에 엄청난 양의 에너지를 소비한다. 휴식의 중요한 열쇠는 우리가 받고 있는 자극의 수를 줄이는 것이다.

요가 아사나(asana)는 근육을 재훈련시켜 편안히 쉴 수 있게 하는 기법이다. 아사나를 연습하는 사람들은 종종 잠을 적게 자도 충분하다고 느끼면서 휴식을 더 많이 할 필요성을 느낀다. 이것은 잠자리에 누우면 재빨리 깊은 잠에 빠지기 때문이다. 깊은 수면은 몸과 마음을 재생시키지만, 얕은 잠 내지 꿈을 꾸는 상태는 에너지

를 아주 많이 사용한다.

정신적 휴식

마음이 끊임없이 자극에 노출되어 있을 때는 과부화 상태이어서 쉽게 소진되기 마련이다. 우리는 어떤 일을 하고 있을 때에 생각과 걱정을 많이 함으로써 지나치게 많은 에너지를 소비하고 있음을 알지 못하는 경우가 많다. 실질적인 걱정이든, 아니면 가상의 걱정이든 간에 정신에 가해지는 긴장은 육체적인 작업에 비해 많은 에너지를 사용한다. 걱정이 과도해질 때 에너지 자원은 혹사당한다. 정신적인 피로는 종종 신체에도 과도한 부담을 주어 모든 에너지를 고갈시킨다. 중요한 것은 매일 일정 시간은 걱정을 내려놓고 마음이 재충전할 시간을 갖도록 하는 것이다.

정신적 긴장을 경험할 때마다 몇 분 동안 천천히 그리고 리드미컬하게 숨을 쉬는 연습을 하면서 호흡에 집중하는 습관을 길러보자. 요가의 호흡 연습은 여러분 자신의 생각의 힘을 이용하여 마음을 진정시키는 능력을 발달시켜줄 것이다. 이로 인해 내적인 평화의 경험에 이르며, 정신적 이완 이후 신체적 이완이 자연스럽게 뒤따른다.

급하게 페이스를 따라가기

복잡하고 빠르게 돌아가는 현대사회의 패턴을 '따라가려고' 하다 보면 생각지도 못하는 사이에 저장된 에너지를 다 써버리게 됨으로써 몸과 마음은 재충전 기회를 잃어버린다.

정신노동

사람이 당면한 작업을 하고 있을 때에도 휴식과 함께해야 효율성이 자연스럽게 따라온다. 이렇게 하려면 우선 의식적인 노력이 필요하지만, 당신은 곧 긍정적인 습관을 들이게 될 것이다. 아사나(asana), 프라나야마(pranayama), 명상은 모두 몸과 마음을 훈련시켜 편안히 휴식을 취하면서도 집중할 수 있도록 해 준다.

영적인 휴식

완벽한 정신적 · 육체적 휴식은 내적으로 높은 단계로 비상했을 때만 가능하다. 몸과 마음을 동일시하는 한 우리 모두 타인이 아닌 자기 자신에게 의지할 수 있다고 생각한다. 미래에 대해서는 항상 걱정과 긴장이 있을 것이다. 신적인 근원에 다가가면 모든 행복이 내부에서 나온다는 자각에 이른다. 요가는 이러한 내적인 수련 기법일 뿐만 아니라 우리와 타인들을 갈라놓고 우리와 우리 자신의 내적 자아를 갈라놓는 경계를 허물게 해 준다.

명상

많은 양의 에너지를 쓰면서 끊임없이 흔들리는 것이 마음의 본질이다. 명상에서는 마음의 빛에 집중하고, 우리는 절대적인 침묵과 평화를 경험한다. 이렇게 하면 몸과 마음에 근원적인 내적 휴식이 이루어지고 모든 스트레스

가 제거된다.

명상을 통해 우리는 질투, 분노, 공포, 증오와 같은 감정들을 근원적으로 뿌리째 제거하는 '합일'의 경험에 도달할 수 있다.

휴식의 기법

휴식(이완)은 일반적으로 단순한 육체적 상태로 인식하지만, 실제로는 인간의 정신적 · 감정적 본성이 자리한 민감한 영적인 신체로까지 연장되는 뿌리를 갖고 있다. 나아가 보다 더 깊게는 인과율적 신체로까지 연장되는 근원을 갖는다. 바로 이런 이유로 술이나 약물로 육체만을 쉬게 해보려는 시도가 성공하지 못한다. 적절하고 완벽한 휴식은 몸과 마음, 그리고 영혼이 모두 편안해지는 상태에 있을 때만 가능해진다.

스트레스를 완화해서 자연치유력을 회복하는 방법은 긍정적 사고, 자기암시, 요가, 명상, 호흡, 운동 등 다양하다. 깊고 긴 호흡을 우리 몸의 생리적 상태와 자율신경의 균형을 회복하고 스트레스 반응을 의도적으로 조절할 수 있는 도구로 사용할 수 있다. 또한 생각을 끊고 마음의 작용을 멈추어 고요하고 평화로운 마음의 상태를 지속함으로써 우리 몸의 자연치유력을 구성하는 모든 요소들을 균형 상태를 회복시키는 힘을 발휘하도록 돕는다.

휴식의 자세

아사나(asana)는 육체뿐만 아니라 정신에도 작용한다. 집중력을 이용한

아사나는 근육을 재훈련하여 편안한 상태로 활동하게 한다. 특정한 이완 자세는 다른 아사나 이전, 도중, 이후에 이루어지며 몸안에서 프라나 즉 생명에너지의 적절한 흐름을 보장한다.

아이 자세

무릎과 발을 접고 발꿈치 위에 앉아 이마는 땅을 향한다. 지면에 손을 늘어뜨려 편안히 쉬게 하고 발 옆에 손바닥을 두고 위로 방향이 향하게 한다. 코를 통해 가볍게 숨을 쉬고, 그 자세로 주저앉는다.

시체 자세

등을 바닥에 대고 배를 하늘로 향하게 하여 누워 양다리는 최소한 50cm 떨어지게 한다. 팔은 몸에서 약 45도 각도로 한다. 이 자세에서는 몸을 지탱하기 위한 어떤 에너지도 필요치 않다. 정신을 호흡에 집중한다. 숨을 들이

쉴 때 배가 올라오고 숨을 내쉴 때 배가 내려가는 것을 느낀다.

복부 이완 자세

배를 바닥에 대고 엎드려 한 손을 다른 손 위에 올려놓은 상태에서 머리를 한쪽으로 돌리고, 뺨을 손 위에 대고 휴식을 취한다. 눈을 감고 깊이 숨을 쉬며 마치 시체가 된 것처럼 해서 숨을 들이쉴 때 복부가 바닥쪽으로 눌리고 숨을 내쉴 때 복부가 올라오는 것을 느낀다.

휴식을 위한 호흡

요가의 호흡기법은 정신이 육체를 제어하는 힘을 돕는 도구로 호흡(숨쉬기)을 활용하는 것이다. 하루에 수차례 몸에 대한 정신의 통제력을 확인한다. 이 부분에서 긴장이 확인되었다면 의식적으로 긴장을 풀도록 노력한다. 호흡을 통해 신체에서 긴장을 내보내도록 자기 최면을 건다. 예컨대 숨을 들이쉴 때마다 공기에서 기를 빨아들이고 있다고 상상한다. 이 기를 의식적으로 신체의 각 부위에 보낸다고 생각한다. 그리고 숨을 내쉴 때마다 긴장이 차츰 신체에서 빠져나간다고 느낀다. 호흡이 충분하지 않으면 뇌가 가장 먼저 고통을 당하는 기관이 되고 스트레스 상황이 쉽게 전개된다. 어떤 종류의 것이든 압박을 받을 때는 '깊은 숨을 쉴 것'을 권한다.

숨을 내쉴 때는 맥박이 느려지고, 들이쉴 때는 맥박이 빨라진다. 화가 났을 때 호흡이 가빠지면서 심장박동이 빨라지는 것은 교감신경의 작용이고, 명상이나 자기 체면의 이완 상태에서는 호흡이 길어지면서 맥박이 느려지는 것은 부교감신경의 작용이다.

호흡 · 혈압 · 체온 · 맥박 등은 모두 자율신경에 의해 조정되는 생명기능들이다. 즉 의도적으로 조절하지 않아도 우리 몸이 스스로 알아서 작동한다. 혈압이나 체온을 의도적으로 올리거나 내리기는 어렵지만, 호흡을 통해서 간접적으로 조절할 수 있다. 호흡은 모든 생명기능의 열쇠로 몸의 생리적인 기능뿐만 아니라 생각과 감정을 조절할 수 있다. 호흡이 고르고 깊고 완만해지면 생각도 줄어들고 감정도 가라앉는다. 만약 당신이 화가 났다면 말이나 행동으로 표현하기 전에 심호흡을 열 번 정도 하면 화가 나있는 교감신경 상태를 마음을 가라앉히는 부교감신경상태로 바꿀 수 있다.

항상성 회복을 돕는 호흡

항상성 회복 촉진에 도움이 되는 건강

한 호흡은 자연스러우면서도 깊고 천천히 하는 호흡이다.

어린아이는 아랫배로 호흡하고 나이가 많아질수록 호흡이 위로 올라가는데, 노쇠하면 가슴으로 호흡하고 임종 직전에는 목으로 호흡한다.

호흡할 때 가장 중요한 근육은 횡격막이다. 횡격막은 돔(dome) 모양으로 폐가속한 윗부분과 내장이 들어 있는 아랫부분을 구분하는 근육이다. 이 횡격막이 위아래로 움직여 숨이 나가고 들어오면서 호흡이 이루어진다. 횡격막은 아랫배 근육에 의하여 조절된다. 아랫배를 밖으로 내밀면 횡격막이 아래로 내려가 폐의 부피를 늘리기 때문에 프라나(Prana, 생기)가 많이 들어간다.

이완 상태일 때 최적의 호흡리듬은 1분에 다섯 번 정도 쉬지만, 스트레스 상태에서의 호흡은 분당 20회 정도 빨리 하게 된다. 숨을 천천히 길게 쉬면 우리 몸의 이완 반응을 주도하는 부교감신경을 자각해 일상생활에서 받는 스트레스가 줄고 마음이 안정되지만, 반대로 숨을 습관적으로 빨리 쉬면 혈중이산화탄소의 농도가 낮아져 혈관이 수축하고, 몸과 뇌에 보내는 산소의 양이 줄면서 건강을 해치게 된다. 짧은 호흡은 교감신경의 우세에 영향을 미치고, 깊은 호흡은 부교감신경의 우세에 영향을 미친다.

호흡이 점차 깊어지고 느려지면 언제나 몸속에 흐르고 있는 자연스러운 생명의 리듬을 느끼게 될 것이다. 또한 우주의 대생명력의 리듬과 몸의 리듬이 공명하는 날 자연치유력이 활발히 작동하게 될 것이다.

숨을 아랫배를 지나 회음까지 깊숙이 들이마시면서 우주의 대생명력으로 몸을 가득 채운 다음, 숨을 천천히 내쉬면서 몸 구석구석에 쌓인 정체된 에너지를 밖으로 모두 날려 보내면, 당신의 몸과 마음은 원래 타고난 균형과 조화를 완전히 회복하게 될 것이다.

Brain Yoga(도리도리 머리 흔들기)

명품 인생의 길

지금까지 살아온 과정은 뇌의 심층에 쌓여 있는 막연한 두려움, 실패의 쓰라림, 후회, 마음의 상처, 수없이 쌓여 있는 부정적 사고의 흔적들을 깨끗이 떨쳐 버리고, 두뇌 깊숙이 쌓여 있는 오염된 에너지를 흔들어 말끔히 청소한 다음 새로운 우주 에너지를 충전하는 과정이었다.

낡은 관념과 찌들어진 습관에 엉클어진 뇌 회로를 창조적인 새로운 뇌 회로로 바꾼 후 분명한 목표를 잠재의식의 소재지인 뇌간에 꿈과 간절한 소망을 입력시키는 것이다.

준비 자세

서서, 의자에 앉아서, 바닥에 편안히 앉아서 눈을 감고 온몸을 이완 후 머리를 좌우로 도리도리하면서 숫자를 센다. 숫자를 세는 것은 집중하기 위해서이다. 처음에는 300번~500번을 세다가 1,000번으로 늘려 나간다.

머리를 좌우로 흔들면 우뇌와 좌뇌를 연결하는 뇌량(腦梁)을 활성화시켜 두뇌의 활발한 교류와 수평 통합은 물론 대뇌피질, 대뇌 변연계의 뇌세포들을 수직 통합하여 통찰력과 직관력의 범위를 확대시킨다.

뇌는 섬세하고 유동적인 조직으로 도리도리를 하면 시냅스 사이의 정보가 처리되지 않는다. 그러므로 생각이 끊어지고 잡념이 사라지게 된다.

요가의 중시조 파탄잘리는 Yoga Sutra에서 '생각을 끊고 마음의 작용을 멈추게 하라'고 가르쳤다.

무아란 아무것도 생각하지 않은 것이다. 무아가 되기 위해 집중하고, 명상을 하고, 참선을 한다. 이처럼 무아가 되기는 어렵다.

'우선 마음이란 무엇인가'를 이해하는 것이 필수적이다. 마음은 뉴런과 시냅스의 작용이다. 만약 두 작용을 일시나마 정지시킬 수 있다면 그 비어 있는 공간이 무아의 상태이다.

마음은 신경세포 상호간의 조화로운 신호전달에 의하여 구성되는데, 이것은 시냅스라는 구조를 통해서 이루어진다. 시냅스의 신호전달을 한시적이나마 정지 상태로 만들 수 있다면 무심의 경지로 들어갈 수 있다는 결론에 도달한다.

머리를 좌우로 도리도리 흔들거나 앞뒤로 흔들면 생각이 끊어지고 뇌량이 활성화되고 두뇌의 활발한 교류로 수평 통합이 이루어진다.

뇌의 수직 통합

대뇌피질 · 대뇌 변연계 · 뇌간이 수직 통합되면 병실에서 걷지 못하던 환자가 옆방에 불이 나자 보통사람처럼 뛰어나갈 수 있다. 5톤 트럭 밑에 깔린 아가를 구하기 위해 몸무게 45kg의 가냘픈 여성이 트럭을 번쩍 들어 올려 아기를 구하기도 한다. 이러한 불가사의한 괴력은 뇌가 수직으로 통합되었을 때 일어나는 현상이다.

Brain Yoga는 뇌파를 새로 구성하는 과정이다. 새로운 뇌회로(腦回路)를 만들고 그곳에 자신의 목표와 희망을 입력하면 그것이 꼭 이루어진다고 믿

어야 한다. 뇌간에 입력된 씨앗이 잠재의식 안에서 성장하다가 시간의 문제이지 반드시 표면으로 나타나게 되어 있다.

요가의 최종 목표는 나와 우주의식을 하나로 만드는 것이다. 우주의식과 내가 하나가 되었을 때 초능력, 예지, 예언, 치유력, 공중부양, 영감, 직관력, 해탈 등 인간의 한계를 벗어난다.

Brain Yoga(도리도리 머리 흔들기) 효과

- **자연치유력**……뇌의 심층에 새로운 신선한 에너지가 충전되고, 뇌회

로를 바꿈으로서 생명중추의 기능이 활성화되어 자연치유력이 향상된다.

- **긍정적사고**……마음의 상처 등 부정적 사고의 흔적들은 깨끗이 떨쳐버리면 생각은 긍정적 사고로 전환되어 마음이 한층 유연해지고 타인을 이해하고 배려하는 사고의 폭이 확장된다.
- **집중력 향상**……뇌를 가볍게 도리도리하면 두통이 사라지면서 머리가 상쾌해짐으로써 집중력이 향상되고, 뇌와 몸의 기능이 활발해져 몸이 최적의 컨디션 상태가 되므로 기억력이 증진되고 업무 능력이 향상된다.
- **균형 잡힌 몸매**……머리를 좌우로 살랑살랑 흔들면 목부위의 상경추, 뇌로 올라가는 혈관과 근육, 신경조직, 목뼈에 영향을 미쳐 뒷목이 부드러워지고 굳은 어깨근육이 풀리면서 척추가 곧게 펴지고 균형 잡힌 몸매가 된다.
- **혈액순환 촉진**……피부가 윤택해지고, 생체리듬 회복으로 불면증이 사라지고 생리주기가 정상으로 회복된다. 뇌와 몸이 상호 균형을 이루어 최적의 컨디션 상태가 된다.
- **노화방지**……뇌가 노화되면 부피가 줄고 신경계 시냅스의 줄기 때문에

해마와 측두엽이 위축되고 뇌혈관도 약해져 치매의 원인이 되는 아밀로이드를 비롯한 노폐물들이 쌓이게 된다. 성인의 주요 사망원인의 하나인 뇌졸중은 뇌혈관이 막혀서 생기는 증상으로 굵은 혈관이 막히면 뇌경색, 가는 혈관이 막히면 기억상실이나 치매증상이 일어난다. 머리 흔들기는 혈액순환, 호흡, 심장 박동 수, 혈압 등에 영향을 미쳐 뇌를 항상 젊게 유지한다.

- **자신감**……삶의 목적이 분명해지고, 매사에 열정적이며, 표현력이 좋아지고, 창의력이 향상된다. 또한 도전의식으로 '나는 할 수 있다'는 희망을 늘 가슴에 품는 삶을 살 수 있다.
- **의식의 확장**……의식이 확장되어 통찰력이 커지고, 나와 우주, 나와 지구, 너와 나, 나와 움직이는 생물, 나와 움직이지 않은 생물 등 모두가 하나의 에너지로 연결되어 있음을 깨닫게 된다.
- **마음의 평화**……생각의 출렁거림이 멈추어 마음은 늘 고요하며 생명이 기적이자 신비임을 자각하게 된다. 세상 만물이 나를 위해 존재함을 깨닫게 되고 늘 감사한 마음으로 하루하루를 맞이하게 된다.

백세청춘

건강

‘건강이란 질병이나 허약한 상태가 아닐 뿐만 아니라 육체적 · 정신적 및 사회적으로 완전한 안녕상태’를 말한다.

이것은 개인과 단체, 공간과 시간의 차이에 따라 상대적인 동시에 절대적인 의미를 지닌다. 그것은 내적 · 외적 여러 요소, 선천적인 것과 후천적인 것, 개인적인 것과 집단적인 것, 사회적인 것과 공적인 것, 의학 · 환경 및 사회적 요인 등이 결집된 산물이다.

이와 같이 건강은 개인적으로 볼 때 절대적인 의미도 지닐 수 있지만, 완전한 건강을 누릴 수 없는 상대적인 개념인 동시에 사회성과 문화성 내지 정치성을 지닌다는 사실을 명시한 것이다

암이나 성인병 같은 불치의 병을 가진 사람이 긍정적 마음가짐이나 환경과 생활 습관을 바꿈으로써 기적적으로 치유된 사

례들이 세상에는 허다하다. 이러한 사실이 가능한 이유는 우리 몸이 본래부터 가지고 있는 자연치유력이 있기 때문이다.

우리 몸은 어떠한 이유로 균형을 잃었을 때 본래대로 돌아가려는 항상성 유지기능이라는 메커니즘이 있다. 우리 몸이 어떠한 이유로 항상성 유지 기능의 메커니즘이 깨졌을 때 균형을 회복하기 위해 몸 스스로가 자신의 역할을 하기 때문이다.

감기에 걸렸을 때 기침이 나고 콧물이 나며 열이 나는 증상은 자연치유력의 과정이다. 기침이나 콧물 같은 증상은 염증으로 생긴 분비물을 바깥으로 배출하려는 현상이고, 열이 올라가는 것은 면역력을 높이는 과정이다. 감기에는 약이 없다. 감기에 걸렸을 때에는 병원에 가거나 약을 먹기보다는 뜨거운 음식을 먹고 따뜻한 물을 충분이 마시면서 몸을 따뜻하게 유지하며 휴식을 취하는 것이 최상이다.

더욱 놀라운 것은 상실된 조직을 재생하는 간의 능력이다. 간은 일부를 잘라내더라도 남아 있는 조직이 정상이라면 몇 시간 안에 상실된 부분이 복구된다.

우리 몸은 끊임없이 가장 바깥

쪽에 있는 피부를 떨어내고 있으며 28일 만에 교체되어 아래쪽에서는 끊임없이 새로운 피부가 만들어지고 있다. 적혈구는 120일 만에 교체되고, 소화기관 융모는 3일 만에 교체되며, 뼈는 280일에 한 번씩 교체된다.

우리 몸은 60조의 세포로 이루어져 있고, 1초에 수천만 개의 세포가 죽고 다시 태어난다. 건강한 사람의 몸에서도 매일 암(癌) 세포가 생겨났다가 사라진다. 수많은 발암 요소로 인하여 하루에도 수백만 개 이상의 세포들이 만들어지지만 이것이 암으로 발전하지 않은 이유는 몸 내부의 자체 검역 기능에 의하여 검색되어 제거되기 때문이다.

우리 몸에 림프구가 많고 면역력이 높아지면 암이 자연스럽게 없어질 텐데도 현대의학은 무조건 빨리 찾아내서 빨리 없애는 치유법으로 철저히 제거하는 것을 원칙으로 한다. 작은 암에 강도 높은 치료를 하면 의도하지 않았지만 결과적으로 환자의 면역력을 떨어트리고 체력을 빼앗아 오히려 암이 맹위를 떨치게 만들어 결국 암으로 사망하게 하는 요인이 되기도 한다.

현대의학은 당장 눈에 보이는 암세포를 없애느라 가장 중요한 인간 본연의 생명력인 면역력을 무시하고 있다. 긍정적인 사고, 햇빛을 하루 20분 쏘이고, 꾸준한 운동, 그리고 자연식을 생활화하여 면역력을 높이면 암은 더 이상 두렵기만 한 불치의 병이 아니라 반드시 '낫는 병'이다.

암세포

암세포는 일반세포보다 열 변화에 약하다. 일반세포는 섭씨 42도까지 견디지만 암세포는 섭씨 38도만 되어도 파괴된다. 체내의 건강한 세포는 약 알칼리성을 띠지만, 암세포는 산성 환경에서 잘 자라고, pH 7.5 이상의 환경에서는 자라지 못한다. 암세포는 물리적으로나 화학적으로 일반세포보다 취약하다.

암치료가 어려운 근본적인 원인은 암세포가 강인하고 질긴 세포라기보다, 암세포를 재거하는 가장 강력한 수단인 자연치유력이 약화되었기 때문이다. 때문에 자연치유력을 강화하지 않고서는 암의 근본적인 퇴치는 불가능하다. 60조의 세포들이 완벽한 조화와 균형을 이루고 있음은 경이롭고 신비하기만 하다.

우리 몸에서 저절로 치유가 가능하도록 하는 힘은 지구가 태양과 일정한 거리를 유지하면서 태양 주위를 돌게 하는 힘, 갓 태어난 아기 캥거루가 손가락 마디보다 작은 몸으로 눈을 감고 어미의 배를 타고 올라가 아기 자루로 들어가 어미의 젖을 빠는 기적 같은 힘, 연어가 산란을 위해 수만 리 바다를 헤엄쳐 몸이 부서져라 강물을 거슬러 올라가는 힘의 원천과도 동일하다.

자연치유력

자연치유력의 회복은 육체적으로 더 건강해지는 것만 아니라 자연의 순수한 본질을 회복하는 것을 의미한다. 생각하고 의도하지 않아도 우리 스스로가 방해하지 않으면 대자연과 조화와 균형을 유지하면서 이상적인 삶에 도달할 수 있다.

생성 · 유지 · 소멸을 끝없이 반복하는 변화의 불확실성 속에서 웅대하게 존재하는 영원한 자신의 본질을 발견하며, 자연치유력은 회복은 참다운 인간의 본성을 회복하는 길이기도 하다.

자연치유력의 기능 상실

무엇이 우리 몸의 자연치유력을 약화시키는가?

여러 가지 요인이 있지만 가장 큰 원인은 만성적인 스트레스이다. 우리 몸의 스트레스 반응은 자율신경에 의해서 조절된다. 뇌간에서부터 척수를 통해 몸의 중요 장기와 연결된 자율신경은 수면, 심장박동, 호흡, 소화, 체온 등 생명유지에 필요한 모든 기능이 자율신경에 의하여 유지되고 관리되어 항상성 유지기능을 돕는다.

모든 생명의 생존 본능은 가장 중요한 일차적 목적으로 생존에 살아남는 것으로 우리 몸속에 내장된 가장 오래된 프로그램이다. 우리 몸의 자율신경은 두 가지 위험에 효과적으로 대응하기 위하여 성격이 상반되는 두 가지 시스템을 가지고 있다. 한쪽은 교감신경이고 다른 한쪽은 부교감신경이다. 예기치 않은 응급 대응을 담당하는 교감신경은 사고로 생명활동이 정지되지 않도록 도와주고, 휴식과 충전, 그리고 치유를 담당하는 부교감신경은 우리가 병에 노출되어 죽지 않도록 도와주고 있다. 교감신경은 위기 상황에 부딪쳤을 때 도망가거나 대적하는 형태로 대응한다. 부교감신경은 몸을 이완하고, 소화를 통해서 에너지를 보충하며, 독소를 배출하고, 손상된 부분을 보수하는 역할을 담당한다. 이 두 가지 균형과 조화에 의해 우리 몸의 생명 활동이 안전하게 장기적으로 유지되고 있다.

의료기술이 나날이 발달함에도 불구하고 더 많은 사람이 질병에 시달리고 만성질환이 늘어나는 이유는 자율신경 시스템의 약화때문이 아니라 완벽하게 작동하기 때

문이다. 또한 정보화 시대에 지속되는 스트레스를 안고 살아야만 하는 우리들의 현재 생활방식이 교감신경과 부교감신경이 조화와 균형을 이룰 수 없도록 만들기 때문이다.

위기 상황이 닥치면 교감신경이 흥분하여 싸움이나 도망가기에 유리하도록 소화계통 등 내장기관의 혈액이 빠져나와 팔과 다리의 근육에 집중된다. 생각하고 분석 · 종합 · 판단하는 대뇌피질의 활동이 정지된다. 간에서 당이 분비되어 혈액이 고혈당 상태가 되면 피가 쉽게 굳도록 끈적끈적해진다. 또한 빠른 혈액 공급을 위해 심장박동이 빨라지고 혈압이 올라간다. 일시적으로 몸은 고혈압, 당뇨, 심장병, 동맥경화, 지각장애, 소화불량상태가 만들어진다. 위기 대응을 위한 폭발적인 행동을 하기 위한 엄청난 잠재적 에너지가 몸속에서 만들어짐을 의미한다. 이 잠재적 에너지가 행동을 통해서 방출되지 않으면 그 파괴력이 내부로 향하여 세포와 조직과 장기를 손상시킨다.

짧은 시간 동안 일시적으로 교감신경이 흥분 상태에 있는 것은 큰 문제가 되지 않는다. 그러나 이 상태가 오랜 시간 계속되면 우리 몸은 충전하고, 독소를 제거하며, 손상된 부분을 복구할 시간적 여유를 가질 수 없게 된다. 동시에 스트레스 반응을 통해 생성된 폭발적인 에너지가 내부로 향하면서 우리 몸의 세포와 조직과 장기가 손상된다. 동시에 스트레스 반응이 요구하는 에너지를 공급할 수 없기 때문에 결국 에너지는 고갈되고, 신경 · 장기근육이 피로해져 혈액순환이 저하되고 자율신경에 문제를 일으켜 면역력이 떨어지고 내분비기능이 교란되어 건강의 핵심인 균형이 깨지고 몸의 자동 조절 능력을 상실하게 된다.

따라서 우리 몸의 자연치유력이 본래의 힘을 발휘하도록 도와주는 가장 중요한 요소는 교감신경 우위 상태인 응급 대응 모드를 끄고, 부교감신경 우위의 휴식과 충전과 치유의 모드를 켜는 것이다.

항상성 유지

우리 몸 각 기관의 작용은 여력을 가지고 있으면서 거의 일정한 상태로 지속하고 있다. 따라서 여력의 범위 내에서 필요에 따라 강하게 또는 약하게 작용할 수 있다. 이러한 조절은 주로 자율신경계와 호르몬에 의해서 무의식중에 자동적으로, 또는 온몸이 통일된 상태에서 이루어진다. 이 때문에 몸의 조화와 건강이

유지될 수 있다. 심장 · 허파 · 소화관 · 혈관 · 샘 등은 의지와 관계없이 외계로부터의 자극과 체내의 상황에 따라 교묘하게 작용을 바꾼다. 이들 기관은 신경(특히 자율신경)과 호르몬에 의해서 지배 · 조절된다. 신경의 작용은 재빠른 동시에 짧지만, 호르몬의 작용은 느리나 오래 계속된다. 그러나 실제로는 신경과 호르몬이 동시에 어떤 기관에 작용하는 경우와 협력해서 작용하는 경우가 있다. 또한 호르몬 비슷한 물질을 신경 말단에서 분비하여 여러 가지 기관을 지배하기도 한다.

늙는다는 것

30대 때 전국의 주요한 산을 거의 다 올랐는데, 보통 9~10시간을 주행했다. 북한산, 도봉산 5봉, 수락산, 관악산, 소요산을 신바람 나게 등산하고 하산해서 목욕을 하고 식사하는 즐거움이란 생각만 해도 가슴 설렌다.

해외를 많이 다니던 시절이라 로마에서는 새벽 4시에 택시를 대절해서 2시간을 달려 5시간 산행을 하고, 다시 그 택시로 호텔에 돌아와 남은 일정을 소화했다.

스위스에서의 산행이 가장 멋있었고, 몽블랑까지 등산해도 지치지 않았다.

노르웨이, 스위스, 핀란드, 알라스카, 북극에서의 비행, 남아프리카공화국의 희망봉까지 젊음은 과연 좋은 것이다,

6,70대때는 하와이에 살았기에 매주 Ko'olau Range를 6시간을 완주하며 섬의 전후좌우를 모두 감상할 수 있었다

80대 초반부터는 산행을 하는 것

은 불가능했고, 호수공원을 일주하면 4.7km인데 한 시간이면 주행했다. 그러나 지금 80대 중반 척추기능이 쇠약해져 호수공원을 일주하려면 세 시간이 소요되고 세 번을 쉬어야만 한다.

다리 힘이 너무 약해 흔들흔들하고 현기증이 일기에 일어날 때 조심해야 한다. 내딛는 각도가 조금만 빗나가면 몸이 쓰러지면서 두 팔을 땅에 짚으며 내동댕이쳐진다. 오늘도 호수공원에서 한 번 넘어질 뻔 했다. 의자에 앉아있던 어떤 부인이 내가 넘어지는 줄 알고 내 앞으로 몇 발작 다가왔지만, 다행히 땅에 쓰러지지 않아 창피를 면했다.

늙는다는 것은 누구나 비껴갈 수 없다. 곁에 있던 친구들은 하나하나 세상을 떠나고 3분지 1 정도만 간신이 살아있다. 귀는 어둡고 하체의 근력은 젊었을 때보다 70%가 줄었지만, 그래도 눈은 안경을 쓰지 않고 컴퓨터로 책을 쓸 수 있어 14권의 책을 썼으니 그나마도 축복받은 인생이다.

늙어서 자식에게 기대지 않으면 살아갈 수 있는 인생이니!

불원간 이 세상을 떠날 텐데 어느 누구의 신세도 지지 않고 잠자다가 아주 편안히 세상을 떠났으면 좋겠다.

하와이 집 내부

인체의 중심축 척주

인간의 직립 보행에는 척주가 중심이 되는데, 이때 척주를 형성하는 척추뼈 · 관절 · 인대 · 신경과 척주를 지탱하는 중심 근육, 즉 척주 주변과 복부와 골반의 근육들이 가장 중요한 역할을 한다. 척주는 한번 위기가 발생하면 완전 원상으로 회복되기 힘든 신체조직이다. 척주는 인간의 두뇌와 신체의 모든 조직을 연결하는 신경의 통로이자 신체의 중심축이다.

감기 다음으로 많다는 허리통증(요통)은 전 세계 인구의 80%가 일생에 한 번 이상 경험한다. 그 통증은 추간판 및 척주 주위의 근육과 인대가 퇴행성 변화로 약해져 신경이 자극을 받아 발생한다. 근육이나 인대에 손상이 생기는 요추부위의 염증은 허리에 심한 충격 · 불량한 자세 등이 원인이다.

머리 무게는 5kg 정도이므로 목이 5도만 기울어져도 하중이 40% 이상 늘어난다. 따라서 목이 작은 각도로 기울어져도 목이나 어깨에 가는 부담은 상당히 크다.

인체의 기둥 척주

척주세움근과 복직근 강화

척주를 지탱하는 척주세움근(Erector spinae)은 척주를 따라 목에서 등과 엉덩이까지 세로로 척주를 지탱하는 근육이다. 또 복직근(Rectus abdominis)은 갈비뼈 5, 6, 7번에서 하복부 두덩뼈(치골)까지 수직으로 내려간 근육으로, 내장이 압박되지 않도록 보호하는 역할을 한다.

두 근육을 강화하려면 머리와 등을 곧은 자세로 하여 복직근은 척추에 닿는 기분으로 당기고 괄약근은 조이면서 척주세움근 끌어올리기를 반복한다. 그리고 보행 시에는 괄약근을 조이고, 복직근을 수축시켜 척주에 밀착시킨다는 기분으로 당기며, 가슴을 활짝 펴고 어깨는 약간 뒤로 하고, 등은 척주세움근을 스트레치한 상태에서 횡격막 호흡을 하면서 팔은 힘차게 앞뒤로 뻗으면 복직근과 척주세움근이 강화된다.

요가적 건강

요가는 몸의 건강, 마음의 평화, 영혼의 성장을 돕는 과학이다.

아사나 수행을 하면 몸이 건강하지 못한 상태에서 오는 정서적 불안, 타성적이고 나태하고 우유부단하며 소극적이며 빈약한 판단력, 부정적인 감정 등을 적극적이고 희망찬 자신감 · 기쁨 · 용기 · 배려 · 자비 등의 긍정적 감정으로 바꾸어 놓는다. 뿐만 아니라 몸은 날씬해지고, 표정은 여유롭고 태연하며, 피로를 느끼지 않는다. 아사나는 중추기관에 활력을 주어 신진대사를 원활하게 돕는다.

아사나를 통해 몸이 완전한 균형 상태가 되면 건강으로 이어져 마음의 평화를 가져오고, 지성은 명료해지고, 지혜는 잠재의식에서 깨어나 무한대의 우주로 빛을 발산한다. 요가는 스트레스 홍수로 범람하는 현대 인류에게 값으로 환산할 수 없는 귀중한 건강 지침서다.

건강이란 질병이 없는 상태가 아니라 근육 · 세포 · 신경 · 내분비선과 몸의 모든 부위가 균형을 유지하고, 마음 · 육체 · 의식 · 영혼이 완벽한 조화를 이루어야 요가적 건강이라 한다.

요통과 운동

보통 요통이 4주 미만 지속되면 급성 요통이라 하고, 12주 이상 지속되면 만성 요통이라 한다. 급성 요통이 있을 때의 운동 효과는 아직 명확하게 밝혀지지 않았지만, 움직이지 않고 안정을 취하는 것보다는 통증이 심해지지 않는 선에서 일상적인 활동을 하는 것이 회복에 더 도움이 되는 것으로 알려졌다.

또한 만성 요통이 있을 때는 정기적인 운동이 운동을 하지 않는 것보다 통증을 줄이고, 기능도 훨씬 좋아진다고 한다. 따라서 만성 요통으로 고생하는 사람에게 운동을 적극적으로 권장하고 있다. 운동이 요통을 줄이고, 일상생활

의 활력을 높인다는 것이 잘 알려졌음에도 운동 후 요통이 악화될 것이 두려워 운동을 꺼리는 요통환자들이 많다.

만성 요통환자의 운동 목표는 통증을 줄이고, 일상생활 속에서의 활동을 원활하게 하는 것이다. 통증이 줄어들고 기능이 호전되면 요통이 재발하지 않도록 운동을 지속해서 건강한 신체를 유지해야 한다.

요통을 호전시키는 다양한 운동법들이 나와 있지만, 아직 어떤 운동이 더 좋다는 연구는 없는 상황인 만큼, 자신에게 맞는 운동을 찾아서 꾸준히 지속하는 것이 좋다.

권장되는 운동

만성 요통이 있을 때에는 일주일에 3~5일 정도 유산소 운동을 권장한다. 운동강도는 최대 심장박동수의 55% 전후 정도를 유지하면서 운동시간은 일주일의 총운동량을 150분 정도로 맞추어 실시할 것을 권장한다. 최대 심장 박동수는 일반적으로 220에서 자신의 만 나이를 빼면 구할 수 있다. 만 나이가 40세라면 최대 심장박동수는 180이 되고, 권장 운동강도는 180의 55%인 분당 100회 정도가 되도록 유지하면 된다.

유산소 운동과 달리 유연성 운동이나 근력 운동 및 다양한 요통 운동의 적정 운동량은 정확하게 알려지지 않았다. 부상 위험성이 적은 중간강도 정도의 유산소 운동과 달리 요통환자는 유연성 운동이나 근력 운동을 할 때 부상 위험성이 높아 전문가의 지도를 받으면서 유연성 운동이나 근력 운동을 할 것을 권장한다.

프라나(Prana)

생물은 우주에서 오는 프라나(Prana) 에너지와 땅에서 생성된 아파나(Apana) 에너지가 합일되어 순환 작용을 해야만 수명을 유지할 수 있다. 태어나는 순간부터 프라나 에너지를 호흡으로 체내로 흡입하고, 지구에서 생성된 각종 음식을 섭취해야 생명을 유지할 수 있는 것이다다.

프라나 기는 폐를 통하여 흡수되고, 아파나 기는 위장을 통하여 흡수된 후 마니푸라차크라인 태양신경총에 집중된다. 이곳은 보석의 도시이자 생명 에너지 저장소이다.

프라나 기와 아파나 기가 상호 작용하여 생명 유지 기능 역할을 한다.

프라나는 우주에서 내려왔기로 상승하려는 성질이 있어 고개를 숙여 목을 수축하는 잘란다라(Jalandhara)를 하

고, 호흡을 끊고 복부를 등쪽으로 당겨 수축시키는 우디야나(Uddiyana를 해야 하며, 아래서 올라온 아파나기는 내려가려는 성질이 있어 하강하려는 에너지를 인체에 더 머물게 하려면 괄약근(括約筋)을 조이는 물라반다(Mula-bandha)를 해야 한다. 인체가 노쇠해질수록 괄약근도 쇠약해지므로 하루 한 시간씩 괄약근을 조인 상태로 보행을 하면 인체의 노화도 지연되고 회춘 효과도 있다.

심력(mind power)

바르고 좋은 자세, 골격근 강화, 그리고 좋은 운동을 지속하여도 심력(心力)이 뒷받침되지 않으면 안 된다. '나는 내 몸을 스스로 치유한다', '나는 치유될 수 있다.'는 자신감을 잠재의식에 입력하여야 한다.

생활 속에서 면역력을 높이는 법

어떻게 하면 건강하게 오래 살 수 있을까? 누구든 몸에 좋지 않은 식습관이나 술 · 담배 · 스트레스 등을 멀리하고 건강한 생활습관을 일상생활 속에서 회복하고 실천하는 것이 건강의 비결임을 알고 있다. 하지만 매번 거창한 건강 계획을 세워도 작심삼일에 그치고 만다. 생활 속에서 실천하기 쉬운 작은 습관부터 바꿔나가는 것이 건강을 지키는 지름길이다.

계절이 바뀌는 환절기에는 일교차가 크고 면역력이 떨어져 독감이나 감기 등 각종 질병에 걸리기 쉽다. 체온이 1도만 떨어져도 면역력이 30% 정도 줄고 혈액 순환도 방해하기 때문에 몸을 따뜻하게 해야 병에 걸리지 않는다.

사소한 습관이 면역력을 높인다

그렇다면 생활 속에서 건강한 면역세포를 지키는 방법에는 무엇이 있을까?

첫째, 위장에 부담이 되는 찬 음식은 먹지 않기. 냉장고 덕분에 음식을 신선하고 오래 보관할 수도 있지만, 차가운 음식의 냉한 기운은 위나 장의 기능을 저하시킨다. 흰 밀가루나 흰 설탕 역시 면역력을 저하시킬 수 있으므로 가급적 많이 먹지 않는 것이 좋다. 발효음식 등 몸을 따뜻하게 하는 음식이나 차를 즐기는 것이 좋다. 과식을 자주 하거나 물 대신 커피와 음료수의 잦은 섭취도 면역력을 떨어뜨리는 식습관이다.

둘째, 따뜻한 물에 반신욕이나 족욕하기. 체온보다 조금 높은 36~40℃의 따뜻한 물에 15~20분 정도 몸을 담그는 반신욕이나 족욕 역시 몸의 면역력을 높이고 지방이나 혈액 속 노폐물 제거에 효과적이다.

셋째, 배를 따뜻하게 하기. 배가 따뜻하면 몸 전체가 따뜻해져 면역력을 높일 수 있다. 장운동을 하면 혈액 순환이 활발해지면서 아랫배를 중심으로 몸이 따뜻해질 것이다.

넷째, 나만의 스트레스 해소법 찾기. 우울할 때 긍정적인 생각을 자주 하는 습관도 면역력 증진에 도움이 된다. 너무 많은 생각은 불필요한 고민을 만들기 때문에 스트레스가 심하면 만성적 분노로 고혈압이나 중풍 등 심혈관계질환이 발생할 수 있다. 이처럼 스트레스는 만병의 근원이기 때문에 몸과 마음의 건강을 위해 스트레스를 반드시 풀어주어야 한다.

그밖에도 적당한 운동과 잠을 잘자는 것 또한 면역력을 높이는 데 도움이 된다.

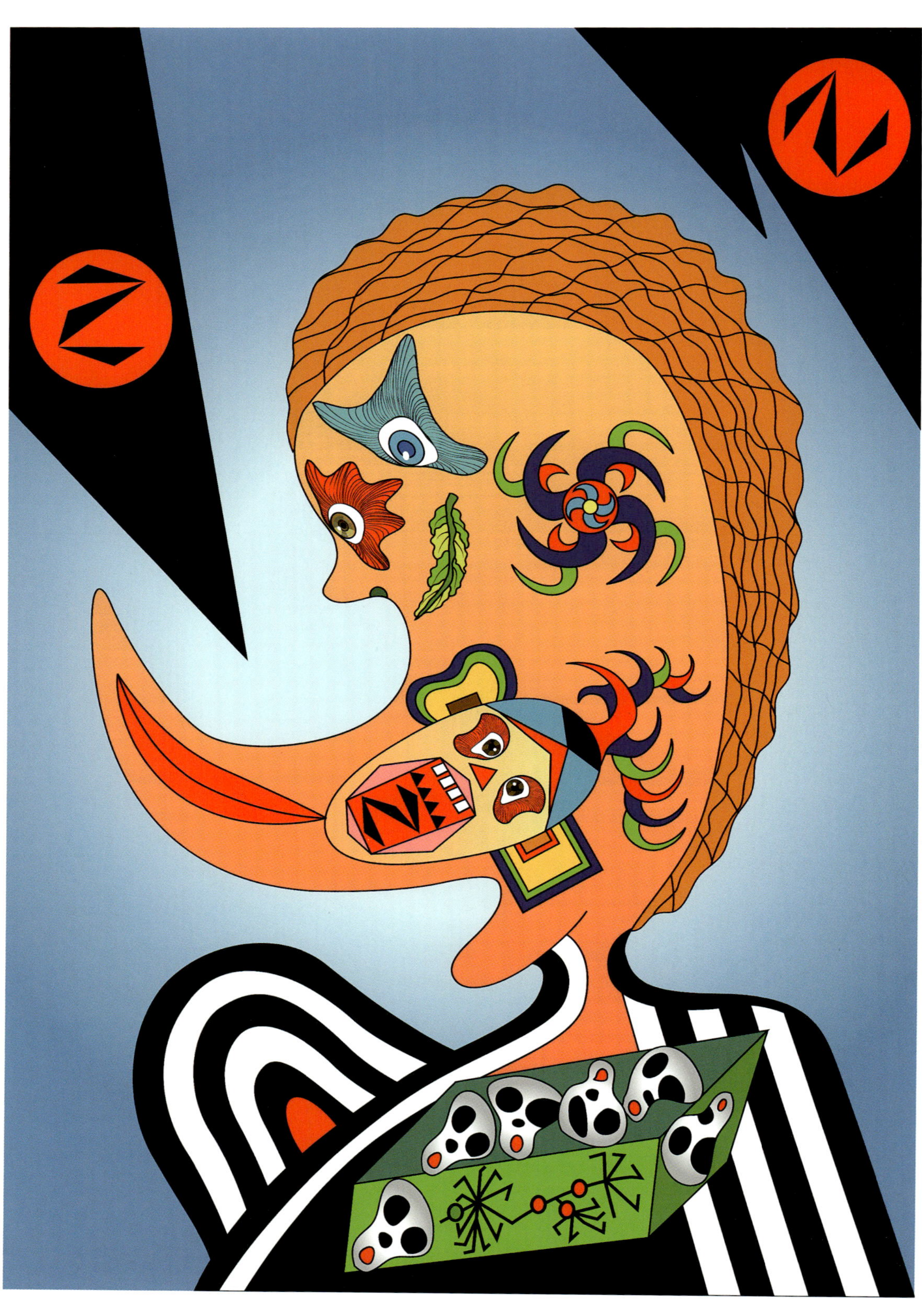

대단히 기분 좋은 날

4월 4일, 오늘은 아주 특별한 날이다.

오전 11시에 출발해서 호수공원에 가는 길이었다. 3월 13일 전까지는 오전에 호수공원을 일주하는 것이 나의 일과였다. 집에 온 후 작품정리를 하고 글을 써야하기 때문이다. 3월 13일 백병원 비뇨기과에서 수술 후 열흘간 입원하고 있었기에 일상적인 일과를 시행하지 못했다. 퇴원 후 평소처럼 호수공원 일주를 못하고 4분의 1 정도의 거리밖에 산책하지 못했다. 또 척추관절통증으로 척사랑병원에서 4월 2일 수술을 받았다.

하루 쉬고 오늘은 호수공원 4분의 1은 물론 다리를 지나 반환 지점까지 갔는데도 아직 여력이 있다. 반환지점에 있는 다리 밑에 누워서 10여 분을 쉬고 호수공원 한울광장에 왔을 때 목이 몹시 말랐다. 자동판매기에서 옥수수 음료를 뽑으려니 1,000원 짜리 지폐가 없다. 카드로 뽑으려니 기계가 판독을 못하는지 작동이 되지 않는다.

한참 씨름을 하고 있는데 어떤 아가씨가 자신의 카드를 대서 옥수수음료가 나왔다. 아가씨 카드로 결제된 것이기 때문에 꺼내어 주니 받지를 않고 사양한다. 주머니에서 1만 원권을 꺼내서 주니 한사코 받지 않고 사양한다.

대단히 고맙고 기분 좋은 날이다. 주머니에서

명함을 꺼내 주면서 나의 미술 작품책을 줄터이니 꼭 이메일을 달라고 부탁했다.

꼭 이메일이 와야 할 텐데!

아주 기분 좋은 날이다. 이렇게 남의 불편을 배려하는 젊은 여성이 있다니, 아직 세상은 살 만하다.

오늘 하루 종일 가슴 벅찬 기쁨 속에 지냈다. 밤을 지나 새벽까지 가슴 벅찬 기쁨이 온몸으로, 또 다시 방안 가득 채우고 집안 전체를 채운다. 그리고는 환희가 땅과 하늘을 가득 채운다.

내가 명상 속에 Nirvana에 도달한 기쁨처럼, 그 환희(歡喜)가 지금도 계속되고 있다.

림프계

우리 몸에는 약 100조 개의 세포가 있는데, 이것은 하루에도 엄청난 양의 노폐물을 배출한다. 그럼에도 불구하고 우리가 건강을 유지할 수 있는 건 몸 안에 촘촘한 그물망처럼 퍼져 있는 림프계 덕분이다.

림프계는 노폐물을 제거함과 동시에 외부에서 침투한 바이러스나 세균과

싸우는 몸의 파수꾼이다. 때문에 혈액 순환만큼이나 림프액의 순환도 몸의 건강에 매우 중요하다.

림프구의 생성과 순환을 담당하는 모든 기관을 합쳐 림프계라고 한다. 이 림프계에는 림프액 · 림프관 · 림프절 · 면역세포를 만들고 조절하는 골수, 임무를 마친 면역세포를 파괴하는 비장, 입으로 들어온 병균을 일차적으로 방어하는 편도선 등이 포함된다.

림프액은 온몸에 거미줄처럼 뻗어 있는 림프관을 통해 순환한다. 혈액이 운반하지 못하는 노폐물, 즉 커다란 지방과 단백질 덩어리를 운반해 최종적으로 심장에 들어가는 혈액, 즉 정맥에 이 노폐물을 전달한다.

이 과정을 잘 수행하려면 무엇보다 순환이 중요하다. 림프액과 비슷한 혈액은 심장의 펌프 기능을 통해 힘차게 움직이지만, 림프액은 주변 근육에 의해서 천천히 움직인다.

요가 아사나는 근육의 움직임은 활발하게 하고 림프액의 순환도 더욱 수월하게 하므로 건강에 도움이 된다. 림프액 속에는 '림프구'라고 하는 신체 방어 물질이 있다. 림프구는 모세혈관처럼 생긴 림프관을 타고 흐르다가 마치 휴게소처럼 림프관 중간중간에 있는 림프절에서 세균과 바이러스를 파괴한다. 아주 작은 강낭콩처럼 생긴 림프절은 몸속에 약 500~600개 정도 있는데, 특

히 겨드랑이, 사타구니, 목 그리고 귀의 뒤쪽 부분에 많이 모여 있다.

그 안에는 면역세포인 림프구와 백혈구가 많이 있어서 외부에서 침입한 세균과 바이러스와 싸우는 전쟁터가 되기도 한다. 감기나 편도선염에 걸렸을 때 목이 붓는 이유가 바로 이 림프절에서 바이러스와 면역세포가 싸우기 때문이다.

림프계는 체내의 노폐물 운반과 면역기능에서 핵심적인 역할을 하는데, 이 림프계가 제 기능을 하지 못하면, 림프액이 정체되는 현상이 발생한다.

피부를 눌렀을 때 누른 부위가 원상태로 빨리 돌아오지 않으면 림프부종을 의심할 수 있다. 이러한 림프순환 장애는 선천적으로 생길 수도 있지만, 과도한 스트레스나 무리한 운동, 심부전과 같은 순환계질환, 암수술 이후에 2차성으로 발생할 수 있다.

림프부종이 하체에 생겼을 때 증세가 경미하면 아사나 머리서기, 어깨서기로 해당 부위를 심장보다 높게 거꾸로 놓으면 증상 호전에 도움이 된다. 평소에 팔다리의 무거움이나 피로를 자주 느낀다면 꽉 조이는 옷이나, 액세서리를 피하고, 다리를 꼬고 앉지 않으며, 한 자세로 오래 앉지 않는 것이 좋다.

림프가 모이는 림프절은 노폐물 덩어리들을 잘게 부수고 배출한다. 하지만 림프가 막히면 노폐물이 빠져나가지 못하고 쌓이면서 그 부분이 심하게 부어 결국 살이 된다. 이때 요가 동작으로 림프가 자유롭게 흐르도록 조금만 도와주면 된다.

림프는 피부와도 직접적인 관련이 있다. 얼굴의 노폐물이 제대로 빠져나가지 못하면 얼굴색이 탁해지고 부기 · 여드름 등의 피부 트러블이 나타난다.

림프 순환이 원활하면 얼굴에 쌓인 노폐물이 빠르게 빠져나가고 혈액 순환도 좋아져 피부 속까지 맑고 깨끗해진다.

건강의 기본은 내면의 안정에서 시작된다. 각종 스트레스와 심리 불안이 건강에 악영향을 주므로 심리적 안정을 돕는 요가의 다양한 이완(弛緩) 동작이다. 림프의 또 다른 주요 기능 중 하나는 바로 면역기능이다. 림프는 온몸에 흐르면서 림프구를 만들어 몸속에 침입한 바이러스나 세균을 퇴치한다. 때문에 림프가 막히면 면역력이 떨어지고 정신건강을 관장하는 자율신경까지 불안해진다. 요가의 각종 순환 동작들은 굳은 근육을 풀고 림프가 원활하게 흐르도록 만들어 면역력이 좋아지고, 자율신경의 균형이 유지되어 마음의 안정을 이루게 된다.

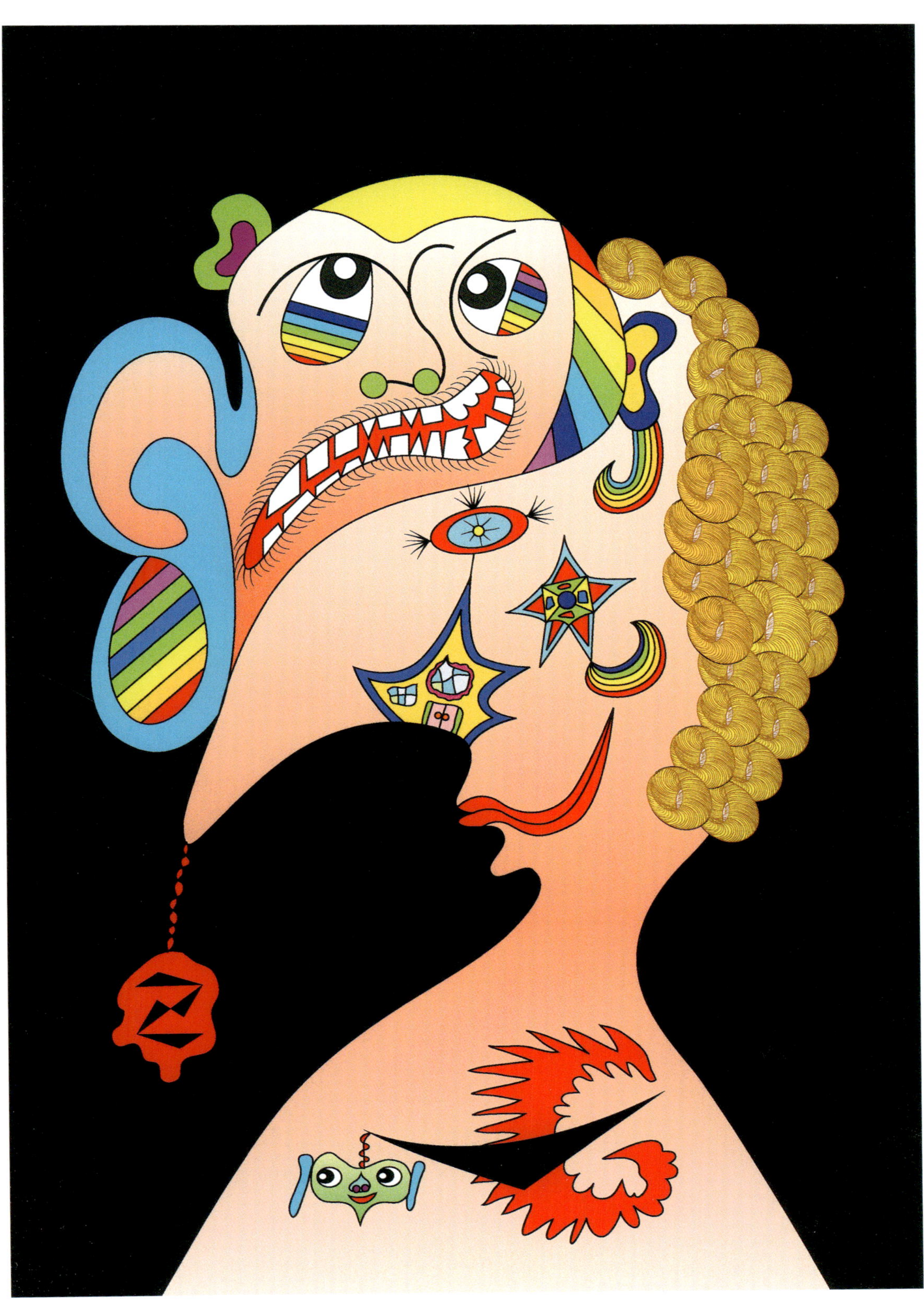

혈관

혈액은 우리 몸 곳곳에 산소를 운반하고 필요한 영양분을 보충해 주며 노폐물을 제거한다. 그 때문에 혈액이 잘 순환해야 우리 몸을 이루는 세포가 건강할 수 있다. 그런데 어떤 문제로 혈액이 원활하게 잘 흐르지 못하면 삶의 질을 떨어뜨리는 심각한 질병이 유발될 수 있다.

특히 심장에 영양을 공급하는 혈관이 손상되거나 뇌혈관이 손상되면 갑작스러운 죽음을 맞이할 수도 있다. 이처럼 우리 생명을 유지해 주는 고마운 생명선인 혈관. 혈관은 좀처럼 이상 신호를 보내지 않는다.

혈관은 크게 동맥, 정맥, 모세혈관으로 나눌 수 있다. 그중 동맥은 심장으로부터 나오는 혈액이 흐르는 혈관으로 심장에서 폐를 통과해 산소가 풍부해진 혈액을 온몸으로 보내주는 역할을 한다.

동맥은 심장에서 힘차게 뿜어져 나오는 압력을 견디기 위해 혈관벽이 정맥벽보다 두껍다. 이 혈관벽을 자세히 살펴보면 내막, 중막, 외막의 세 겹막으로 구성되어 있다. 내막은 매끄러운 표면으로 되어 있어 혈액이 유연하게 흐를 수 있게 하고, 중막은 가장 두꺼운 근육층으로 탄력이 아주 좋다. 혈관벽이 두꺼운 동맥은 특히 중막층이 잘 발달되어 심장 펌프작용에 의한 높은 압력을 견딜 수 있다. 외막은 결합조직으로 된 가장 튼튼한 층으로, 혈관을 지지하고 보호하는 기능을 한다.

동맥은 심장에서 시작해 온몸으로 계속 뻗어 나가면서 중동맥, 소동맥, 세동맥, 모세혈관으로 이어진다. 이 중에 모세혈관은 가장 가느다란 혈관으로

직접 세포에 연결되어 산소와 영양분을 공급하고 이산화탄소와 노폐물을 수거하는 역할을 한다.

온몸에 그물처럼 퍼져 있는 모세혈관은 혈관과 세포 사이에서 물질교환이 잘될 수 있도록 한 겹의 내피세포로만 구성되어 있다. 우리 몸속에 약 100억 개 정도 존재하는 이런 모세혈관들은 정맥혈관에서 다시 만나게 된다.

정맥은 심장으로 들어가는 혈액이 흐르는 혈관으로 정맥벽도 동맥벽과 마찬가지로 세 겹으로 되어 있다. 정맥이 쉽게 확장해 혈액을 저장할 수 있도록 동맥보다 중막의 두께가 얇다. 또 정맥혈은 동맥혈과 비교하면 흐름이 느리고, 혈관 주변 근육이 운동하는 힘으로 이동한다. 특히 정맥에는 동맥과 달리 판막이 있어 정맥혈이 거꾸로 흐르지 않게 되어 있다.

우리 몸의 혈액이 순환하는 길인 혈관에 문제가 생기면 곧 혈액 순환 장애로 이어져 허혈, 출혈, 빈혈 등의 증상이 나타나게 된다.

동맥 속에 나쁜 콜레스테롤이 쌓이면 혈관벽이 탄력을 잃고 단단하게 되는데, 이를 동맥경화라고 한다. 특히 심장근육에 혈액을 공급하는 관상동맥에 콜레스테롤이 쌓여 좁아지면 협심증이나 심근경색과 같은 질환이 발생한다. 이외에도 동맥경화가 생기면 심장이 수축할 때 동맥벽이 잘 늘어나지 않아 압력이 고스란히 혈관에 전해지게 되는데 이를 흔히 고혈압이라고 한다.

이렇게 혈압이 과도하게 높아지면 결국 모세혈관에도 큰 압력이 전달된다. 모세혈관은 한 층의 막으로만 이루어져 매우 얇기 때문에 높은 압력을 이기지 못하고 쉽게 파열되곤 한다. 이때 머릿속 모세혈관이 파열되면 뇌출혈이 발생하게 된다.

혈관은 50% 이상 막혀야 신호를 보낸다. 증상은 두통, 성기능 저하, 손발저림, 어깨결림 등 다양하다. 이미 증상이 나타나면 혈관을 원상태로 되돌리기 어렵기 때문에 평상시에 건강한 혈관을 지키는 것이 중요하다. 특히 당뇨, 고혈압, 콜레스테롤혈증

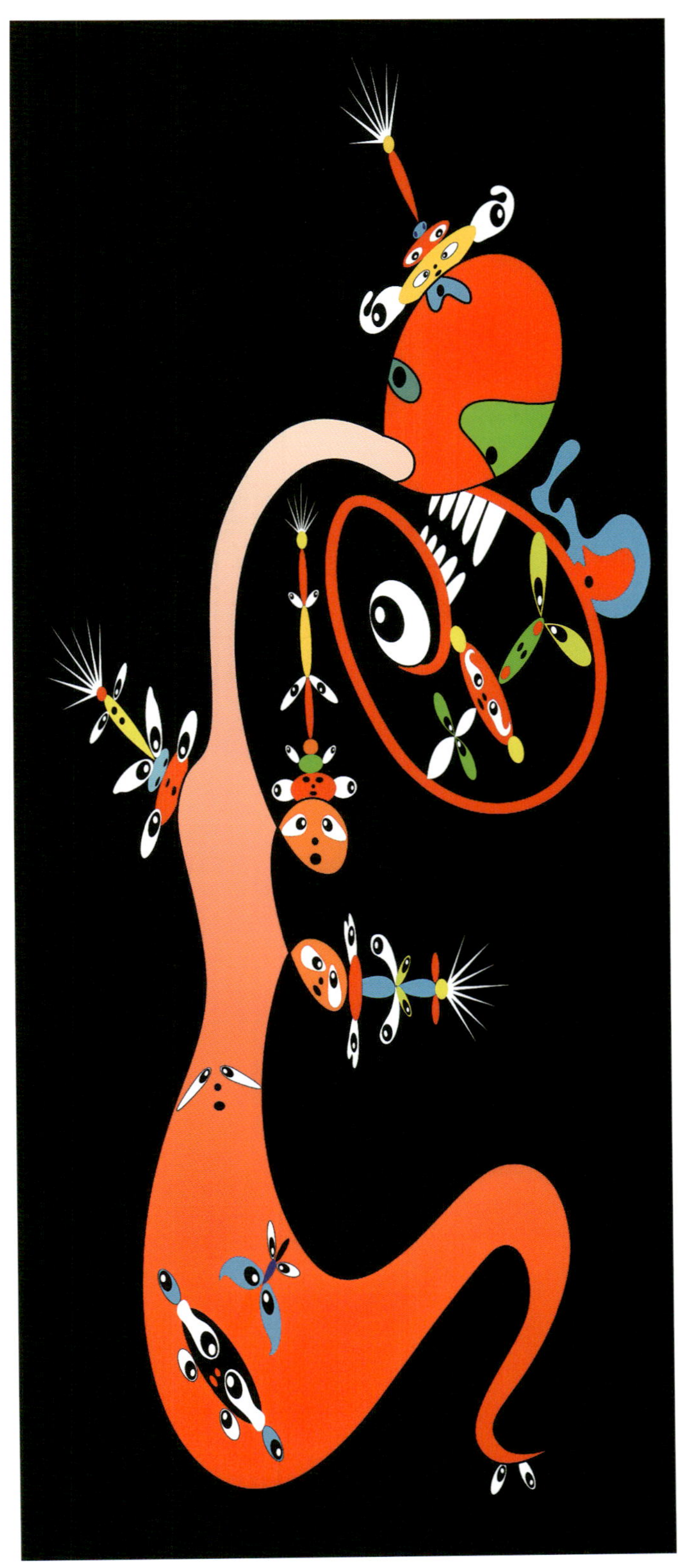

과 같은 질환이 있다면 혈관 질환의 가능성이 커지므로 요가 아사나, 금주, 금연, 식습관 개선, 체중조절이 중요하다.

운동은 어떤 혈관이든지 혈관의 탄성을 유지하는 데 아주 중요한 요소이다. 체중 감량 등 혈액 순환에 도움이 되는 올바른 생활 습관을 갖는 것이 가장 중요하다.

비만

비만이란 단순히 체중이 많이 나가는 것을 의미하기보다 '체내에 과다하게 많은 양의 체지방이 쌓여 있는 상태'를 말한다. 즉 근육량이 많고, 체지방의 증가는 없으면 체중이 많이 나가더라도 비만이라고 할 수 없다. 또 전신의 체지방 축적보다는 '복부 비만'이 중요하다. 최근에는 피하지방보다는 복강 내 내장지방의 축적이 중요한 의미를 갖는다는 연구 결과들이 축적되면

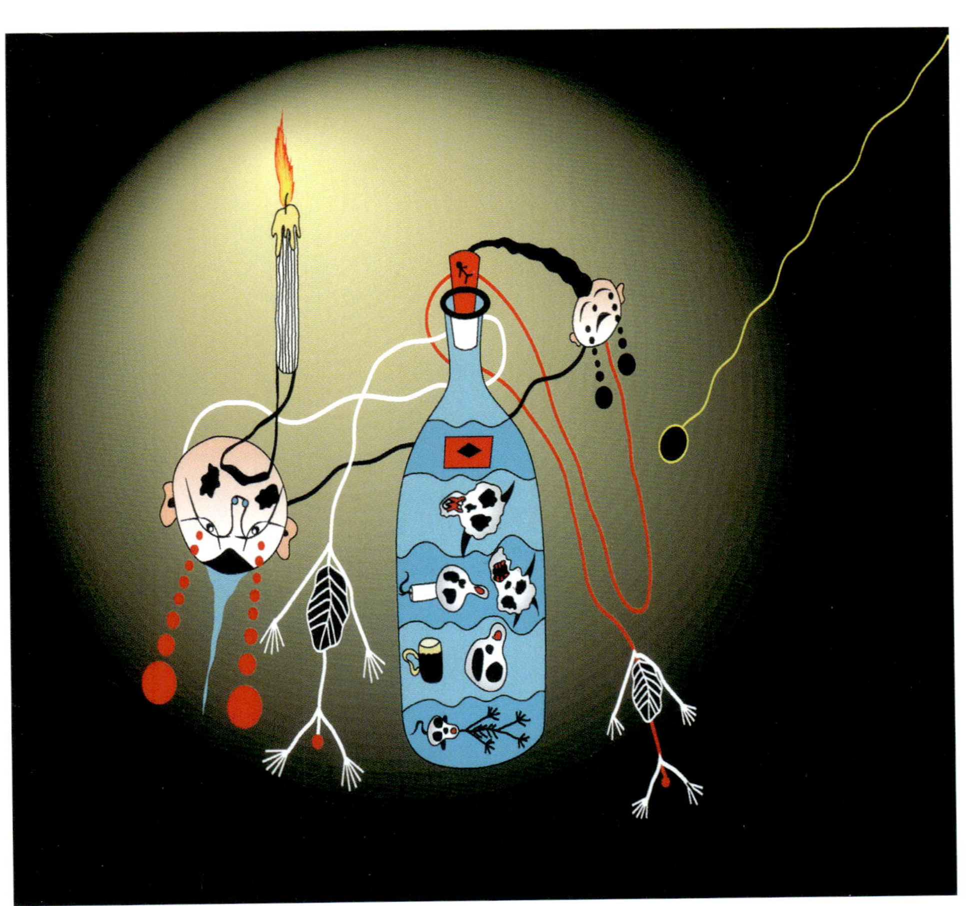

서 '내장지방형 비만'이라는 용어도 사용되고 있다.

비만의 원인과 기준

비만은 만성적으로 섭취하는 영양분에 비해 에너지 소비가 적을 때 여분의 에너지가 체지방 형태로 축적되는 현상이다. 즉 먹은 것에 비해 활동이 부족할 때 생기는 것이다. 그러나 이러한 단순한 개념에도 불구하고, 다양한 신경내분비학적 물질들과 에너지 대사에 관련되는 여러 요소들의 이상이 유

전적 또는 현상적으로 아주 복잡하게 연관되어 나타난다. 불규칙한 식습관, 과다한 음식 섭취, 운동부족, 내분비계통 질환, 유전적 요인, 정신적 요인, 약물 등이 현실적인 원인이 될 수 있다.

허리둘레 기준

줄자로 허리둘레를 측정하여 복부 비만을 진단하는 것으로, 전신비만 이외에 복부비만을 진단하는 보조적인 수단이다. 동양인 남성은 90cm, 여성은 85cm(80cm)를 기준으로 삼는다.

내장지방기준

복부비만을 좀 더 자세히 분석하기 위한 정밀한 수단으로는 복부지방 CT촬영을 들 수 있다. 촬영결과 내장지방과 피하지방의 비율이 0.4 이상인 경우 내장지방형 비만이라고 한다.

비만의 증상

비만의 증상은 겉으로 드러나는 현상과 숨찬 증상, 관절통 이외에도 각종 합병증에 의해 매우 다양한 증상들이 나타날 수 있다. 이상지질혈증(고지혈증), 심장병, 당뇨, 고혈압, 대사증후군, 관절염 등이다.

비만은 모든 성인병의 원인이 된다. 비만인은 정상인보다 당뇨병과 이상

지질혈증(고지혈증), 고혈압, 심장동맥 질환에 잘 걸리며 각종 암과 관절질환의 발병률이 높아진다.

체질량지수

체질량지수(체중(kg)/키(m)^2)가 25를 넘으면 남녀 모두에서 체질량지수에 비례해 사망률이 증가한다. 예를 들어 체질량지수가 35를 넘으면 당뇨병 사망률이 8배 증가하고, 암 사망률은 1.5배 늘어난다.

비만의 원인은 잘못된 식습관, 술, 트랜스지방, 밀가루, 당분, 운동부족, 스트레스, 호르몬이상 등이다. 또 빨리 먹는 습관도 비만을 부르는 대표적인 식습관이다.

일반적인 비만으로는 과식과 운동부족 그리고 유전적 소질이 있는 경우에 발생하는 단순비만증이 있고, 내분비질환으로 인한 비만은 1퍼센트 미만 정도로 보고 있다. 그러나 양쪽 부모가 모두 비만일 경우 자녀에게 비만이 발생할 확률은 무려 80%나 된다. 따라서 비만 부모는 자녀들이 어릴 때부터 비만하지 않도록 교육해야 한다. 특히 임신 후기가 중요하다. 임신부가 많은 음식을 먹으면 태아에게 비만증을 유발할 가능성이 높으며 태아 비만증은 성인 비만증으로 직결될 수 있다.

패스트푸드를 즐겨 먹고, 늦게 자고, 운동도 제때 못하다 보니 살이 찔 수밖에 없다. 최근 들어 식생활 변화로 인해 비만 인구가 급격하게 늘고 있다.

실제로 중국은 미국을 제치고 세계 최대 비만 국가가 되었다. 영국의 의학 전문지 『랜싯』이 전 세계 성인 체중 보고서를 토대로 비만지수(BMI)를 조사한 결과 인구 13억 5,000만여 명인 중국의 2014년 비만 인구는 8천 960만 명으로 나타났다. 즉 15명 중 한 명이 비만으로, 비만 인구 8천 780만 명인 미국을 제치고 비만 인구의 숫자 측면에서 1위가 된 셈이다.

중국은 지난 1975년 조사 당시엔 186개국 가운데 남성 60위, 여성 41위

였다. 불과 40여 년 만에 세계 최대 비만 국가가 된 것이다. 여기에는 서구식 식문화 확산 등으로 10대 청소년들의 비만율이 치솟은 것이 큰 원인을 차지한다.

중국 언론들은 경제 발전에 따른 생활 수준 향상과 신체 활동 감소, 패스트푸드 섭취량 증가 등을 비만 급증 원인으로 보고 있다.

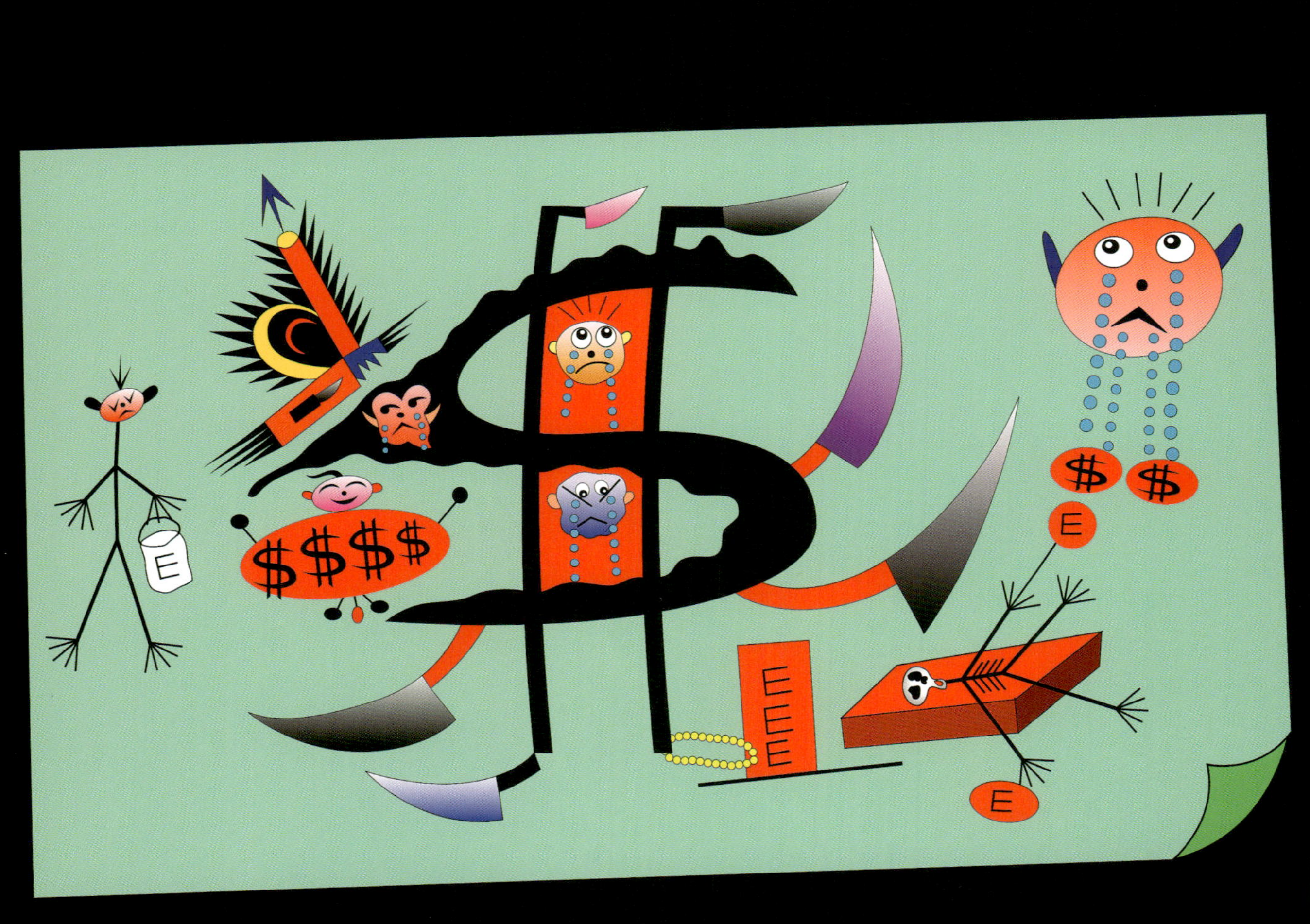

$$$$
$ $
E
E
EEEE
E

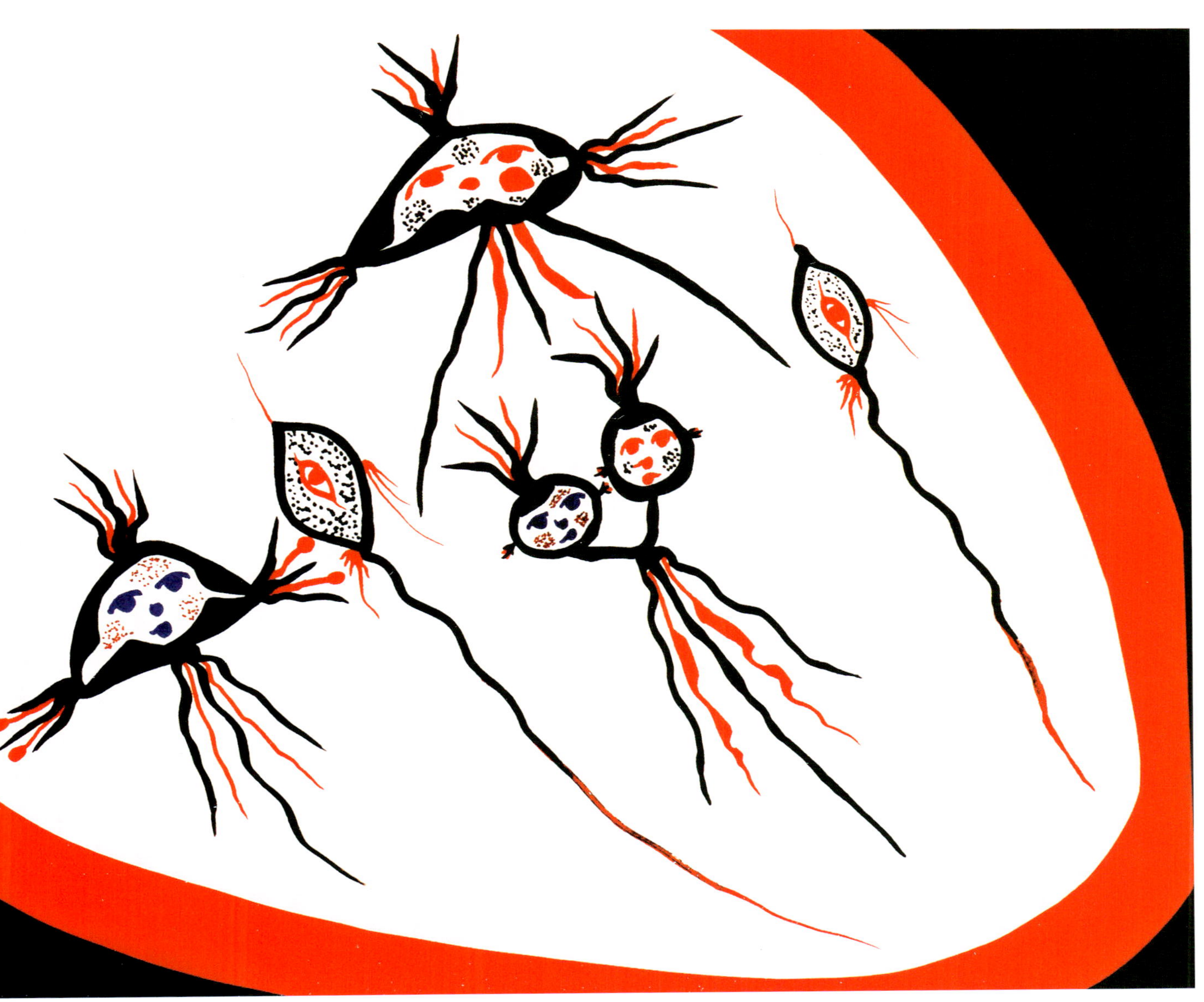

천국으로

바다에서 생명이 최초로 탄생하다

음양(陰陽) 남녀의 분리

걷기

규칙적인 걷기 운동은 폐쇄성 폐질환, 심혈관질환, 당뇨, 우울증, 치매, 호르몬 불균형, 관절염, 생리전증후군, 하지정맥류, 피곤, 변비, 체중 감소 등에 도움이 된다.

어느 연령대이든 근육운동은 젊은 남성 또는 보디빌더들만 하는 것이라 생각하고, 트레드밀(러닝머신)만 이용하신다는 분들도 꽤 된다. Better

than Nothing. 하지 않는 것보다는 어떤 운동이라도 하는 게 낫지만, 향후 근육운동을 관심을 가질 날이 올 거라 생각하고, 여기에서는 걷기 운동의 건강 효과만을 전한다.

규칙적인 걷기 운동이 건강과 장수를 촉진한다는 연구 결과들이 계속 보고되고 있다. 예를 들어 매일 25~30분을 걸으면 생존기간을 3~7년 연장할 수 있고, 흡연자라도 4년 정도 수명을 연장할 수 있다. 5,700명의 노인들을 대상으로 1주일에 180분씩(1일 25~30분씩) 걷기 운동을 12년 동안 실시한 결과 사망률이 40% 가량 감소되었다. 하지만 1주일에 1시간 정도의 걷기 운동(1일 평균 10분)의 경우에서는 사망률 감소에 도움이 되지 않았다. 어느 정도로 걸어야 운동이 되는지, 걷기로 인한 우리 신체 변화를 살펴보면서 힌트를 찾기 바란다.

걷기를 시작하면서 우리 몸은 화학물질을 분비하여 에너지를 서서히 올린다. 그리고 심박수가 70~100 이상 올라가면서 근육에 공급되는 혈액의 양이 늘게 된다. 지속적인 걷기 운동은 관절의 윤활액 생성을 촉진하여 관절의 뻣뻣함을 감소시켜준다(아마 운동하면서 관절이 점점 부드러워지는 것을 느꼈을 것이다).

걷기 시작하여 6~10분 가량 지나면 심박수가 140 정도 되면서, 1분간 6 칼로리 정도를 소모하게 된다. 혈압은 상승되지만, 산화질소가 생성되면서 혈압은 일정 수준으로 유지된다. 산소가 충분히 함유된 혈액이 근육과 장기에 꾸준히 공급된다.

11~20분 후에는 체온이 상승하면서 땀이 방출된다. 이때 1분당 7 칼로리가 소모되고, 상승된 심박수는 심호흡을 유도한다. 이 시점에서 에피네프린, 아드레날린, 글루카곤 등이 근육 활성을 높이기 위해 분비된다. 참고로 에피네프린은 천식·알러지를 완화시켜 준다.

그래서 걷기 등의 운동을 하면 천식·알러지 증상이 감소하는 이유가 여기에 있다. 걷기 시작한 지 21~45분 후에는 더 많은 지방이 분해가 시작되고, 인슐린 수치가 감소한다. 이 시기에는 대뇌에서 엔도르핀이 분비되어 신체적·정신적으로 편안함과 행복감을 느끼게 되다. 이 상태는 기억력과 창의력 증가에 영향을 끼쳐 향후 문제 해결에 도움을 준다. 30~40분 후에는 전신에 산소 공급이 이루어지면서 지방 분해가 더 활발히 일어나고, 심혈관 계통과 면역계통의 기능이 향상된다. 햇빛이 충분한 야외에서 걷는다면, 비타민 D가 생성되어 또 다른 건강 효과를 얻게 된다.

걷기 운동으로 소모된 에너지를 재충전하고 산화 스트레스를 제거하는 것은 운동으로 얻은 효과를 100% 내 것으로 만드는 데 중요하다. 다음을 참고하자.

쇠렌 키르케고르는 1974년 제테에게 보낸 편지에서 이렇게 기록했다.

"나는 걸으면서 나의 가장 풍요로운 생각을 얻게 되었다. 걸으로는 쫓아버릴 수 없을 만큼의 무거운 생각은 하나도 없다."

니체는 '환희의 지혜'라는 한 아포리즘에서 이렇게 말했다.

"나는 손만 가지고 쓰는 것이 아니다. 내 발도 항상 한몫을 하고 싶어 한다. 때로는 들판을 가로질러서 때로는 종이 위에서 발은 자유롭고 견실한 그의 역할을 당당히 해낸다."

또한 그는 불후의 명저인《차라투스트라는 이렇게 말했다》에서 이렇게 갈

파했다.

"심오한 영감의 상태, 모든 것이 오랫동안 걷는 길 위에서 떠올랐다. 극단의 육체적 탄력과 충만이."

"걷는다는 것은 지극히 본질적인 것에만 이 세계를 사용한다는 것을 뜻한다. 걷는 것은 헐벗음의 훈련이다. 걷기는 인간을 세계와 정대면하게 만든다."

"걷기는 삶의 불안과 고뇌를 치료하는 약이다."

속담에서 오직 한 가지 중요한 것은 첫걸음이라지만, 그 첫걸음이 항상 쉬운 것은 아니다. 그 첫걸음으로 인하여 우리는 한동안 규칙적인 생활의 고즈넉함에서 뿌리 뽑혀 예측할 길 없는 길과 날씨와 만남들과 그 어떤 다급한 의무에도 매이지 않는 시간표에 몸을 맡기게 된다.

한 끼의 검소한 식사가 때로는 만찬보다 더 나은 것이니 그 포만감과 유쾌함은 지워지지 않는 기억으로 남는다. 온종일 걷고 난 뒤의 허기와 달콤한 피로가 뒷받침되면 별것 아닌 음식이 침을 고이게 하는 미식으로 변한다.

"걷기는 세계를 느끼는 관능에로의 초대다. 걷는다는 것은 세계를 온전하게 경험하는 것이다."

"이런 경험을 경험하는 사람은 그순간 그 경험의 주도권이 인간에게로 돌아온다."

우리는 목적이 없이 그냥 길을 걷는다. 지나가는 시간을 음미하고 존재에 돌아가서 길의 종착점에 더 확실하게 이르기 위해 걷는다.

전에 알지 못하던 얼굴들을 발견하고 몸을 통해서 무궁무진한 감각과 관능의 세계에 대한 지식을 확대하기 위해 걷는다.

《월든》의 헨리 데이비드 소로는 이렇게 말했다.

"온갖 세속적 얽힘에서 벗어나 산과 들과 산속의 숲속을 걷지 못한다면 나는 건강한 영혼을 온전히 보존하지 못할 것 같다."

'3단계 운동'으로 걷기 효과 3배로 높이기

날씨가 선선해지면서 걷기 운동을 시작하는 사람이 많다. 걸으면 무조건 건강해질 것이라 생각하지만, 걷기도 단계별 훈련을 통해 '제대로' 해야 운

동 효과를 볼 수 있다.

1단계 : 준비기 – 걷기 준비 및 근력 운동

나이가 들면 걷는 데 필요한 근육이 쇠퇴한다. 그래서 중·장년층 이상은 걷는 데 필요한 근육을 단련하는 운동을 꾸준히 해야 한다.

〈걷기에 도움이 되는 운동〉

◆ **종아리 들어올리기**……벽을 바라보고 양손을 벽에 댄 상태에서 까치발을 들었다 원래의 자세로 돌아오는 운동이다. 한 번에 20~30회씩 하루에 3~4세트 하면 되는데, 노인은 10회씩 4~5세트 하는 게 좋다.

◆ **스쿼트**……양발을 어깨너비로 벌리고 서서 엉덩이를 무릎 높이까지 천천히 내렸다가 원래 자세로 돌아오는 동작으로, 횟수는 종아리 들어올리기와 같다.

◆ **플랭크**……엎드려서 양팔을 바닥에 대고 버티는 동작인데, 20~30초(노인은 10~15초)씩 하루에 3세트 하면 된다. 이렇게 하면 걸을 때 주로 쓰는 근육인 종아리, 허벅지, 엉덩이, 코어근육이 강해져서 속도를 올려 걷는 데 도움이 된다. 걷는 속도가 빨라지면 사망 위험이 감소한다.

실제로 시속 5~7km 정도로 빠르게 걷는 습관을 가진 사람의 경우 모든 원인에 의한 사망 위험이 24%나 낮다는 호주 시드니대학의 연구가 있다.

2단계 : 실행하기 – 인터벌 걷기 운동

걷기 준비운동을 2주 동안 한 뒤부터는 '인터벌 걷기'를 시작한다. 인터벌 걷기란 걷기의 강도에 변화를 주며 걷는 것을 말한다. 인터벌 걷기를 하면 근력 · 심폐지구력 · 유연성 · HDL 콜레스테롤 수치 · 동맥 탄력도 등이 높아지고, 수축기 혈압 · 총콜레스테롤 수치 · 중성지방 수치 등이 낮아진다는 연구가 있다.

◆ 인터벌 걷기 방법

평소에 30분씩 걷는 사람을 예로 들면, 5분은 평상시 속도로 걷고, 3분은 전신에 힘을 줘 빠르게 걷는 것을 세 번 연속 반복한다. 건강한 사람의 심장이 약간 부담 받을 정도로 걸어야 하는데, 걸으면서 노래를 부르는 게 힘이 드는 속도에 해당한다.

인터벌 걷기를 하면 총 걷는 시간은 6분 줄지만, 원래대로 30분 걸을 때보다 운동 효과는 2~3배로 올라간다. 근유의 수축 · 이완이 빠르게 이뤄져 전신에 혈액이 잘 공급되고, 심폐기능도 올라간다. 근육의 빠른 수축 · 이완 덕분에 혈관벽의 탄력이 올라가 심혈관계질환 등 만성질환이 있는 사람에게 특히 좋다. 이렇게 6~8주 걸으면 걷는 속도가 빨라지고, 관절통 · 근육통은 눈에 띄게 줄어든다. 부상을 막기 위해 평지를 걷고, 호흡은 자연스럽게 한다.

3단계 : 강화기 – 기구 근력 운동

인터벌 걷기 운동이 익숙해지면 기구를 이용한 근력 운동을 병행해야 한다. 근육량이 늘고, 근육기능이 향상되어 걷는 속도를 더 높일 수 있다. 근력운동은 피트니스센터에서 하면 좋지만, 여의치 않다면 탄력 밴드를 이용해 집에서도 할 수 있다. 탄력 밴드를 목에 걸고 밴드 양끝을 발로 밟은 다

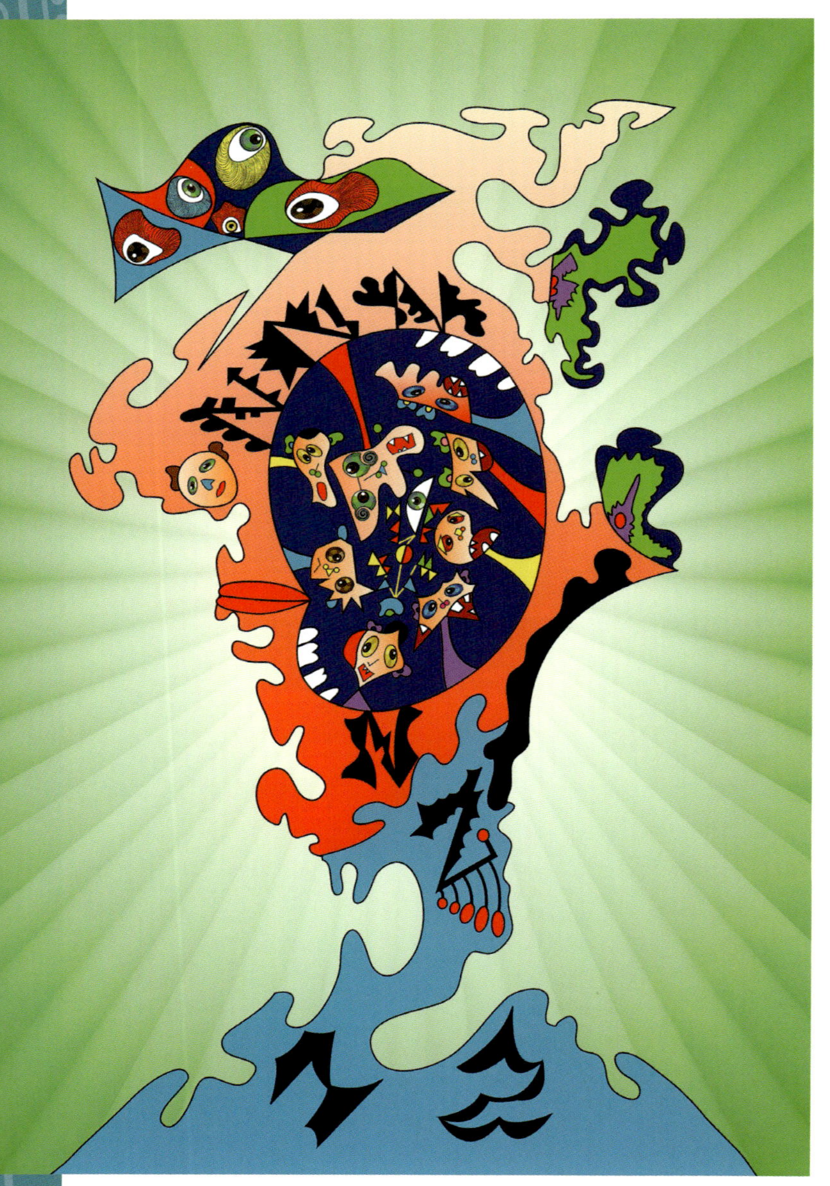

음, 상체를 서서히 폈다가 다시 되돌아오는 동작을 10~15회씩 3세트 하면 된다. 그러면 코어 근육과 하체 근육이 동시에 단련된다.

걷기와 달리기는 가장 쉬우면서 효과적인 운동법이다. 만성질환을 앓는 환자라도 무리 없이 시도할 수 있다. 하지만 올바른 걷기 요령을 알아야 부상을 막고 건강 효과가 증진된다.

올바른 걷기 요령에 대해 알아보자.

일단 걷기는 자세가 중요하다. 바른 걷기 자세는 가슴 · 등 · 어깨를 곧게 펴 몸과 바닥이 수직을 이루게 해야 한다.

시선은 턱을 당기는 느낌으로 정면을 바라본다. 팔의 자연스러운 움직임도 중요하다. 팔의 각을 L자 또는 V자로 만들어 앞뒤로 자연스럽게 흔들며 걸어야 팔 앞쪽 근육이 과도하게 긴장하지 않는다. 발바닥은 뒤쪽에서 앞쪽으로 바닥에 닿아야 하체 근육이 제대로 수축 · 이완한다.

평지를 걸을 땐 몸을 앞으로 5도 정도 기울여 상체가 앞으로 먼저 나간다는 느낌으로 걷는다. 오르막길에서는 뒷다리와 상체를 일직선으로 한 채 팔을 흔들어 추진력을 이용해 걸어야 하며, 내리막길에서는 상체는 수직으로 한 뒤 뒷발로 균형을 잡고 무릎을 구부린 채 걸어야 한다.

◇ 당뇨병환자 – 저혈당 쇼크에 주의해야 한다.

당뇨병환자는 걷기를 시작하는 시간이 중요하다. 혈당을 관리하려면 식사 후 1~3시간 사이에 운동을 하는 것이 가장 좋다. 운동 전후와 운동 중에 혈당을 측정해 운동에 따른 혈당 변화를 파악한다. 걷기, 달리기 중에 발에 상처를 입지 않도록 철저히 관리해야 한다.

당뇨병 치료제를 복용하는 환자라면 저혈당으로 인한 쇼크에 빠지지 않도

록 주의해야 한다. 항상 파트너와 함께하되, 운동 전 혈당을 30분 간격으로 2회 검사해 혈당이 얼마나 떨어지는지 파악해야 한다. 투여한 인슐린의 작용이 최고가 되는 시간에는 운동을 피하고, 운동 중 작용하는 인슐린의 용량을 낮추는 것이 좋다. 운동을 심하게 하거나 1시간 이상 할 때는 운동을 하는 도중에 간식을 먹는다. 항상 초콜릿, 사탕, 비스킷, 주스 등을 가지고 다니는 것도 방법이다.

◇ 관절염환자 – 달리기보다는 걷기를

관절염으로 무릎에 통증이 있는 사람은 달리기보다 걷기가 좋다. 하지만 무리해서 걸으면 통증이 올 수 있으므로 걷는 양을 조절해야 한다. 통증을 참으면서 억지로 계속 걷는 것은 피해야 한다. 적절한 신발과 양말을 신어 발을 내딛을 때 관절로 전해지는 충격을 최소화한다. 학교 운동장, 길거리의 보도블록 등 되도록 평탄한 길을 걷는다.

하루에 얼마나 걷는 것이 좋을까

한국인은 보통 하루에 2,000보를 걷는 것으로 보고된다. 하지만 전문가들은 세 배 이상인 7,000보 이상 걷기를 권한다. 권장되는 시간은 걷기 속도에 따라 다르다. 너무 천천히 걷는 것은 운동 효과가 잘 나타나지 않는다.

옆 사람과 대화하기가 약간 어려운 정도, 약간 숨이 찬 정도의 빠른 걸음 또는 가벼운 달리기가 좋으며, 이런 방식으로 하루 30~60분, 주 5일 이상 걷는 것이 좋다. 또한 고강도 운동, 즉 숨이 찰 정도로 달리기를 하는 경우에는 하루 20~60분, 주 3일 이상 하는 것이 좋다.

노화를 예방하기 위해서는 적절한 운동을 해야 한다. 나이가 들면 느린 연축 근섬유(1형 근섬유)보다는 빠른 연축 근섬유(2형 근섬유)가 현저하게 감소한다. 장기간에 걸쳐 근력을 유지할 수 있는 1형 근섬유보다는 단기간에 순간적인 힘을 내기 위한 2형 근섬유가 감소한다는 점을 고려해 운동 계획을 짜야 한다.

운동 종류는 심폐지구력을 향상시키는 유산소 운동, 근력을 향상시키는 저항성 운동, 근력 및 유연성을 증가시키는 운동으로 구분한다. 두 종류 이상의 운동을 포함해 빈도, 강도, 시간 등을 적절하게 배분한다. 자전거 타기만 열심히 하는 식으로 운동도 편식하면 안 된다.

먼저 유산소 운동은 자전거 타기, 수영, 걷기 등을 일주일에 5~7회 정도의

빈도로 약간 힘들다고 느낄 정도의 강도로 3분 이상 지속한다. 이때 호흡곤란, 흉통, 어지럼증 등의 증상이 있으면 즉시 운동을 멈춘다.

저항성 운동은 가슴 · 어깨 · 복부 · 등 · 허리 · 엉덩이 · 다리 · 팔 등의 부위에 아령 또는 탄력 밴드를 이용하여 8~10개 부위의 운동을 10~15회씩, 2~4세트 반복한다. 일주일에 2~3회 시행하고, 운동 강도는 저항이 클수록 효과가 크지만 다음날 무리가 가지 않을 정도로 한다.

상체보다는 하체 운동을 위주로 시행한다. 심혈관질환으로 치료 중인 환자는 의료진과 상담 후 시행한다. 유연성 운동은 관절의 운동범위를 증가시키는 스트레칭이 좋다.

인체의 세포조직

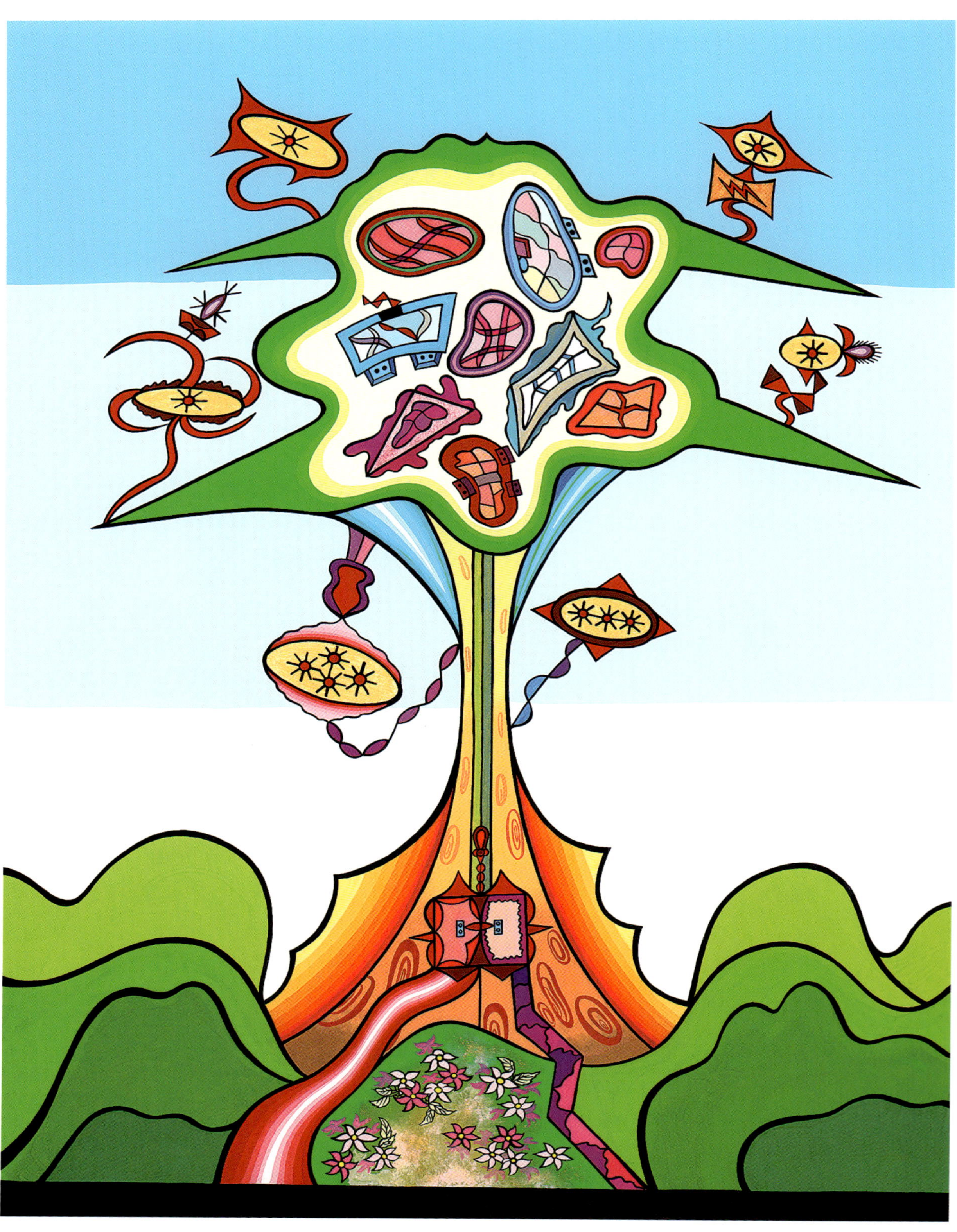

어머니 땀방울

우유 빛 연민이 함성으로 아리게 흐르는
높은 작골 자갈로 비벼놓은 따비밭

바람은
성난 호랑이 꼬리에 매달린
오만한 모기의 수염으로
느리게 흥얼거릴 뿐

축 늘어진 백발의 키다리 수수깡
성난 삼복(三伏)
불타는 미친 도끼 대지를 주살하고

폭포로 덮치는 어머니 이마 땀방울
남루한 무명적삼을 서럽게 두드린다

창자를 볼모로
허기는 천둥으로 매질하고
시퍼런 굶주림이 사방에 자욱하다

구절양장(九折羊腸) 사래 긴 콩밭
오리무중
김매는 호미 숨결이 가파르다

언덕말

산비탈 바위 곁에 매달린 감나무
그 밑에 바위 비집고 몸부림치며 솟아나는 아기 샘물
곁에서 매화나무는 때가 되면 흐드러지게 꽃이 피고
참죽나무는 옆구리에 셋방살이하는 어른 손바닥만한 내가 만든 꽃밭
무궁화, 황매화, 맨드라미, 분꽃, 백일홍, 으아리
싸리문을 나가며 들어오며
나와 눈이 마주치면 새색시 마냥 수줍어하던 어린 꽃들
뒷간 뒤 오동나무
헛간에 쇠스랑, 도리깨, 고무래, 도롱이, 삿갓
엉성한 돌담 떨어질세라 땀 흘리며 한사코 덩굴에 매달린 아기호박
참죽나무 밑 닭장 쌈질하던 장닭
덩치 큰 흙토끼 암토끼 지키느라 눈에 번개 치고
철사 빨랫줄에 왕방울 눈 두리번거리던 빨간 고추잠자리
한발을 절 고샅길 송아지 고삐잡고 오시는 큰아버지
피골이 상접, 큰 눈만 얼굴에 걸려 매부 등에 업혀 집에 들어오던
가련한 누님 눈에 삼삼 어리고
떨어진 버선에 걸레를 둘둘 발에 감고 겨울에 짚신을 신고 지게 지고 설산에 오르시는 아버지
몸보다 더 큰 무거운 참외 광주리를 머리에 이시고 깔딱 고개를 넘어가시는 불쌍하신 어무이
어머니가 영양실조로 젖이 나오질 않아

어릴 때 젖을 먹지 못해 키가 자라지 못한 가엾은 동생

돌담에 간신이 매달린 호박이 자라면 호박 부침 해주마 하시든 어무이 말씀 듣고 아침 잠자리에서 눈뜨면 그곳에 달려가 얼마나 자랐는지 만져보던 나의 작은 손

이세지우

친구 학현과 두 딸

김학현이라는 친구와 나는 청주에 있는 청원야간중학교 동기이다.

산림과 조림계장님의 송아지를 우리가 기르고 있는 인연으로 아버님의 간절한 청에 나는 산림과 급사로 취직할 수 있었다. 당시 산림과 사무실은 전기난로가 없고 난방 시설이 되지 않은 건물이라 방마다 골탄으로 난방을 했다. 아침 일곱 시에 출근해서 장작불로 골탄에 불을 붙이고 청소를 하고 보리차를 주전자에 끓이고 20여 개의 책상을 물걸레로 말끔히 닦아놓고 직원들 출근하기를 기다린다.

학현은 산업국장실에 근무하는 관계로 결재서류를 들고 2층으로 올라가 결재를 받아가지고 내려온다. 이런 연유로 가까이 지내는 친구가 되었다. 중학교 입학 당시는 누님이 청주연초공장에 다니는 관계로 우암동

누님댁에 더부살이를 했으나, 누님이 병원에 입원하였다가 갈미 시댁으로 가신 후 친구 집을 전전하다가 학현 친구와 모춘동에서 자취를 하게 되었다.

학현은 문의면 도원리 산골이 본가로 살림이 넉넉지 않아 자기가 벌어서 공부해야 하는 나와 같은 처지였다. 겨울에 불도 땔 수 없는 쪽방으로, 마당에 풍로를 놓고 장작을 잘게 쪼개 불을 피워 보리밥을 지어먹는다. 아침에 일어나면 저녁에 담아 놓은 사발의 물이 얼어 있다. 하지만 별 도리가 없다. 아침에 저녁거리를 준비해 놓고 밤 11시에 돌아오면 가끔 밥도 얼어 있다. 둘은 언 밥을 비스킷 깨물어 먹듯이 먹어야만 한다. 언 밥도 두 사람의 배를 채울 수 없는 적은 양인데, 학현은 늘 자기 몫을 떼어 내 그릇에 덜어준다.

나는 어려서부터 너무 몸이 쇠약해서 한 번 발병하면 2, 3개월 알아 눕는 병명도 분명하지 않은 고질병을 앓고 있었다. 자취한 지 5개월 만에 다시 병이 재발하여 몸이 아파서 시골로 돌아가야만 했다. 청원군 북일면 형동리, 청주에서 20km 거리다.

학현은 의리가 있어 토요일 저녁에 자전거를 타고 14km가 넘는 거리를 달려와서 나를 위로하고, 내 옆에서 잠을 자고 새벽 4시에 자전거를 달려서 도청으로 출근했다. 자전거는 도청 소유로 긴급한 사항에만 사용하는 도구다. 그러기를 3개월 10일, 그는 그 먼 거리를 14번이나 왕복했다. 더구나 도중 2km는 개울의 자갈밭이라 자전거를 탈 수 없어 끌고 와야만 하는 험한 길이다.

한두 번 오기도 힘든데 내가 회복되기까지 한 주도 빠짐없이 나를 살피기 위해 고된 여정을 반복했다. 올 때마다 빈손으로 오지 않고 찐빵 두 개를 사서 주머니에 넣고 온다. 자기도 배가 고파 배에서 쪼르륵 소리가 날 텐데, 자기가 먹지 않고 나를 주기 위해서이다.

친구가 세상을 떠난 지 벌써 40년의 세월이 흘렀지만, 여전히 잊혀지지 않는다. 우리 둘은 관포지교(管鮑之交)의 우정을 쌓았다.

중학교 2학년 무렵 산업국장이 전라북도로 전근갈 때 나는 친구에게 여기에 남아 같이 학교를 다니자고 청했으나, 당장 직장을 잃게 되고 또 국장이 같이 가자고 하니 의리 있는 친구가 국장의 청을 거절할 수 없어 따라가게 되었다. 그 후 우리 둘은 가는 길이 서로 달라 15년 후에나 소식을 알게 되었다.

관포지교(管鮑之交)

춘추시대 제(齊)나라에 관중(管仲)과 포숙(鮑叔)이라는 두 인물이 있었다. 그 후 관중은 사람들에게 말했다.

"일찍이 내가 가난할 때 포숙과 함께 장사를 했는데, 이익을 나눌 때 나는 내 몫을 더 크게 했다. 그러나 포숙은 나를 욕심쟁이라고 말하지 않았다. 내가 가난함을 알고 있었기 때문이다. 또한 내가 사업을 하다가 실패하였으나 포숙은 나를 어리석다고 말하지 않았다. 세상 흐름에 따라 이로울 수도 있고 그렇지 않을 수도 있음을 알았기 때문이다. 내가 세 번 벼슬길에 나아갔다가 번번이 쫓겨났으나 포숙은 나를 무능하다고 말하지 않았다. 내가 시대를 만나지 못했음을 알았기 때문이다. 내가 싸움터에 나가 세 번 모두 패하고 도망쳤지만, 포숙은 나를 겁쟁이라고 비웃지 않았다. 내게 늙으신 어머니가 계심을 알았기 때문이다. 나를 낳은 이는 부모님이지만, 나를 알아준 이는 포숙이다."

당시 제나라는 폭군 양공으로 인해 혼란에 빠져 있었다. 결국 공자 규는 관중과 함께 노나라로 망명했고, 규의 동생인 소백은 포숙과 함께 거(巨) 나라로 망명했다. 이후 양공이 권력 쟁탈전 끝에 살해되고 나라는 혼란이 계속되어 군주의 자리가 비게 되었다. 그러자 두 공자는 서로 왕위에 오르기 위해 서둘러 귀국길에 올랐다. 이에 규는 관중을 보내 귀국길에 오른 소백을 암살하고 느긋하게 귀국길에 올랐다. 그러나 소백은 천만다행(千萬多幸)으로 관중이 쏜 화살이 허리띠에 맞아 목숨을 구했고 부랴부랴 귀국해 군주의 자리를 차지하였다. 결국 소백에게 잡힌 규는 자결하였고, 관중은 사형 집행을 눈앞에 두었다.

이때 포숙이 나서서 소백에게 말했다.

"전하, 전하께서 제나라에 만족하신다면 신으로 충분할 것입니다. 그러나 천하의 패자가 되고자 하신다면 관중 외에는 인물이 없을 것입니다. 부디 그를 등용하십시오."

결국 관중은 자신이 죽이려던 자 휘하에서 재상이 되었고, 이후 명재상 관중의 보좌를 받은 소백은 제 환공에 올라 춘추 5패 가운데 한 사람이 되었다.

연옥과 연화 둘은 학현이 남긴 딸이다. 벌써 60이 가까운 나이들인데, 김치를 직접 담가 차로 실어다 주면 나는 거의 2년을 먹는다. 또 내가 떡을 좋아하니까 약식을 만들어서 보내 주는데 역시 2년 가까이 먹는다.

며칠 전 현제가 약식과 물김치를 담아 차에 싣고 왔다. 왕복 7시간 거리다. 너무나 고맙고 기특하다. 내가 대전에 갔을 때는 청주댐 기슭에 있는 매운탕집에 데려가 흐뭇한 점심을 대접 받고 용돈을 손에 쥐어주었다.

부녀 2대가 나를 위해 마음을 담아주니 전생에 깊은 인연의 물줄기일 것이다.

인연의 메아리

박꽃의 속삭임 무성한
저녁노을 끌어안고
마주보는 어진이들

땀내 나는 웃음이 가득한
낡은 밀 방석 용상에
초라한 찐 감자 바가지
하루의 주린 창자 채우며

금생의 인연이 메아리친
얼굴들이 사무친 연민으로
기다리고 기다린 긴긴 하루
입가에 미소 눈물 되어 흐르네

벗님아

Waikiki 해변에서

가고파 그리운 날들이여
찬이슬 가여린 꽃봉오리
가진 것 덩그러니 빈손뿐

싸늘한 혼 이불속 둘이 누워
네 눈망울 시리게 바라보며
훗날 푸른 꿈꾸던 내 친구야

오갈 데 막연한 날 반겨준,
찬밥 눈물로 비벼 먹은 날
천고의 세월 흘러도 잊으랴

또 다른 내일 젊음의 저편
희망의 파랑새 춤추는 바다
더 찬란한 태양 솟아오르고

이제, 아득히 먼 하늘 저편
아쉬워라, 가까이 보고파라
그리움 봄비마냥 흘러간다

– 친구 오주식과 같이 지낸 날들을 회상하며!

꿀꿀이죽

6 · 25 사변이 끝난 직후.

일자리를 찾아 아무 연고 없이 무작정 서울에 올라온 백수인 내가 잠을 잘 수 있는 곳은 서울역 앞 도동 창녀촌 무허가 싸구려 하숙집뿐이다.

이곳은 폭격으로 건물이 부서진 터에 임시로 지은 2층으로 된 판잣집으로 방이 12개가 있다. 포주들이 창녀들을 두고 색시장사 겸, 밤 색시 상대 손님이 없을 때 숙박을 부업으로 하는 집이다.

숙박비가 여관비의 30분의 1도 되지 않으니 통금시간이 가까워오면 잠 잘 때 없는 따라지 군상들이 문전성시를 이룬다.

창녀들의 짧은 시간 즐기는 돈벌이가 거의 끝나는 밤 12시 이후, 긴 시간 즐기는 창녀들이 밤새워 사용할 방을 제외하고, 손님 없는 창녀들을 한

방에 여러 명 재우고 남는 방이 있으면 숙박 손님을 받는다.

요염한 아가씨들이 짙은 화장을 하고 오락가락하며 눈웃음을 치며 뭇 사내를 유혹하지만 한 끼 식사조차 해결하기 어려운 절박한 처지 있는 내게는 쳐다볼 여유조차 없다.

때로는 자정이 가까워 호떡을 사가지고 들어오면서 길거리에 서서 떨고 있는 나를 보고 호떡 한 개를 꺼내 슬그머니 내손에 쥐어주는 마음씨 착한 아가씨도 있다. 그 호떡은 내 주머니에 소중히 간직하였다가 아침 한 끼의 식사가 되니 내일 아침은 꿀꿀이죽 집을 가지 않아도 된다.

하루살이 따라지 인생, 더 이상 떨어질 데 없이 바닥까지 추락한 군상들과 밤거리 아가씨들이 뒤범벅이 된 창녀촌의 통금이 지난밤의 현기증 나는 어지러운 풍경이다. 이곳 이외에는 갈 곳조차 없는 가지가지 사연을 간직한 혼돈의 무리들이 뒤 섞여 좁은 골목길은 총천연색으로 너풀댄다.

길가에 서 있자니 추운겨울에 손발은 시리고 밤 12시쯤 되면 꿀꿀이죽 먹은 배는 등에 붙어 허기져 있는 상태다. 요행이 방 배정이 되어 5, 6명이 함께 잘 수 있으면 그날은 재수 좋은 날이다. 날이 추워서 길거리에 잘 수 없으니 손님은 늘 만원이다. 포주의 얼굴만이 번들번들 개기름이 흐르고 손님들은 모두가 핏기 없는 풀죽은 얼굴들이다.

오는 사람 모두를 방에 밀어 넣다 보니 좁은 방에 10명이 넘는 인원을 한방에 밀어 넣어 눕지 못하고 앉아서 잠을 자야할 때가 다반사다. 방 한 칸에는 낡은 국방색 담요 한 장밖에 없다.

방을 배정받아 들어가면 꼭 눈을 부라리고 어깨를 들썩이며 주먹을 휘두르는 사람이 있게 마련이다. 연탄 아궁이 가까운 아랫목 쪽에 누워서 담요를 혼자 덮고 잠을 자려고 공포분위기를 조성한다.

약골인 나는 하는 수 없이 늘 앉아서 자야만 한다. 제일 싫어하는 자리가 문 앞자리로 엉성한 미닫이 문틈으로 계속 바람이 들어오지만 나는 나이도 어리고 힘이 달리는지라 미닫이문 앞에서 밤새도록 바람막이를 해야만 한다.

잠을 자려고 하나 각목을 걸치고 만든 간이 2층은 사람이 걷기만 해도 삐거덕 삐거덕 소리가 난다. 남녀가 교합 하면서 내는 괴성을 날마다 들어야

하고 때로는 천정이 우두둑 우두둑 무너질 것 같이 큰소리가 난다.

술주정뱅이의 고함소리, 싸우는 소리, 창녀가 기둥서방에게 매 맞고 우는 소리를 듣다가 간신히 잠이 들면 안쪽에서 자고 있던 사람이 화장실 가려고 캄캄한 방을 더듬어 넘다가 나의 배를 밟고 때로는 얼굴도 짓밟는다.

전기불은 꺼져있으니 이런 일이 비일비재하다. 전기는 주인 방에 스위치가 있어 주인이 켜고 끈다. 전기 보급이 잘 되지 않던 시절이라 전기료를 절약하기 해서다.

그렇게 하룻밤을 무사히 넘기고, 컴컴한 새벽 3시에 일어나 서울역으로 간다. 새벽에 도착한 기차 승객의 짐을 날라다주기 위해서다. 용케 짐을 지

닌 손님을 만나면 돈이 생기지만, 허탕 치는 날은 주머니가 가랑잎처럼 가볍다. 쓸쓸한 가슴을 쓰다듬으며 목은 천근같이 늘어지고 다리는 수양버들 가지처럼 힘이 없어 하느적 하느적 맥이 없다.

그래도 낮에는 일자리를 구하려고 영등포로 청량리로 들개처럼 온 시내를 하루 종일 돌아다녀야 한다.

주머니가 빈만큼 숙소도 달라진다. 거기서 한 단계 추락하면 서울 역 대합실이다. 그곳에서 하룻밤 자고 그 다음날 자려고 의자에 구부리고 앉아 있으니 깡패들이 들이닥쳐 누구 허락 받고 자느냐고 얼러대고 주먹질이다. 이곳도 선취 특권자가 있어 아무나 잘 수 없다는 것을 그때서야 알았다.

지금 노점상들이 깡패 무리들에게 자릿세를 상납해야 하듯 여기도 그 무리들이 나무의자에 잘 수 있는 자격을 좌지우지 하는 것이다. 나는 하는 수 없이 주먹과 수에 밀려 남대문 지하도로 쫓겨났다.

서울역 대합실은 나무 의자가 있어 1등실이고, 남대문 지하도는 차가운 시멘트 바닥으로 5등실이다.

가난한 시절 추위는 왜 그다지도 기승을 부리는지! 사람이 오락가락할 때

는 약간의 온기가 있던 지하도는 통금시간이 넘으면 사람들은 썰물처럼 빠져나가고, 출입구는 양쪽으로 뻥 뚫어져 있으니 모진 찬바람만 쌩쌩 분다.

영하 15도의 엄동설한에 콘크리트 바닥에 신문지를 깔고 낡고 허름한 얇은 잠바를 입고 쪼그리고 앉아 차가운 벽에 기대어 잠을 자면 새벽에 무릎이 얼어 일어날 수 없다.

일어나려다 꼬꾸라지고 몇 번을 시도해서 겨우 일어나면 이제는 걸을 수가 없다. 얼어버린 엉덩이 근육과 발목 근육이 녹질 않아 제대로 움직여지지 않는다. 계단에 앉아 무릎을 비비고 발목과 엉덩이를 마사지한 다음에야 엉금엉금 손으로 기고 발을 끌면서 꿀꿀이죽 집을 향해 기를 쓰고 걸어간다.

평상시 3분이면 걸어갈 수 있으나 온몸이 얼어 움직이기 어려울 때는 15분이 넘게 걸린다.

남대문 시장 판자촌 뒷골목에 꿀꿀이죽 집이 길가에 서너 집 있었다. 포장도 없이 두꺼운 나무판자 몇 개를 이어놓고 각목을 잘라 어설피 다리를 만들어 놓은 상에 두꺼운 송판으로 한 뼘 높이의 간이의자를 놓고, 한 의자에 여섯 명이 쪼그리고 앉아 꿀꿀이죽을 먹는다.

그곳에서 몇 발작 내려가면 국밥집과 해장국집이 즐비하게 있지만 3류 인생인 나에게는 먼 나라 이야기이다. 국밥 한 그릇 값이면 꿀꿀이죽 열다섯 그릇을 먹을 수 있으니 닷새를 살 수 있다. 그래서 늘 그곳도 만원이다.

꿀꿀이죽은 미군부대에서 먹고 버린 음식 찌꺼기를 끓인 것이다. 끓이기 전에 대충 지저분한 내용물을 가려내고 끓였을 것이다. 그러나 먹다보면 담배공초, 성냥개비, 씹다 버린 껌, 헝겁 쪼가리, 찢어진 종이, 콘돔, 부서진 뼈다귀 등이 수시로 나온다. 때문에 조심조심 잘 골라내면서 먹어야한다. 가끔 씹다가 너무 질겨 버린 고깃점이 들어있는 날은 재수좋은 날이다.

고객은 날품팔이 지게꾼, 리어카꾼, 떠돌이 봇짐장수, 넝마주이, 실업자 그리고 서울역이나 남대문 지하도에서 잠을 자는 집 없는 사람들이다. 그곳을 찾아가는 식객은 거의가 도동 하숙방에서 잠을 잔 사람들이거나, 서울역 대합실, 남대문 지하도에서 자는 사람이 대부분이다.

언 몸을 끌고 간신히 꿀꿀이죽 집에 도착하면 마음씨 착한 아주머니는 얼어 죽지 않고 다시 찾아왔다고 어서 오라며 반갑게 웃으면서 맞이한다. 하루 전에 나이 많은 늙은 영감이 남대문 지하도에서 얼어 죽었다는 소식을 듣고 혹독한 추위에 살아서 다시 찾아온 나를 반기는 것이다. 이 시절에는 먹지 못하고, 입지 못한 불상한 군상들이 하루에도 몇 명씩 여기저기서 얼어 죽는 것은 다반사였다.

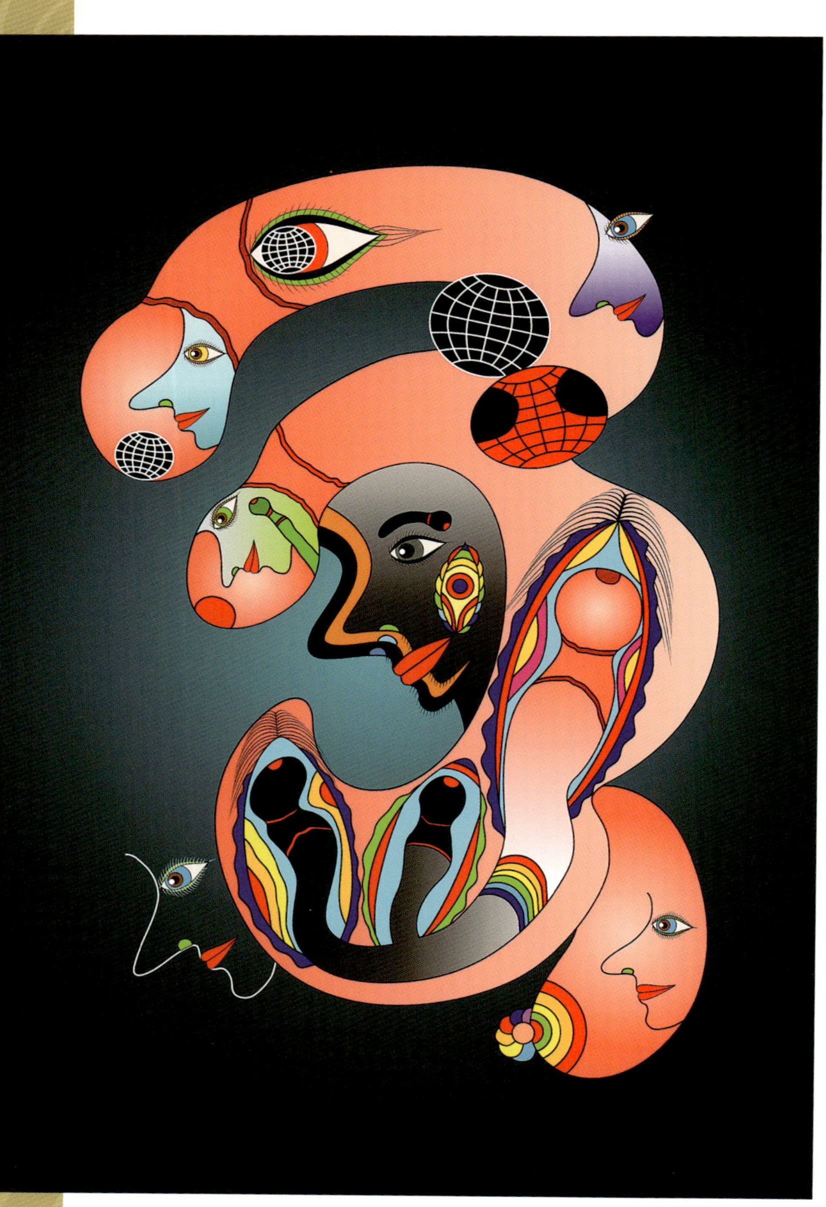

한 달 이상 빠짐없이 꿀꿀이죽 집을 드나들다 보니 낯익은 단골손님이 되었다. 죽을 거의 다 먹어 갈 때면 어떻게 알고 죽 장수 아주머니가 한 국자 듬뿍 떠서 더 먹으라며 부어준다. 이것은 내가 세상을 살면서 받은 가장 흐뭇하고 따스한 인심이었다.

'꿀꿀이죽 한 국자의 마음'

'그래도 아직 세상은 살만하다'

희미하게 저 아득히 먼 곳, 희망의 무지개가 있다고 믿기에 오늘의 참담한 고통을 참고 내일의 찬란한 태양을 기다려 본다.

나는 얼어 죽지 않고, 굶어 죽지 않고, 살아남아 이 세상 어디엔가 굶어 죽지 않고, 얼어 죽지 않는 곳을 찾아갈 것이다. 그리고 가장 아름다운 곳에 가서 주린 배를 채우고 따뜻한 이불을 덮고 잘 것이다.

내가 지상 낙원이라고 세상 사람들이

말하는 아름다운 하와이에서 살게 된 동기가 이 시절 꿀꿀이죽을 먹으면서 한시도 잊지 않고 생각하던 '꿈의 이상향'을 그리워했던 결과였다.

"간절히 원하라."

"신념을 가지고 열정으로 일하라."

"꿈은 반드시 이루어진다."

소중한 인연

어느 날 나는 North West 항공사로부터 1개의 소포뭉치를 받았다. 소포에는 North West 항공사 마크가 찍힌 고급 여행용 가죽가방과 악어가죽 지갑, 그리고 세계 어느 곳이나 갈 수 있는 12장의 항공 Free Ticket이 들어 있었다.

귀하는 2년 간 당사 고객 7,850만 명 중 두 번째로 많은 항공 마일리지를 기록하였기에 2년간 VIP로 대우하겠다는 내용의 편지가 동봉되어 있었다. 그리고 나를 North West 항공사 회장 집에 초대한다는 초대장도 들어 있었다.

내수초등학교 동기들

이루어진 나의 어릴 적 꿈

20살 무렵의 나는 12월 엄동설한에 얇은 잠바를 입고 남대문 지하도에서 잠을 자며, 3원 짜리 꿀꿀이죽으로 끼니를 때우며 극장 청소부, 연탄 배달꾼, 서적상 점원, 대장간 풀무장이, 외판원, 공사판 노동자 등 20가지가 넘는 직업을 전전하였다. 그리고 28세에 사업을 시작하여, 50대는 탐험가로 지

두만강 조 · 중국경

상낙원을 찾아 5대양 6대주 173개국을 비행기로 1,600,000km를 날아 지구를 마흔다섯 바퀴 넘게 돌았다. 이 거리는 지구에서 달까지 두 번 왕복한 거리이다.

내가 탐험가, 여행가가 된 이유는 '얼어 죽지 않고 굶어 죽지 않아 살아남는다면 어디엔가 있을 지상낙원에서 꼭 살아보겠다'는 힘들었던 시절의 꿈을 간직하고 있었기 때문이다. 그 꿈을 이루기 위해 지상에서 가장 아름답고 배고프지 않고 춥지 않은 지상낙원을 찾아 비행기를 타고 전 세계를 누볐다.

North West 항공사를 선택

교수님을 모시고

AMP 동문들과 함께

상류층 인사들과 함께

AMP 동문들과 함께한 골프모임

한 이유는 세계 각지에 다양한 노선을 가지고 있기 때문이며, 한 개의 항공사를 집중적으로 이용한 것은 세계 여러 도시의 호텔과 연계되어 있어 저렴한 요금으로 호텔을 이용할 수 있는 혜택을 누릴 수 있고, 마일리지가 증가함에 따라 Free Ticket을 제공받을 수 있기 때문이다.

내가 꿈꾸던 지상낙원의 후보 중에서 프랑

Hawaii에서 신영석 님과 함께

그립고야 어릴 적 친구들아

스의 Nice, 미국 Hawaii Waikiki, 그리고 인도네시아 Bali섬, 뉴질랜드 Whitianga 네 곳으로 압축하였다.

미국인들이 가장 살고 싶어 하는 곳이 바로 Hawaii이다. 하와이 Waikiki는 사계절 해수욕을 즐길 수 있고, 사시사철 휘황찬란한 색다른 꽃이 피며, 어느 곳에서도 볼 수 없는 희귀한 새들의 노랫소리가 관광객의 발길을 사로잡는 곳이다.

하와이의 아가씨들

Hiroko Konisi 교수와 함께

필자가 거주하는 Royal Kuhio

그것뿐이랴! 하와이를 구성하는 7개의 섬은 각각의 특색을 지녀, 가는 곳마다 새로운 풍광이 나를 반긴다. 동서양의 중간에 위치하여 나처럼 1년에 절반은 여행해야 하는 처지인 사람에게 너무나도 딱 맞는 입지 조건이다. 꿀꿀이죽을 먹으면서 머릿속에 생각하던 꿈의 낙원, 내가 꿈에서도 잊지 않고 그리워하던 모든 조건을 갖춘 곳이다.

세상 사람들이 동경하고 한 번은 가고 싶어 하는 Waikiki 해변이 내려다보이고, Alawai Channel이 바로 문밖에 있다. 그리고 400m 앞에는 Diamond Head의 환상적인 봉우리가 나의 눈을 늘 즐겁게 해준다.

그것이 내가 지금 Hawaii Wakiki Beach 가에 있는 Royal Kuhio 37층에서 거주하게 된 이유이다.

소중한 인연

Hiroko Konisi – 이 분은 일본계 미국인 여성으로 UCLA를 수석으로 졸업하고 모교 교수로 재직하였을 때, 우주비행사인 남편이 항공사고로 세상을 떠나자 실의에 빠진 마음을 달래기 위해 세계 여러 나라를 정처 없이 여행하다가 풍광이 수려한 하와이에 체류하게 된다. 그러다가 인연이 있는 Stanford 대학 총장의 소개로 요가를 배우고 있는 여성이다.

University Hawaii East West Culture Center에서 세미나에서 나와 만나 격의 없이 대화를 나누는 처지다. 이 분의 소개로 미국 항공우주국을 방문할 기회가 주어졌고, Hiroko 남편의 친구인 현역 우주비행사를 만나 좋은 인연을 맺게 되었고, 그 후 3번이나 미국 항공우주국을 방문해서 우주비행에 대한 많은 이야기를 듣게 되었다.

Hiroko 교수와 대화를 하던 중에 수면제를 복용해야만 밤에 잠을 잘 수 있다는 나의 말을 듣고 자기도 수면제를 2년 가까이 복용하다가 요가와 명상을 한 후부터

미국 항공우주국을 방문

나의 생명을 구해주신 전훈재 교수님

수면제를 복용하지 않는다고 하면서 나에게 요가를 권했다.

하늘이 나에게 또 한 번 기회를 주시는 것인가!

나의 주치의인 서울대학교 신경과 명호진 박사가 6년 넘게 수면제 처방을 해주시다가 더 이상 수면제를 과용하면 수명에 지장을 초래한다면서 처방을 정중히 거절하셨다. 수면제를 사기 위하여 의사의 처방 없이도 슈퍼마켓에서 수면제를 살 수 있는 호주와 뉴질랜드로 가기 위하여 서울에서 비행기를 타고 Sidney로 날아가야만 했다.

Hawaii Waikiki에 온 후에는 호주를 항공기로 날아다니는 그런 수고를 하지 않아도 되었다. Super Market에 가면 수면제를 원하는 만큼 무제한으로 살 수 있었기 때문이다.

이런 연유로 이튿날 Hiroko 교수와 요가원을 가게 되었고, 요가를 시작한지 3일째 되던 날 나는 모처럼만에 수면제 없이 새벽까지 깊은 잠을 잘 수 있었다.

너무나 신기한 일이었다. 6년 이상 정량보다 몇 배나 많은 수면제를 먹어야 잠을 잘 수 있었는데, 수면제 없이 잠을 잘 수 있다니! 꿈만 같았다.

이후부터 나는 요가에 심취하게 되었고, Highland, 명상수행을 갔다가 차동훈이란 명상 지도자를 만나 우주의식을 개발하는 명상법을 숙지하였고, 그 후 Sedona, 인도, 네팔의 히말라야 산속을 다니면서 명상여행을 하게 되었다

Hiroko 교수는 나의 운명을 바꾼 소중한 여인이다. 그분과의 만남으로 요가에 입문하였고, 요가 수행으로 감각의식과 사고의식을 넘어 나의 의식과

우주의식이 하나가 되는 초월의식에 도달하였다. 동시에 직관(直觀)이 열리면서 광속 같은 통찰력으로 우주에서 보내오는 심오(深奧)한 지혜를 이해, 하룻밤 사이에 화가가 되었다.

이수경님과 함께

직관이란 교육 과정과 체험을 거치지 않고 앎에 도달하는 통로다. 나의 의식과 우주의식이 하나가 되었을 때만 일어나는 놀라운 현상으로, 언어나 문자로는 설명이 불가능하다. 신비이자 불가사의(不可思議)이기 때문이다.

Sedona Bell Rock의 명상동우들

인간은 누구나 무의식의 심층에 우주의식이 자리하고 있다. 자기의 간절한 소망을 우주의식 심층에 심으면 그 종자가 발아(發芽)되어 성장하다가 어느 날 갑자기 꽃을 피운다. 이것이 직관이다. 이것은 단번에 세상을 변화시킬 수 있는 창조의 원동력이자 자신의 위대한 업적을 남길 수 있는 길이기도 하다.

그 소망은 반드시 세상을 위하여 내가 헌신하겠다는 의지가 선행되어야 하고, 오늘보다 더 좋은 내일의 세상을 만들기 위해 생명을 불태워야 한다는 전제가 수반되어야 한다. 정의가 쇠퇴(衰退)하고 악(惡)이 세상을 덮어가는 이 시대에 이루고자 하는 목표가 세상의 정의와 부합되어야 한다.

나는 이 아름다운 행성에 잠시 여행객으로 머물다 이슬처럼 사라질 존재이다. 이 행성을 떠나기 전 우주인 닐 암스트롱이 달에 선명한 발자국을 남겼듯이, 이 지구에 불멸의 족적(足跡)을 남기고 싶었다.

바티칸 시스티나 성당의 천장에 〈천지창조〉를 그려 전 세계 수억 명의 심금을 울린 Michelangelo처럼 시간과 공간을 넘어 존재할 수 있는 명화를 그리고 싶었다.

나의 간절한 소망이 하늘을 움직였나보다. 3일간 연속 산속에 있는 개울 옆 바위 위에서 명상을 계속하고 하일랜드 호텔로 돌아와 잠인가 꿈인가 몽롱한 가운데 시간과 공간을 질주하여 지구에서 일억 광년 너머 Andaleus 별을 가게 된 것이다. 그 별에서 우주인과 천상조(天上鳥)를 만났고, 수만 대의 우주선이 창공을 가득 메운 광경을 목격하게 되었다.

이 별은 지구보다 수천 년 문명이 앞서 있어 우주에 널려 있는 에너지를 동력 에너지로 바꾸어 우주선으로 우주를 비행한다. 지구인처럼 음식을 섭

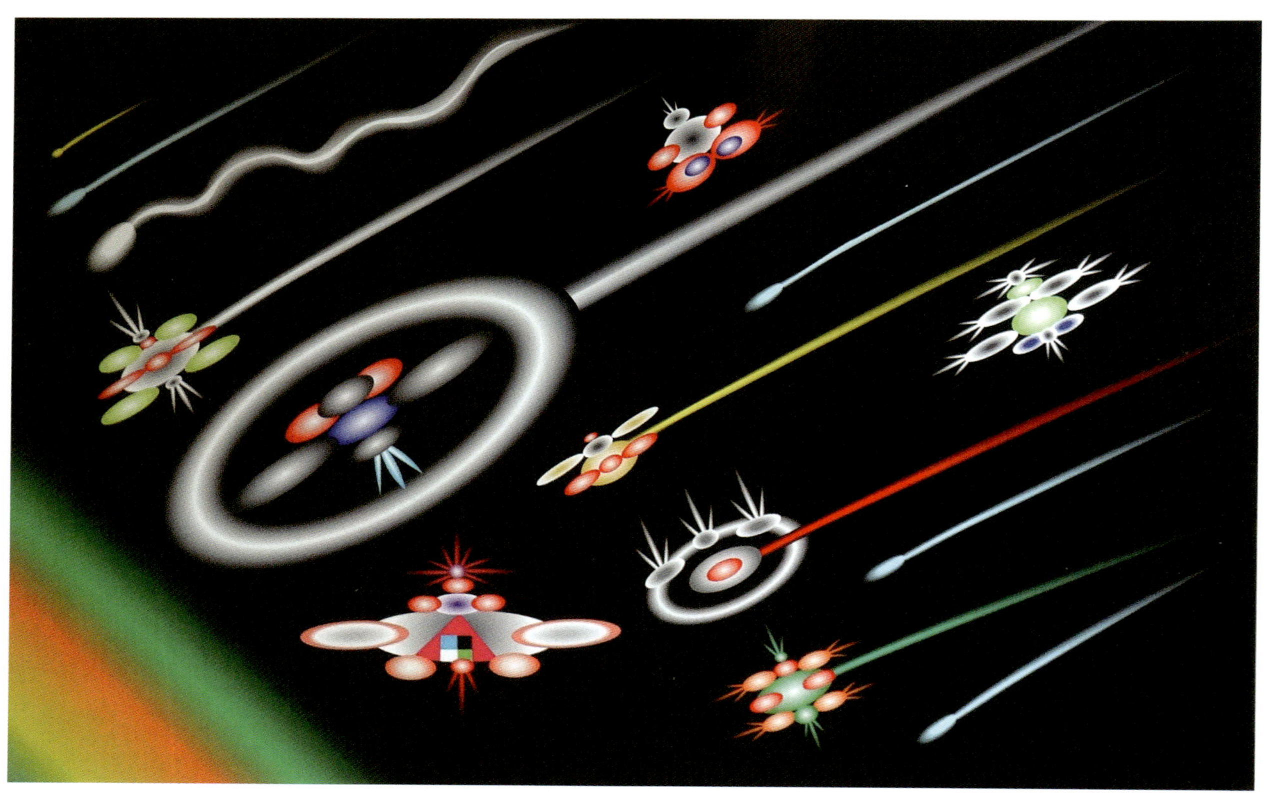

창공을 가득 메운 우주선들

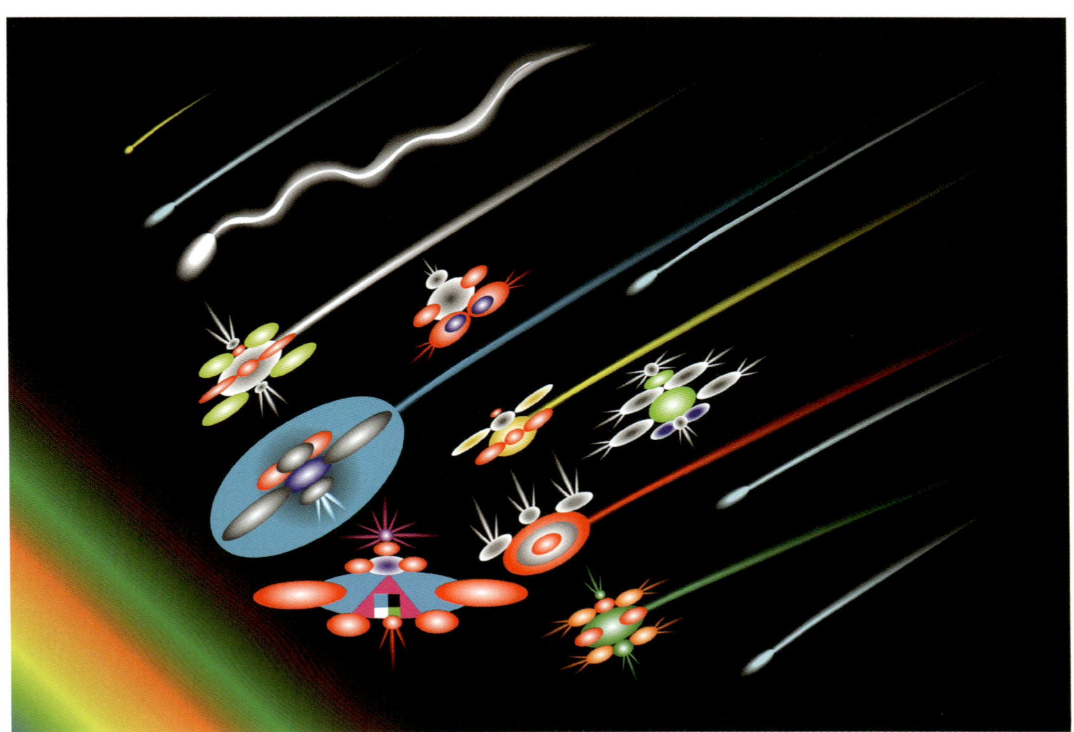

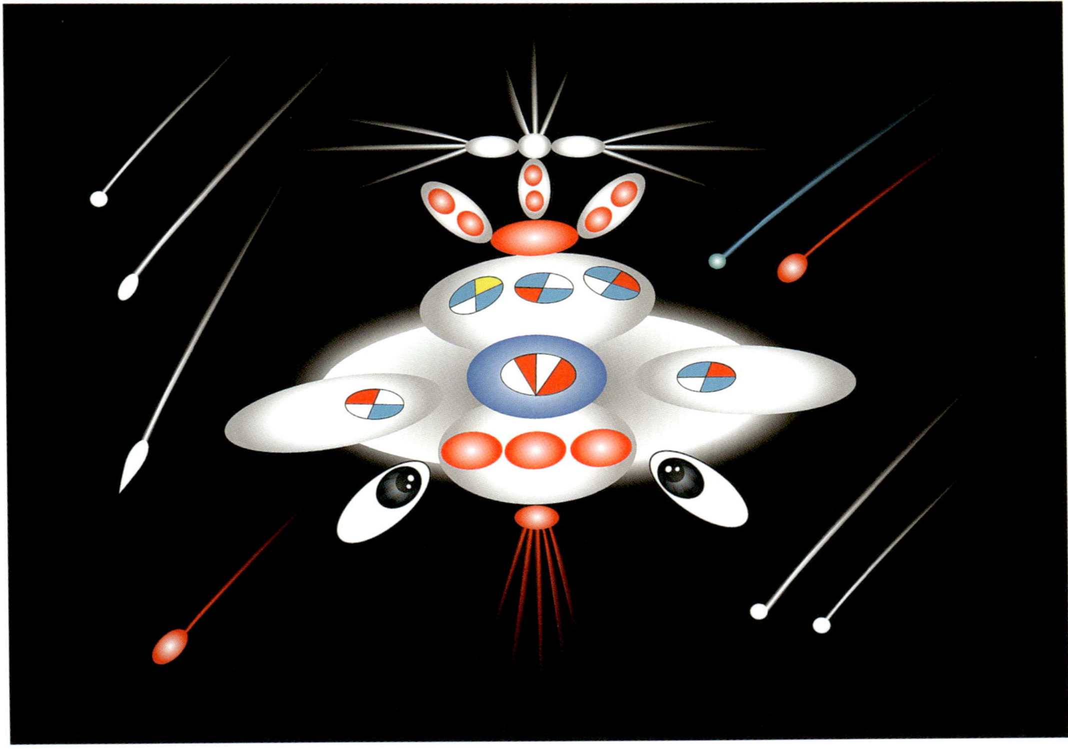

다양한 형태의 우주선들

취하는 것이 아니고, 프라나(Prana)를 영양으로 바꾸어 자기들의 육체를 움직이는 에너지로 사용하는 초고도의 기술을 가지고 있다.

그 별에서 지구로 돌아온 후 그날 밤 새벽 2시부터 우주 창조에서 멸망까지 그림을 그리기 시작해서 그리기 4년간 3,700장의 그림을 그리게 되였다.

미술대학에서 단 한 시간의 미술공부를 하지 않았지만, 이렇듯 그림을 그려 미술대학 교수가 되었고, 세계초현상화가협회 회장(W.T.A.A Chairman)이 되었다. 이것은 인간의 언어와 지식 너머에 있어 설명이 불가

천상조

Andaleus 별에서 만난 우주인

능한 일이다.

이토록 인연은 소중하다! Hiroko 교수와 차동훈 명상가를 만나지 않았다면 내가 화가가 되는 영광과 축복을 누리지 못했을 것이다. 이 두 분을 만남으로써 내 운명이 360도 달라졌고 세계적으로 명성을 얻는 화가와 Yoga Guru가 되었다.

당신 옆에 있는 누군가가 당신의 운명을 바꾸어 놓을 수 있다.

만남이여! 운명이여! 신비여! 초월이여! 천고(千古)의 오묘한 인연이여!

4년간 그린 그림을 수록한 6권의 화집을 출판하였고, 2005년 KOEX에서 거행된 세계출판기념회에 초청을 받아 출연했다가 한글학회 회장이신 이상보 박사를 만나게 된다. Hawaii에 거주하는 나는 한국에 올 때마다 이 분을 만나게 되었고 그 인연으로 그분으로부터 시를 쓰라는 권유를 두 번이나 받게 되어 시를 쓰기 시작한 것이 600수의 작시를 통해 문단에 등단하는 계기가 되었고, 연달아 3권의 시집을 출간하여 본격적으로 시인으로 활동하게 되었다. 2007년 독일 프랑크푸르트에서 거행된 세계도서전시회의 초청으로 화집 6권을 출품했다가 그곳에서 영국의 미술명문대인 Royal College Art, 이태리의 Politecnico de Milano에서 초청장을 받아 방문한 것이 계기가 되어 세계의 15개 유명대학에서 연달아 초대되어 강의를 하게 되였다.

한글학회 회장이신 이상보 박사와 함께

13,700권의 책을 읽었고, 연달아 화가, 미술대학 교수, 시인으로 활동하며 내가 가진 지식을 세

상 사람들에게 나누어 드리고자 그림화집 8권, 시집 3권, 《하늘을 움직여라》, 《초월》, 《Canha Yoga》, 《Sunlight Yoga》, 《일장춘몽》 등 15권의 책을 썼다.

원하라! 열정으로 일하라! 꿈은 반드시 이루어진다.

시 문학 등단과 출판기념회

Apsara

Canha

초현상 미술을 전수할 제자를 찾아 미국은 물론 소련, 스웨덴, 헝가리, 독일 프랑스, 이태리, 스페인 등 고대와 현대미술을 꽃피운 25개국을 2년 간이나 헤맸으나 찾지 못하였다.

무슨 방법이 없을까?

과거 천 년부터 삼천 년 동안 찬란한 문명을 꽃피운 나라들이 머리를 스쳐갔다.

이집트의 피라밋, 인도 간다라 미술, 멕시코 아즈텍을 돌아보고 그곳에서 제자를 찾아보았으나 찾지 못하고, 캄보디아의 앙코르 와트에서 세 달을 머무르면서 우연과 필연을 고대하며 나날을 보내고 있었다.

장기간 머문 동기는 앙코르 와트를 건설한 위대한 민족이 크메르(Khmer) 민족이기 때문이다.

앙코르 와트는 불가사의 한 신비의 걸작에 매료되어 이전에도 7번이나 돌아본 곳이다.

간절히 원하라

카냐(Canha). 그녀는 23세로 키는 164cm, 체중 43kg, 가냘프고 연약한 몸을 소유한 약체 여성이다. 나는 그녀의 맑은 눈빛에 총명이 깃들어 있으리라 믿고 그녀를 선택하였다. 몇 천 명 중에 한 사람 정도의 비율로 그런 눈빛을 가진 사람을 만날 수 있다.

그림을 가르칠 제자로 선택하였으나 기초체력이 약한 탓에 15분도 지속해서 걷지를 못하고 길가에 주저앉는다. 타고난 약체(弱體)인 그녀는 하루 밥 한 공기밖에 소화할 수 없는 위 기능을 갖추고 있었다. 그러나 소화는 늘 불량상태라 소화제를 장복해야 하고, 감기는 일 년 내내 떠날 날이 없어 감기약을 상비해야 한다. 기관지염, 비염, 이염, 피부질환은 그녀에게서 떠나지 않는 증세들이다. 숙명적인 육체의 핸디캡을 타고난 것이다.

그녀의 아버지가 의사인데도 딸의 병세를 완치시키지 못하고, 약으로 하루하루를 버티고 있을 뿐이다.

SmartFLOW

200 hour teacher training program

SmartFLOW Yoga Studies + Exhale Center for Sacred Movement
are pleased to acknowledge the accomplishment of

Canha Huy

Who has completed the 200 hour foundational Teacher Training,
Demonstrating the qualities of Abhyasa and Vairagya in an ongoing commitment to Yoga Sadhana.

Director, Annie Carpenter

Oct 15, 2103
date

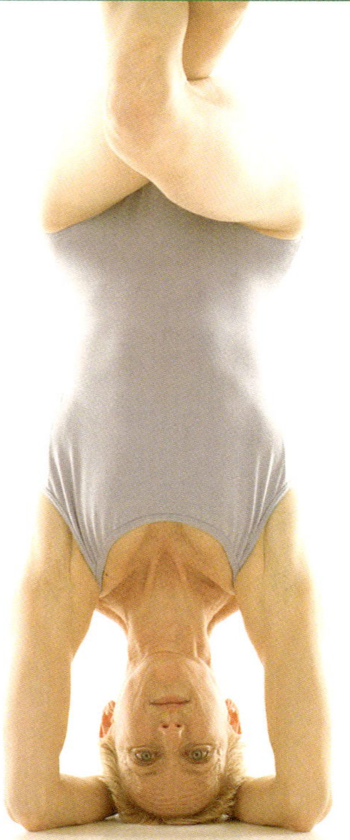

나는 며칠 간 그림을 지도하다가 그림보다 그녀의 체력을 향상시키는 것이 시급한 것을 깨닫고 요가를 가르쳐 보기로 했다.

석굴암 석불을 조각한 석공은 널려있는 흔한 바위에 불과한 돌을 수백만 번 정과 망치로 쪼고 다듬어서 만고걸작 석불을 탄생시켰다. 나는 그 석공의 심정으로 나약한 카냐를 다이아몬드의 몸으로 만들어야 한다. 무쇠를 불에 달구고 두드리고 심수하기를 수천 번 해야 강철이 된다.

그녀의 오빠들은 키가 180cm가 넘고 체중은 70kg, 여동생은 170cm의 키에 체중이 60kg를 넘는다. 하지만 카냐는 164cm, 체중 43kg밖에 되지 않는다. 그녀의 육체는 오른쪽과 왼쪽이 불균형하다. 서있는 자세를 보면 왼쪽 어깨보다 오른쪽 어깨가 밑으로 4cm 정도 밑으로 내려가 있다. 타고난 육체의 불균형으로 오른쪽으로 일그러져 우측다리가 약하고 늘 굳어있다. 왼쪽 다리는 유연하나 오른쪽 다리는 경직되어 고도의 불균형 체형이 되었다. 그래서 아사나를 할 때 좌우다리가 일직선으로 반듯하게 모아지지 않는다.

우리의 몸이 겪고 있는 질병들은 몸이 원래 지니고 있는 고유기능들을 사용하지 않은 상태이거나, 지나친 무리한 지극이나 육체의 불균형에서 오는 경우가 대부분이다.

요가를 가르친 지 삼일째 되던 날, 나는 놀라운 광경을 목격해야만 했다. 내가 지도한 동작은 9가지 동작인데, 책을 보고는 내가 가르치지 않은 스물다섯 가지 동작을 하는 게 아닌가!

밥 한 공기를 하루에 다 먹지 못하던 그녀가 삼일째 저녁에는 한 공기를

다 먹었다. 너무나 놀라 Are you OK?

그녀는 한국어를 하지 못한다. 그래서 영어로 대화를 한다.

이같이 Yoga를 시작한 Canha는 1년 7개월 만에 750 Asana를 능숙하게 하는 Yogini(여자요가의 달인)가 되었고, 미국 Yoga학교를 졸업 국제 Yoga 지도자 자격증을 획득했고, 세계 제일의 모델이 되어, 《Canha Yoga》, 《Sunlight Yoga》, 《하늘을 움직여라》, 《초월》, 《Doomsday》, 《일장춘몽》 등 6권의 책에 모델로 발탁된다.

절식

요가적 식사

음식으로 위(胃)의 4분의 2를 채우고, 물로 4분의 1을 채우며, 4분의 1은 늘 비워 에너지가 소통하도록 해야 하며 신에게 감사한 마음으로 식사하는 것을 절식(節食, Mitahara)이라 한다.

과식은 장기의 변형을 가져와 건강을 해치고 생명을 단축시킨다. 과식과 과영양(過營養)은 비만을 가져오고 몸속에 독소와 노폐물을 축적하여 질병의 직접적인 원인이 된다.

소식습관(小食習慣)

우리가 먹는 한 끼의 식사에는 대지, 햇빛, 달빛, 바람, 비, 구름, 농부와 벌의 수고 등 우리가 감사해야 할 것들이 포함되어 있다. 우주가 주는 귀한 선물을 과식하게 되면 지구 어느 구석인가에는 굶주린 사람이 생긴다는 것을 명심해야 한다. 인류가 가진 지구의 자원은 유한하다.

요가에서는 과식을 죄악이라 한다. 과식으로 인한 부정적인 급부가 자기 신체에 질병이란 형태로 되돌아온다. 대자연의 진리는 너무나 분명하고 철저해서 과식에 대한 대가를 반드시 지불해야 한다.

과식을 하게 되면 음식물이 흡수되어 배설되지 않은 채 몸속에 계속 남아 노화를 촉진하고 면역력을 떨어뜨린다. 과식을 통해 비만하게 되면 당뇨, 고혈압, 동맥경화, 심장병 등 성인병의 원인이 된다.

과식을 하면 음식을 소화시키고 에너지로 바꾸기 위해 더 많은 산소를 필요로 하기 때문에 노화를 촉진하는 활성산소를 많이 생성함으로써 노화관련 질환을 유발하고, 세포의 자살을 막는다.

세포 자살이란 늙고 병든 세포가 몸을 보호하기 위해 스스로 죽음을 선택하는 현상인데, 자살을 통해 죽어야할 세포가 죽지 않으면 돌연변이를 일으켜 암세포로 변하며 인체의 면역기능과 해독기능을 떨어뜨린다.

포만상태의 인체는 세균이나 바이러스가 침입하거나 혈관에 기름덩어리가 쌓여 동맥경화가 생겨도 무사안일하게 지내다 더 큰 병에 걸린다.

대지의 기운

인간은 음식을 통하여 대지의 기운을, 호흡으로 우주의 기운을 흡수한다. 뼈와 살을 이루는 요소가 흙이기 때문이다. 따라서 지구의 운행으로 변화하는 계절에 따라 제철의 신선하고 향긋한 음식을 섭취해야만 대자연의 순리를 따르는 것이다. 대지의 기운과 우주의 기운이 신체 내에서 조화를 이룰 때 가장 이상적인 건강상태가 된다.

요가에서는 음식을 둘러싼 환경, 지리와 기후조건, 개인의 체질에 따라 긍정과 부정적 효과를 가질 수 있다고 말한다.

물

우리의 인체는 70%가 물로 이루어져 있다. 몸이 필요로 하는 것은 수분이 많은 포함된 과일, 채소, 새싹 등의 자연식이다. 몸에 수분이 부족하면 혈액의 점성이 높아지고, 조직과 세포변화의 산물인 독성 있는 노폐물이 몸 밖으로 제대로 배출되지 못한다. 결국 몸이 자신의 배설물로 인해 중독되는 현상이 일어나는데, 그것은 몸 속에 세포가 만들어낸 노폐물을 옮길 만한 충분한 수분이 공급되지 않았기 때문이다.

물은 세상에 존재하는 것 중에서 가장 좋은 용해제이다. 따라서 충분한 양의 물이 공급된다면 독성이 있는 쓰레기 노폐물은 용해된 뒤, 신장을 통해서 소변으로, 피부를 통해서 땀으로, 내장을 통해서 항문으로, 허파에 의해서 호흡으로 배설되고 제거된다.

반면에 독성이 있는 물질이 몸속에 쌓이도록 내버려 둔다면 각종 질병이 발생하게 된다. 인간 수명은 세포의 수명에 의존한다. 혈류시스템이 노폐물로 꽉 차 있다면, 세포는 점점 약화되어 균형 잡힌 일상을 창조하는 생화학 작용을 촉진하지 못하게 된다. 그러므로 우리가 섭취하는 음식 중에 신선한 물과 과일, 채

소로 비중을 높이는 것이 필수적이다.

과일은 가장완벽한 건강식이다. 소화하는데 가장 적은 양의 에너지를 소비하면서 최대의 에너지를 돌려준다. 과일을 가장 효율적인 영양소로 흡수하려면 공복에 먹어야한다.

고기, 감자, 전분 등은 위장에 갇혀 있다가 위장에서 발효된다. 하지만 과일은 위장에서 소화되지 않고 소장에서 소화된다.

과일에는 혈액이 탁해져서 동맥을 막아버리지 않게 하는 바이오플라비노이드가 함유되어 있으며, 모세혈관을 강화시키는 작용을 한다. 모세혈관이 약하면 내출혈이나 심장마비를 일으키는 요인이 된다.

희망의 언덕

저자가 가난한 농부로 태어남은 기회이자 축복입니다. 나는 늘 그것을 하늘에 감사하고 있습니다.

우리 집 전 재산이 수탉 한 마리와 암탉 세 마리뿐이었습니다. 초가집 한 칸이라도 우리 것이 있었다면 그 초가집에 나를 의지하여 내 자신의 무지개 꿈을 가질 수 없었을 것입니다.

어머니, 그리고 친구 오주식과 법주사에서

아버님은 어마어마한 유산보다 값진 '정직과 부지런함'을 가르쳐주셨습니다. 나는 티 하나 없는 하얀 백지에 내 인생의 그림을 그려 나갔습니다.

저자의 보물 1호로 가장 소중히 다루는 것은 시간입니다. 모든 것은 돈으로 살 수 있지만 시간만은 살 수가 없습니다. 단 1분이라도 시간을 낭비해서는 안 됩니다.

나는 일찍이 세상의 어느 것보다 시간이 가장 소중한 것을 알게 되였고 그로 인해 45년간 3시간의 수면을 취하면서 내가 하고 싶은 일을 모두 하고 있습니다.

나는 늘 다른 사람이 가지 않은 길을 걸어왔습니다. 청소년들이여! 웅대한 꿈을 가슴에 품

고 다른 사람이 하지 못하는 일을 하십시오. 희망은 늘 불가능은 없다고 우리에게 속삭이는데 그것을 귀담아 듣는 이가 드뭅니다. 목표가 분명해야 합니다. 명확한 목표가 정해지면 길이 보입니다. 그때 열정과 용기로 행동합니다. 그리고 "나는 할 수 있다."고 철저하게 자신을 믿어야 합니다. 꿈을 이루려면 간절한 소망을 마음속 깊이 심고 자신의 성공한 모습을 늘 상상해야 합니다. 그리고 자신은 꼭 성공한다고 믿어야 합니다.

불가능이란 마음이 만들어낸 괴물이며 약자의 넋두리입니다. 마음속에서 불가능이란 괴물을 강철 같은 의지로 지금 바로 몰아내십시오.

남과 경쟁해서 승자가 되기보다 자신과의 싸움에서 승자가 되어야 합니다. 자신의 목표는 세상의 정의에 합당해야 합니다. 오늘보다 더 좋은 내일의 세상을 위해 자신이 어떻게 헌신할까 하는 생각을 늘 마음속에 간직해야 합니다.

우리가 세상에 태어날 확률은 1조 분의 1입니다. 우리 각자는 하늘이 선택한 소중한 존재들입니다. 생명은 신비이자 기적입니다. 오늘이 마지막 날이라 생각하고 행동하면 목표에 이르는 시간이 단축됩니다.

긍정적 사고로 바라보면 세상에 불가능이란 없습니다. 희망의 눈으로 넓

월파정에서

고 멀리 바라보십시오.

저자에게는 일류대학을 졸업해야만 성공한다는 공식은 애당초 없었습니다. 가장 열악한 환경과 불리한 조건을 극복하고 얻을 수 있는 성취의 길이 세상에는 수없이 많습니다.

가진 자는 축복이 아니라 사명입니다. 저자는 가진 자의 책무를 작게나마 실행하기 위해 Noblesse Oblige가 되어 서울대학교에 안다레우스 장학재단 설립하였으며, 고려대학교, 홍익대학교, 이화여자대학교, 아주대학교, 쟌주강의 집, UNICEF, World Vision, 유엔난민기구(UNHCR), 국경없는의사회(Medecins Sans Frontiers), Save The Childern에 기부금을 보냈습니다.

Angkor Wat와 Apsara Dance에 매혹되어 캄보디아를 아홉 번 가게 되고 인연이 되어 유치원과 학교 기숙사를 건립 기증했습니다.

"인생은 일장춘몽." 덧없고 무상합니다. 저자는 어떻게 하면 마음 너머의 때 묻지 않은 순수한 세계에 다다를 수 있을까 하고 고민한 끝에 오직 요가의 명상으로 인해 각성된 의식만이 그곳에 도달할 수 있음을 알게 되었습니다.

인간은 감각의 노예로, 집착의 올가미에 매여 욕망의 하수인으로 평생을 헤매다가 결국 죽음에 이릅니다.

백두산에 올라

백두산에 오르는 군중들

나에게 보내온 감사패들

Waikiki에서 그림 삼매경

저자의 작품 14권

인생은 이슬방울 같고, 뜬구름이며 바람 앞에 촛불 같습니다. 감각의 노예로부터 벗어나려면 생각을 끊고 마음의 작용을 멈추어야 합니다.

부귀영화도 일시적으로 일어난 물거품에 불과합니다. 부나 명성은 행복의 요소가 될 수 없습니다. 모두가 무상하기 때문이다. 집착은 동기를 의미하기에 집착이라는 올가미를 벗어나려면 포기하는 법을 익혀야 합니다. 욕구수

감 사 장

이원영 후원자님

후원자님께서는 5년 동안 한결같은 마음으로
전 세계 어린이들에게 사랑을 보내 주셨습니다.
어린이가 행복한 세상을 위한 후원에 깊이 감사드립니다.

2020년 05월
유니세프한국위원회 사무총장 이기철

UNICEF 한국위원회 사무총장으로부터 받은 감사장

US$ 14,000(일만사천 미국달러) 상당의 Preah Ko 고등학교 학생용 기숙사 건물 1개(방 2개)를 기부하여 주셔서 감사합니다.
귀하의 자발적인 지원은 캄보디아 왕립 정부의 교육 발전을 위한 선의의 기여입니다.

캄보디아 Thalaborivat구 교육, 청소년 및 스포츠청장 SENG SAM IEN
Preah Ko 고등학교장 HANG YO YAH

면적 6 × 12m의 2개의 방이 있는 US$ 13,000 상당의 유치원 건물을 기부하여 주셔서 감사합니다.
다음 세대의 교육을 위해 헌신해 주신 데 대해 깊은 감사를 드립니다.

캄보디아 Santuk구 교육, 청소년 및 스포츠청장 NAO SA MAH
Kroya동장 KET CHHENG
Thmar Samlieng 마을 대표 KEM MEIN

준이 높으면 높을수록 행복지수는 내려갑니다.

Yoga는 육체의 건강, 마음의 평화, 영혼을 성장을 돕는 과학입니다. 생각을 끊고 마음의 작용이 사라졌을 때 머리에서 발끝까지 온몸에 쌓인 찌꺼기가 한꺼번에 날아가는 통쾌한 기쁨! 삶과 죽음의 경계가 사라지는 텅 빈 무심의 세계! 온 세상이 환희(歡喜)의 축복의 소나기가 내리기에 내가 모든 이에게 요가를 권유하는 이유입니다

해탈(解脫)이여! Nirvana여!

Waimanalo Mountain에 앉아 태평양은 향하여
Hiroko 교수, 차동훈 선사, 이상보 박사님 그립고야!
Nirvana여 Nirvana여!

일장춘몽

초판인쇄/2021년 6월 1일
초판발행/2021년 6월 5일
지은이/이원영
발행인/김영대
발행처/대경북스

ISBN/978-89-5676-852-6

정가 98,000원

Yoga Model - Huy Canha
https://blog.naver.com/andaleus
E-mail andaleus@naver.com

등록번호 제 1-1003호
서울시 강동구 천중로42길 45(길동 379-15) 2F
전화: (02)485-1988, 485-2586~87 · 팩스: (02)485-1488
e-mail: dkbooks@chol.com · http://www.dkbooks.co.kr